장애아동의 이해를 위한

심리학개론

김 미 숙

창지사

머 리 말

심리학은 인간을 이해하려는 학문의 한 영역으로, 인간의 정신과 행동을 과학적으로 연구하여 수많은 결과들을 제시하고 있다. 인간 이해를 위해 다양한 측면을 고려한다면 원활한 인간관계 형성은 물론 소통의 기회가 좀 더 확장될 것이며, 급변하는 사회 적응에 관한 문제 해결의 실마리를 찾기 쉬울 것이다.

인간 이해에 대한 학문의 시작은 철학과 신학에서 비롯되었다. 철학과 신학의 사변적 접근 방법에 의한 심리학적 연구가 비판되면서 심리학은 과학적 방법으로 객관적 사실을 증명하고자 하였다. 즉 심리학의 과학성은 주관적 해석을 배제하고 객관성을 발전시켰다고 할 수 있다. 이런 심리학의 측면은 인간에 대한 보편적 이해를 돕는 데 큰 역할을 담당하였고, 인간에 관한 학문의 기초가 되었다. 인간 개개인의 고유성이나 차이성을 오로지 심리학으로만 정확히 파악한다는 것은 무리라고 생각하는 사람도 많다. 그러나, 인간의 심리에서 발생되는 의문점이나 문제점 등을 파악하고 해결 실마리를 찾고자 할 때에는 심리학이 매우 큰 영향력을 미친다는 것이 분명한 사실에는 모든 사람이 동의할 것이다.

심리학의 학문적 장점은 건강한 인간과 다양한 문제가 나타나는 인간을 이해하고자 할 때, 특히 독특한 요구를 가진 장애아동에게 적절한 교육적 지원을 계획하여 실행하고자 할 때 유익한 영향력을 미친다. 심리학이 장애아동의 지원에 영향력을 미친 구체적인 예를 하나 들어 보면, 행동주의가 행동수정이라는 방법으로 장애아동의 문제행동을 해결하고자 했다는 것이다. 행동수정은 인지주의라는 심리학의 등장과 함께 인지적 행동주의로 발전하였다. 이후, 심리학은 단 하나의 패러다임의 영향하에 연구되기보다는 주제에 따라 다양한 패러다임이 중복적으로 사용되기도 하고, 혹은 다양한 패러다임 중에 하나의 패러다임을 적용하여 사회나 인간, 환경 등의 이해와 다양한 문제에 대한 해결의 실마리를 찾는다. 이런 과정을 통해 인지적 행동주의가 긍정적 행동지원을 거쳐 응용행동분석으로 발전된 것이다.

심리학은 장애아동의 이해와 특수교육의 방법 및 교수 전략을 계획하고자 할 때 핵심적 위치에서 중요한 역할을 담당한다. 심리학은 장애아동의 고유성과 독특성, 그리고 그들의 욕구를 파악하고 이해할 수 있는 기초가 된다. 또한, 심리학은 장애아동들에게 적절한 교육계획을 수립할 수 있도록 지원한다.

따라서 이 책은 장애아동의 이해를 위한 심리학개론으로 대학교에서 특수교육을 전공하거나 특수교육 관련자에게 필요한 부분만을 선택하여 재구성하였다. 이는 저자의 주관적 판단에 의한 것으로 이 책에 선택되지 않는 심리학의 다른 영역이 필요할 수도 있을 것이다. 다만 필자는 특수교육과에 입학하여 신입생으로서 처음 접하게 될 심리학이 방대하지 않고, 복잡하고 어렵게 느끼지 않도록 구성하려고 노력했다.

이 책은 심리학이란, 발달, 정보처리라는 3개의 부로 구분하여 각부에 하위 장을 마련하였다. 1부 심리학이란에서는 심리학의 정의, 역사, 발전과정, 연구 방법 등을 알아봄으로써 특수교육과 심리학의 연관성에 대하여 생각해 볼 수 있도록 하였다. 2부 발달에서는 발달이란 무엇인지, 생애주기별 발달 단계, 애착발달, 언어와 사고, 피아제와 비고츠키를 중심으로 한 인지발달로 구성되었다. 2부의 내용은 장애아동의 발달 정도를 파악하고 이해할 수 있도록 구성되었다. 3부 정보처리에서는 감각, 지각, 학습, 기억, 지능에 대한 내용이 포함되어 있다. 3부는 장애아동을 위한 교육적 지원으로 적절한 계획 수립에 도움이 되는 내용들로 구성하였다.

특수교육과에서 심리학개론을 20여 년간 강의하면서 특수교육과와 접목된 내용으로 심리학개론서를 집필하리라는 결심과는 달리 탈고하고 보니 부족한 부분이 너무 많아 송구할 따름이다. 이 책을 첫 시작으로 특수교육과 관련된 더 많은 자료 수집과 이 책을 사용하면서 특수교육과를 전공하는 학습자의 요구를 파악하여 특수교육 전공자는 물론 심리학에 관심이 있는 사람들을 위한 심리학개론서를 집필할 계획을 다시 세워본다.

끝으로 이 책이 출판될 때까지 기다림의 과정을 잘 견디어 주신 창지사의 대표님과 김영식 상무님, 그리고 책을 보기 좋게 만들어 주신 이윤미 편집장님에게 감사의 마음을 전한다.

김미숙

차 례

제1부 심리학이란

제2부 발달

제3부 정보처리

제1부

심리학이란

CHAPTER 1

심리학의 정의와 역사

심리학은 인간을 이해하기 위하여 인간의 마음과 행동의 움직임을 연구하는 과학적 학문이다. 심리학은 인간의 다양한 측면을 연구하고 밝혀내는 학문이기 때문에 다양한 학문과의 연계는 물론 사회구조, 생활양식, 기후 등의 다양한 변인들의 변화와 더불어 그 역할도 달라진다. 따라서 이 장에서는 심리학의 정의와 역사, 그리고 그 역할을 중심으로 살펴보는 과정을 통해 심리학이 어떤 학문인지에 대하여 알아보기로 한다.

1. 심리학의 정의

1) 심리학의 어원

한문 心理學(심리학)은 '마음을 다스리는 학문' 혹은 '마음을 깨닫는 학문'이라고 풀이된다. 그리고, 심리학의 영어 표현인 'psychology'의 어원은 그리스어에서 찾을 수 있다. psychology는 그리스어의 'psyche–프쉬케'와 'logy–로지'가 합쳐져서 만들어진 단어이다. '영혼'을 의미하는 psyche와 '연구하다'를 뜻하는 logy가 합쳐지면서 '영혼을 연구하는 학문'인 psychology라는 단어가 형성되었다. psyche의 영어표현은 psycho이다. 영어 psycho가 명사로 사용되면 정신병자를 의미하는 '사이코'로 되지만 접두사로 사용될 경우에는 '정신', '영혼', '심리'라는 의미를 가진다.

영어의 어원인 그리스어 psyche는 그리스 로마 신화에서 유래되었는데, 그 의미는 '나비', '영혼'이다. 프쉬케가 말한 "모든 고난이 정화(catharisis)된 후에 영혼이 진정한 행복을 누릴 수 있다는 상징이기도 하다."는 정화의 상징적 의미는 "고생 끝에 낙이 온다."는 우리나라의 속담과도 일맥상통하는데, 고생 끝에 목표를 달성하여 기쁨의 눈물을 흘린다는 심리 상태를 나타낸다고 말할 수 있다. 그래서 심리학자들은 '인간이란?'이라는 물음에 그리스로마 신화의 프쉬케와 같이 호기심을 가지고 연구에 몰입하여 그 답을 얻어내는 과정을 즐기는 사람들이라고 일컫는다.

우리나라의 언어인 한글에서는 '심리'가 '마음의 작용과 의식의 상태'를 의미하고, 이에 학문을 의미하는 '학'이라는 글자가 더해져 심리학이라는 단어가 되었다. 표준국어대사전에서는 심리학이란 "생물체의 의식현상과 행동을 연구하는 학문"으로 풀이되어 있다(국립국어원 표준국어대사전, 2018).

다양한 언어로 표기된 심리학은 인간의 마음을 연구하는 학문이라는 공통적 의미를 포함하고 있다. 이 의미에는 마음 안에 행동을 포함하고 있다. 마음과 행동이 하나의 세트처럼 묶여 있어 굳이 행동이라는 표현을 사용하지 않은 것이다.

■ 어원적 풀이]

한문: 心理學 = 마음을 다스리는 학문, 마음을 깨닫는 학문
영어: psychology = psyche(영혼) + logy(연구하다)
한글: 심리학 = 심리(마음의 작용과 의식의 상태) + 학(학문)
표준국어대사전: 심리학은 생물체의 의식현상과 행동을 연구하는 학문

2) 심리학의 학문적 배경

심리학에 기초가 된 학문은 신학이다. 신학에서 출발한 심리학은 인간의 영혼이라는 주제아래 사변적 방법으로 진행되었다. 신학적 심리학은 철학적 심리학에 영향을 미쳤고, 철학 중심의 심리학은 인간의 영혼과 육신에 관심을 가지며 여전히 사변적 토론에 집중되었다. 19세기 후반 무렵부터 신학과 철학을 기초로 한 심리학이 객관성과 과학성이 결여되었다는 비판을 받으며 연구내용과 방법의 변화가 일어나기 시작했다. 이 시기부터 심리학은 외현적으로 관찰 가능한 인간의 행동을 연구 대상으로 선택하고, 과학적 연구 방법에 의한 객관적인 결과만을 중요하게 여겼다.

신학과 철학에 토대가 된 심리학은 연구 대상과 방법의 변화로 인간의 모든 측면을 과학적으로 밝혀내려는 목적을 가진 학문으로 발전하였다. 인간의 모든 행동에 관심을 가진 심리학은 넓고 깊게 인간의 다양한 영역에 관하여 과학적으로 연구하고, 그 결과들을 계속하여 발표해 왔고, 지금도 현재진행형에 있다. 이런 과정을 통한 심리학의 많은 연구결과들은 인간을 이해하는 데 도움이 됨은 물론 인간을 둘러싸고 있는 실질적 삶의 방법에도 영향을 미치고 있다.

3) 심리학의 정의

심리학은 인간을 이해하기 위하여 정신과 행동을 과학적으로 연구하는 학문이다. 인간의 정신과 행동은 상호보완적 관계에 놓여 있고, 행동은 정신적 과정을 통해 외부로 표현되는 것이다. 심리학은 인간의 정신을 눈으로 직접 볼 수 없기 때문에 외현적으로 관찰 가능한 행동을 통하여 정신과정을 탐구한다. 심리학의 연구 대상 중 하나인 정신이라는 용어는 시대적 배경과 연구자에 의해 영혼, 마음이라는 용어로, 행동은 육체, 신체라는 용어로 사용되었다. 분명한 것은 정신, 영혼, 마음은 행동, 육체, 신체와 구별되는 의미로 사용한다는 것이다. 심리학의 정의와 정의에 나타나는 중요한 요소를 정리하면 다음과 같다.

■ **심리학의 정의**

인간의 행동과 정신과정을 과학적인 방법으로 연구하는 학문

■ **심리학 정의의 요소**

첫째, 외적으로 직접 관찰 가능한 행동에 관한 연구

둘째, 직접 관찰은 할 수 없으나 정신과정에 대한 연구

셋째, 과학적 연구 방법을 통한 체계적 지식의 창출

■ **심리학의 연구 목적**

인간 행동을 기술하고, 이해하고, 설명하며, 예측하고 통제하는 것

■ **연구 대상**

인간의 행동(= 육체 = 신체) + 인간의 정신과정(= 영혼 = 마음)

심리학의 연구는 학자나 시대의 변화에 따라 정의, 연구 대상, 연구 내용이 변화해 왔다. 19세기 말의 심리학이 정신활동을 연구 대상으로 하여 내성법이라는 연구 방법을 사용했다면, 20세기 초의 심리학은 훨씬 더 객관적이고 관찰 가능하며 수량화할 수 있는 행동을 연구 대상으로 바꾸고 과학적 연구 방법을 선택

하였다. 오늘날의 심리학은 인간의 행동과 정신과정 모두를 연구 대상으로 과학적인 연구 방법에 의해 그 결과를 도출한다.

인간의 모든 영역에 관심을 가지고, 인간을 이해하는 데 도움이 될 수 있는 심리학의 연구들은 과거로부터 현재까지 체계적으로 지속되었다. 이런 과정을 통해 얻어진 수많은 결과들로부터 새로운 이론들이 정립되었다. 심리학의 연구 대상은 변함없이 인간의 정신과 행동이고, 연구 방법은 과학적 방법을 추구하여 객관성을 확보하고 있다. 시대별 심리학의 특징은 〈표 1-1〉과 같다.

〈표 1-1〉 시대별 심리학의 특징

시대	연구 대상	연구 방법	학문 영역
19세기 말	정신	내성법	신학과 철학에서 출발
20세기 초	행동	과학적 방법	독립된 심리학으로 정립
현재	정신 + 행동	과학적 방법	심리학의 확대 및 발전

4) 심리학의 역할 및 분야

심리학은 인간 이해를 위한 학문으로 그 역할은 다음과 같다.

첫째, 심리학은 인간의 행동에 대한 일정한 규칙을 밝혀내어 인간의 행동을 예측하고 그 행동을 통제 · 조절한다(신혜용, 2003).

둘째, 외현적으로 표현된 행동이 어떤 정신 작용 및 사고 과정에서 비롯되었는지에 대하여 분석한다.

셋째, 행동과 정신과의 상호관계성을 밝혀낸다.

넷째, 사회, 환경, 생활양식 등의 변화가 인간의 행동에 어떤 영향을 미치는지, 그리고 이들 간의 관계를 분석한다.

심리학은 인간에 대한 다양한 영역을 탐구하면서 그 분야 또한 점점 더 많아지고 있다. 예를 들어, 인간의 지각, 사고, 학습, 기억, 생리 등을 다루는 인지심리학과 생리심리학, 인간의 발달, 교육 등을 다루는 아동심리학과 교육심리학, 인간의 성격, 범죄 등을 다루는 성격심리학과 범죄심리학, 인간을 둘러싼 사회, 산업, 문화, 경제를 다루는 사회·산업심리학과 경제심리학 등과 같이 심리학의 분야는 점점 확대되고 다양해지고 있다. 특히, 점점 복잡해지는 사회와 환경 변화의 영향은 인간이 적응해야 하는 중요한 요소로 작용하면서 이들 간의 상호관계를 밝히는 연구는 심리학에서 매우 중요한 위치를 차지하고 있다.

2. 심리학의 역사

심리학의 시작과 변화과정을 파악하기 위해 그 역사와 발전과정을 살펴보는 일은 인간의 관심과 사회적 변화는 물론 시대적 요구에 대한 변화과정을 알 수 있는 좋은 방법이다. 따라서 지금부터는 심리학의 선구자적 역할을 담당했던 위대한 학자들과 시대별 특징을 살펴보고자 한다.

1) 심리학의 역사

심리학의 역사는 고대까지 거슬러 올라가 살펴볼 수 있다. 심리학의 선구자적 역할은 플라톤(Platon)이나 아리스토텔레스(Aristoteles)와 같은 고대 그리스의 위대한 철학자들이 담당하였다. 플라톤은 생득설을 주장하면서 특정 지식이 선천적으로 타고나는 것이라고 주장하였다. 그의 제자인 아리스토텔레스는 경험주의를 주장하면서 모든 지식은 경험을 통해 획득된다고 주장하였다. 중세시대에는 아우구스티누스(Augustinus)와 아퀴나스(Aquinas)가 신학적 특징으로 심리학에 영향을 미쳤다. 이러한 철학자들의 주장은 과학적으로 분명히 밝힐 수 없는 사변적 학설이었지만 고대와 중세시대에 중요한 영향을 미쳤다.

근대 심리학은 데카르트(Descartes), 분트(Wundt), 다윈(Darwin)과 같은 학자들로부터 시작되었다. 데카르트는 인간을 육체와 영혼으로 구분하였다. 데카르트는 육체의 기능과 작용이 마치 기계처럼 움직이기 때문에 영혼과는 관계없다는 유기체 사상을 주장했다. 데카르트의 주장은 육체의 작동을 철저히 영혼아래 종속시켰던 고대의 사상이나 신학적 관점에서 벗어나 과학적 관점으로 이동하게 만드는 계기를 마련하였다. 데카르트가 사용한 영혼의 동의어는 정신, 마음, 의식, 생각, 이성으로 철저하게 무의식의 세계를 배제하였다. 따라서 데카르트는 감각을 거쳐, 지각을 통해 아는 것은 육체이고 사고하는 것은 영혼으로 구별하여 인간을 설명하였다(최현석, 2011). 분트는 인간의 의식을 실험적으로 연구하였는데, 그는 인간의 의식은 다양한 구성 요소들이 합쳐진 것이라고 주장했다. 즉 그는 의식의 다양한 구성 요소를 밝혔고, 이런 구성 요소들이 합쳐진 것이 의식이라고 설명했다. 분트의 연구는 다윈의 진화론은 물론 구성주의 심리학에도 직접적으로 영향을 미쳤다. 다윈의 진화론은 인간도 동물과 마찬가지로 진화의 결과이며, 생명현상으로 환경에 적응하는 과정을 거치며 진화한다고 설명했다. 다윈의 진화론에서 중심 내용은 "특정 환경에 가장 적합한 유기체가 번식에 성공하면 그 다음 세대로 유전자를 전달한다."는 것이다. 다윈의 진화론은 현대의 생물심리학, 학습심리학, 진화심리학의 연구에 기초적 역할을 했다고 할 수 있다.

고대에서 중세, 그리고 근대 심리학의 발전에 영향을 준 학자와 연구내용에 대한 정리는 〈표 1-2〉와 같다.

〈표 1-2〉 심리학에 영향을 준 학자와 연구내용

시대: 학문	학자	주장 내용
고대: 철학	 플라톤 (Platon, BC 427~347)	• 고대 그리스의 철학자로 소크라테스의 제자 • 이데아설 제창: 불변하는 완전한 본질 • 객관적 관념론의 창시자 • 생득설 주장: 특정 지식은 선천적으로 타고난다는 이론 • 심신이원론 주장: 인간은 정신과 육체로 구성되었다는 이론 • 합리주의 주장 • 이성에 대한 연구에 집중 • 대표 저서: 『소크라테스의 변명』, 『국가론』
	 아리스토텔레스 (Aristoteles, BC 384~322)	• 고대 그리스의 철학자로 플라톤의 제자 • 플라톤의 이데아설을 비판하였지만 플라톤의 관념론에서 완전히 벗어나지 못함 • 경험론 주장: 모든 지식은 경험을 통하여 획득된다는 경험주의를 강조. 즉, 아이의 마음은 백지상태에서 경험에 의해 완성된다고 주장 • 자연탐구를 중요하게 여기는 현실적 입장을 강조 • 경험과 관찰을 통한 연구에 집중 • 대표 저서: 『범주론』, 『형이상학』, 『수사학』
중세: 신학	 아우구스티누스 (Augustinus, 354~430)	• 초대 그리스도교의 위대한 철학자이자 사상자 • 인간의 정의: 육체를 사용하는 영혼 • 영혼과 육체의 관계에 대한 연구에 집중 • 철학의 대상: 신과 영혼 • 악과 의지를 연결하여 자유의지에 대한 신학적 입장을 주장 • 정치적 문제에 권위, 전쟁, 사랑과 같은 논점에서 자신의 사상을 주장 • 대표 저서: 『고백론』, 『삼위일체론』, 『신국론』

시대: 학문	학자	주장 내용
중세: 신학	 아퀴나스 (Aquinas, 1224/5~1274)	• 중세 유럽의 스콜라 철학을 대표하는 이탈리아의 신학자 • 신과 인간과의 관계에서 인간의 마음, 즉 의식의 내용을 분석하여 연구 • 사고, 기억, 지각 등 여러 가지 능력이 있음을 밝힘 • 신이 중심이긴 하지만 인간의 자유의지와 경험을 인정하여 인간 중심의 근대 사상을 태동시킴 • 대표 저서: 『신학대전』, 『철학대전』
근대: 실험심리학	 데카르트 (Descartes, 1596~1650)	• 근대 철학의 아버지로 합리주의 철학의 길을 시작시킨 프랑스의 철학자이자 물리학자 • 심리학의 연구를 철학 및 신학적 관점에서 과학적 관점으로 이동시키는 계기 마련 • 철저하게 무의식의 세계가 배제된 용어 사용 • 인간은 감각을 통하여 지각된 존재로, 아는 것이 육체이고, 사고하는 것은 영혼이라고 구분지어 설명 • 대표 저서: 『방법 서설』, 『성찰』, 『정념론』
	 다윈 (Darwin, 1809~1882)	• 진화론을 주장한 영국의 생물학자 • 인간은 진화의 결과이며, 생명현상으로 환경에 적응하는 과정을 설명 • 다윈의 과학적 발견들은 생명의 다양성을 설명하며 생명과학의 이론 정립 • 자연관과 세계관에 많은 영향을 미침 • 현대의 생물심리학, 학습심리학, 진화심리학의 연구에 기초적 역할 담당 • 대표 저서: 『종의 기원』, 『식물의 교배에 관한 연구』

2) 독립된 학문으로서 심리학

심리학이 독립 학문으로 처음 등장하게 된 것은 실험실에서 연구를 수행하면서부터이다. 실험실 심리학은 그 동안의 사변적 사고에서 벗어나 과학적 방법으로 객관성을 확보하려고 시도했다. 실험실 심리학의 시초는 분트이다. 분트가 시작한 실험실 심리학은 수십 년을 거치면서 인간에 관한 많은 사실들을 밝혀내었다. 심리학은 연구 대상의 변화와 연구 방법의 다양성으로 방대한 연구 결과를 이끌어 내었다. 과거에서 현재까지 심리학의 연구 결과들은 객관성을 확보하며 체계적이면서 구체적으로 인간의 정신과 행동에 대한 많은 사실들을 밝혀내었다.

19세기 말 심리학은 정신을 연구 대상으로 한 연구가 활발하였고, 20세기 초 심리학은 19세기 말 심리학의 연구 대상이 과학적이지 않다고 비판하면서 훨씬 더 객관적이고 관찰 가능하면서 수량화가 가능한 행동만을 대상으로 연구하였다. 이와 같은 연구 대상과 연구 방법의 변화는 심리학을 독립적 학문으로 이끌어 내는 데 결정적인 역할을 하였다. 따라서 현대 심리학이 독립 학문으로 정립되기 시작한 시기는 1879년 빌헬름 분트(Wlihelm Wundt)가 라이프치히(Leibzig) 대학교에 심리학 실험실을 설립하면서부터라고 할 수 있다. 지금의 심리학은 인간의 정신과 행동의 상호작용적 관계를 중요하게 인식하여, 행동과 정신 모두를 대상으로 과학적 방법에 의해 연구되고 있다. 심리학은 이러한 변화 과정을 거치면서 독립적 학문으로서 그 역할을 다하고 있다.

CHAPTER 2

심리학의 학파

심리학은 구성주의, 기능주의, 행동주의, 인본주의의 순으로 변화되어 왔다(그림 2-1). 변화 과정 중에 행동주의가 나타난 시기에는 형태주의와 정신분석주의가 동시에 나타난다.

[그림 2-1] 심리학 학파의 변화 과정

심리학의 변화 과정에서 각각의 주의에서 주장한 내용과 특징에 대하여 좀 더 구체적으로 살펴보면 다음과 같다.

1. 구성주의 학파

구성주의는 분트가 의식의 기본 구성 요소에 대한 연구를 시작하면서 일어났다. 분트는 의식을 과학적으로 연구하는 방법을 알아내기 위해 화학자들이 사용한 연구 방법을 적용시켰다. 화학자들은 어떤 물질을 설명할 때 그 물질을 기본 구성 요소로 분해하여 구조를 이해시키는 방법을 사용한다. 분트는 화학자들이 사용한 방법을 의식에 대한 이해에 적용하여 의식의 기본 구성 요소들을 구분했다. 분트가 연구한 의식의 구성 요소를 분석하는 방법은 구성주의의 대표적인 특징이고, 구체적인 연구 방법은 내성법이다. 분트는 내성법에 의해 발견된 의식의 요소들을 제시했고 각 요소들 사이의 관계를 밝히고자 하였다.

분트
(Wlihelm Wundt, 1832~1920)

- 독일의 심리학자, 생리학자, 철학자.
- 하이델베르크 대학교, 라이프치히 대학교 교수
- 세계 최초의 심리학 실험실 설립
- 심리학을 철학에서 독립된 과학으로 이끌어 내는 주도적 역할 담당
- 의식을 구성하는 기본 단위를 발견하기 위한 연구에 집중
- 쾌–불쾌, 긴장–이완, 흥분–안정이라는 감정의 3차원 제시
- 심리학은 직접 경험해야 하는 학문이라고 정의
- 내성법을 연구 방법으로 사용
- 대표 저서: 『철학체계』, 『심리학 원론』

◎ 분트의 실험심리학을 발전시킨 티치너(Edward Bradford Titchener, 1867~1927)

- 미국의 심리학자
- 의식 내용의 중심인 요소론적 구성주의 심리학을 제창
- 내성법에 의해 감각, 심상, 감정이라는 의식을 밝혀냄
- 주로 시각과 청각에서 44,000개 이상의 감각요소 밝힘
- 분트의 감정의 3차원 중 쾌–불쾌만 동의하고 나머지 2차원은 부정함

여러 연구자들이 분트의 연구에 많은 관심을 보이면서 그의 연구에 합류했다. 특히 티치너(Edward Bradford Titchener)는 분트의 영향을 많이 받으면서 의

식의 기본 구성 요소를 분석하는 연구에 몰입했다. 그 결과 티치너는 의식을 감각, 감정, 심상이라는 3가지의 기본 요소로 구분하고 각각 요소의 특징을 연구하여 제시했다. 구성주의 방법에 의한 심리학은 철학에서 심리학을 분리하였고, 객관적 측정을 위해 실험실로 옮겨 과학적인 연구 방법을 처음으로 시도했다는 것이 공헌점이라 할 수 있다.

☞ **여기서 잠깐 좀 더 알아봅시다!**

■ **구성주의의 연구 방법인 내성법이란?**

- 의식의 요소를 알아내기 위해 자신의 의식 경험을 주관적으로 관찰하여 보고하는 방법
- 주관적 관찰에 의한 보고 내용이란 관찰자에 의해 해석되지 않은 첫 감각 경험에 대한 보고를 의미함

■ **티치너가 밝혀낸 감각, 감정, 심상이란?**

- 감각: 외부로부터 신체에 들어오는 자극 즉, 빛, 소리, 맛, 냄새, 촉각과 같은 요소들로 구분할 수 있는 의식
- 감정: 쾌, 불쾌, 슬픔, 사랑 등과 같은 정서적 요소가 포함된 의식
- 심상: 기억이나 꿈과 같은 정신 활동에 의해 현재 존재하지 않은 사건이나 사물을 표상하는 의식

2. 기능주의 학파

기능주의는 구성주의가 의식을 연구한 방법에 문제를 제기하면서 시작되었다. 기능주의의 대표적인 심리학자는 제임스(William James)이다. 제임스는 구성주의의 연구 방법인 내성법의 유용성에는 동의했지만 분트가 주장한 것처럼 과연 의식이 각각의 요소로 구분할 수 있는지에 대하여 의문을 가졌다. 제임스는 구성주의에서 주장하는 것과 같이 의식은 각각으로 구분할 수 있는 단편적인 요소가 아니라 계속 흘러가는 강물과 같은 흐름의 과정이라고 설명했다. 즉, 인간

의 의식은 정지된 상태에서 구분되는 요소가 아니라 환경에 적응하는 과정에서 작용된다. 따라서 구성주의가 의식이 무엇(what)인지 분석했다면 기능주의는 의식이 어떻게(how) 작용하는지에 관하여 연구한 학파이다.

제임스의 이러한 주장은 심리학의 연구 방향을 구성주의에서 기능주의로 바꾸었고, 지각, 학습, 기억, 사고와 같은 정신적 활동이 연구 주제가 되었다. 기능주의 심리학은 특히 지적장애아와 정신장애를 가진 사람들을 대상으로 의식 세계가 어떻게 기능하는가를 연구하여 그 작용점을 밝히는 데 공헌했다.

제임스
(William James,
1842~1910)

- 미국의 심리학자, 철학자
- 하버드 대학의 철학 및 심리학 교수로 역임
- 미국 최초로 실험적 심리학 연구소 개설
- 기능주의 심리학 운동의 주창자로서 실용주의 제창
- 의식의 흐름(Stream of Consciousness)이라는 용어를 처음으로 사용
- 세계관: 근본적 경험론
- 실용주의자인 제임스를 특징짓는 단어는 현금 가치(cash value)
- 분트와 함께 근대 심리학의 창시자
- 교육학자 존 듀이, 심리학자 에드워드 손다이크 등을 지도
- 대표 저서: 『심리학 원리』, 『프래그머티즘』, 『근본적 경험론』

☞ **여기서 잠깐 좀 더 알아봅시다!**

■ 제임스의 세계관인 근본적 경험론이란?

근본적 경험론은 주관과 객관, 자연과 경험과 같이 전통적 이원론적 세계관이 아니다. 오히려 인간의 경험을 자연과 분리하지 않으며 주관과 객관이 분리되기 전의 세계로부터 개념을 획득하여 세계를 이해하려는 세계관이다.

■ 제임스의 특징짓는 단어인 단어 현금 가치란?

제임스가 말하는 현금 가치는 경제적 가치나 유용성이 아니라 인간이 삶에서 직면하는 다양한 문제를 해결할 수 있는 유용성을 의미한다. 즉, 인간의 지식과 신념, 진리는 그 자체로서 가치 있는 것이 아니라, 인간의 삶을 향상시킬 때 가치가 있다는 것이다. 따라서 제임스의 현금 가치는 지식을 위한 지식, 진리를 위한 진리에서는 가질 수 없다.

3. 행동주의 학파

구성주의와 기능주의의 연구 대상은 의식이었다. 왓슨(John Broadus Watson)은 의식이라는 연구 대상을 어떻게 과학적으로 연구할 수 있는지에 관한 의문을 제기하면서, 객관적으로 관찰할 수 있고 직접 경험에 의해 외현적으로 나타나는 행동을 연구 대상으로 바꾸어야 한다고 주장했다. 연구 대상이 의식에서 행동으로 바뀌면서 행동주의에 합류하는 연구자들이 많아졌고, 이들은 자극과 반응 간의 관계로 행동을 설명하였다. 이처럼 행동주의 심리학은 연구 대상과 연구 방법의 변화를 이끌어 내었다.

행동주의 학파의 연구자들은 조건 형성의 결과가 행동이며, 어떤 것을 경험하게 하여 행동을 만들어 내는 것은 환경이라고 주장했다. 즉 인간의 모든 행동은 학습으로 변화되기 때문에 이를 위한 적절한 환경이 마련하여 자극을 제공한다면 예측된 행동을 형성시킬 수 있다는 것이다. 행동주의는 의식을 연구하는 내성법에서 행동을 연구하는 실험법과 관찰법으로 심리학의 연구 대상은 물론 연구 방법을 바꾸는 데 공헌했다. 또한 행동주의에서 획득된 결과들이 임상적으로 응용되고, 특정 행동을 수정하는 데도 활용되면서 특수교육에 많은 영향을 미쳤다.

왓슨
(John Broadus Watson, 1878~1958)

- 미국의 심리학자
- 행동주의 심리학의 창시자
- 심리학의 연구 대상을 의식에서 행동으로 바꿈
- 심리학의 연구 방법을 내성법에서 관찰법으로 바꿈
- 자극과 반응의 계통화에 대한 자연과학적 방법 강조
- 본능이나 유전에 대해서 환경 요인을 강조
- 대표 저서: 『비교심리학』, 『인간심리학』, 『심리학 원리와 인간 개조론』

☞ **여기서 잠깐 좀 더 알아봅시다!**

■ 인지주의(cognitivism)란?

인지주의는 인간의 행동 중에 외현적으로 나타나는 반응 결과를 강조하는 행동주의의 수동적 인간상과는 다르게 인간을 사고하는 존재로 여기고 내현적으로 일어나는 능동적인 사고 과정과 인지구조를 강조했다. 그래서 인주주의 심리학자들은 인간을 능동적이라고 주장했다.

인간의 인지적 사고과정 및 구조에 대한 연구는 컴퓨터의 발견으로 더욱 더 관심이 집중되고 있다. 인지주의는 인지적 사고과정과 구조를 정보처리과정으로 설명했다. 따라서 인지주의 심리학자들은 자극을 수용하여 기억하고, 기억된 사실들을 인출하는 일련의 과정을 연구했다. 이와 같이 인지주의 심리학자들은 인간이 자극을 어떻게 지각하고 기억하는지, 그리고 학습과 추론은 어떻게 형성되는지에 관한 여러 가지 사실들을 밝혀내었다.

인지주의를 대표하는 학자와 이론에는 쾰러(Wolfgang Köhler)의 통찰학습, 레빈(Lewin)의 장이론(field theory), 톨먼(Tolman)의 기호형태설, 피아제(Piaget)와 브루너(Bruner)의 인지학습이론 등이 있다.

4. 형태주의 학파

미국을 중심으로 나타난 행동주의 학파와 더불어 비슷한 시기에 독일을 중심으로 형태주의 학파가 등장했다. 형태주의는 행동주의가 자극과 반응의 관계로 자극을 너무 단순화시켰다고 지적했다. 형태주의 학파의 연구자들은 인간의 행동이 행동하게 하는 어떤 요소들의 합으로 일어나기보다는 전체로서 통합되어 나타나는 반응의 결과라고 주장했다. 이를 증명하기 위하여 형태주의는 인간의 지각에 대한 연구에 집중하였다.

형태주의 입장을 취하는 심리학자들은 외부 자극의 유형과 인간의 경험 체계가 서로 상호 연관되어 전체적으로 작용함으로써 경험된 것을 지각이라고 설명했다. 형태주의의 주장에 대한 구체적인 예를 들면, 실제적으로는 움직이지 않는 무수한 프레임의 연속인 영화나 광고판이나 네온사인의 작동원리인 파이현상을 포함한 가현 운동(apperent movement)을 들 수 있다.

형태는 독일어로 게슈탈트(Gestalt)라고 하는데, 베르트하이머(Wertheimer)는 게슈탈트 심리학의 창시자이다. 베르트하이머는 인간이 행동하는 것은 각각의 요소의 합이 아니라 전체적으로 통합되어 나타나기 때문에 의식이나 행동을 분석하여 인간의 행동을 설명할 수 없다고 주장했다. 형태주의의 공헌점은 인간과 환경의 상호작용 결과로 나타나는 인간의 지각 조직 구조라는 복잡한 문제를 설명하여 지각 연구의 토대를 마련했다는 것이다.

베르트하이머
(Maximilian Wertheimer, 1880~1943)

- 독일의 심리학자
- 형태심리학의 창시자
- 분트의 구성주의 심리학을 비판하면서 형태주의 심리학을 시작
- 지각의 조직화 원리 주장: 인간은 사물이나 현상을 볼 때 부분, 부분으로 보지 않고 부분들이 전체적으로 통합되어 드러나는 형태를 본다는 원리
- 좋은 게슈탈트의 조건: 규칙성, 단순성, 항상성
- 『Psychologische Forcholo-gical Research』라는 학술지를 코프카, 쾰러, 골드슈타인과 함께 창간하여 형태주의 연구를 알림
- 대표 저서: 『생산적 사고』

☞ **여기서 잠깐 좀 더 알아봅시다!**

■ 가현운동의 예시

우리의 눈에는 동그랗게 정렬되어 있는 여러 개의 전구가 순서대로 한 개씩 연속적으로 켜지고 꺼지는 현상이 마치 하나의 원처럼 보인다. 이런 현상을 파이현상(phi-phenomenon)이라 한다. 이런 파이현상을 가현운동이라고 한다. 이 현상을 상상해 보자. 여러 개의 작은 전구로 만들어진 원의 각각의 전구가 하나씩 순서대로 켜지고 꺼지는 자극(전등의 빛)을 모두 연결하여 '원'이라는 전체 형태로 지각하게 된다. 이런 현상으로 형태주의 심리학자들은 인간이 자극 하나에만 반응하는 수동적 존재가 아니라 자극 간의 관계에서 전체로서 형태를 지각하려는 능동적 존재라고 주장했다.

■ 형태주의의 핵심 관점은?

'전체는 부분의 합 이상이다'라고 명제화시킬 수 있다.

5. 정신분석주의 학파

미국을 중심으로 등장했던 행동주의와 함께 비슷한 시기에 독일을 중심으로 형태주의, 프랑스를 중심으로 정신분석주의가 등장했다. 정신분석은 인간의 무의식 영역에 집중하여 사고, 감정, 행동을 설명하였다. 정신분석주의는 프로이트(Sigmund Freud)를 중심으로 시작되었는데, 그는 의식, 전의식, 무의식이라는 의식의 3구조를 제시했다. 프로이트는 무의식이 인간의 다양한 행동에 미치는 영향력은 의식과의 관계보다 훨씬 더 강력하다고 주장하였다.

정신분석주의 이론에 의하면 인간의 생애 중에서 초기 경험은 무의식적 불안이나 갈등과 같은 부정적인 감정 출현에 매우 중요한 영향력을 미친다고 강조한다. 즉, 무의식에는 축적된 경험, 잠재된 반사회적 요소, 내적인 동기, 욕망 등과 같이 인간이 잘 지각하지 못하는 사고, 태도, 충동, 소망, 동기, 정서가 포함되어 있다는 것이다. 따라서 정신분석주의는 인간을 이해하려면 의식보다는 무의식에 관심을 집중해야 한다고 주장했다.

이와 같이 무의식의 세계를 의식의 세계로 불러 지각하는 과정은 정신분석주의에 속한 연구자들에 의해서 제시되었다. 정신분석주의는 당시 많은 심리학자들에게서 과학적인 연구가 아니라는 비판을 많이 받았다. 그러나 인간이 행동을 일으키는 무의식을 동기적 차원에서 설명하여 개인을 이해하려 했다는 점은 현대 심리학에 영향력을 미친 공헌점이라고 할 수 있다.

 프로이트 (Sigmund Freud, 1856~1939)	• 정신분석주의 창시자로 무의식에 대한 연구 시작 • 브로이어와 공동으로 치유 방법 연구: 1893년 카타르시스(Katharsis)법 확립 • 카타르시스(Katharsis) 치유법의 결함 때문에 최면술대신 자유연상법을 사용하여 히스테리 치료법 발견: 1896년 이 치료법을 '정신분석'이라 명명함 • 리비도에 의해 구분되는 구강기, 항문기, 남근기, 잠복기, 생식기라는 인간의 발달단계 제시 • 대표 저서: 『히스테리 연구』, 『꿈의 해석』, 『쾌락 원칙을 넘어서』, 『자아와 이드』

☞ 여기서 잠깐 좀 더 알아봅시다!

■ 의식에는?

의식은 의식, 전의식, 무의식으로 구분할 수 있다. 의식은 의식하고 있는 상태이고, 전의식은 잊고 있을 뿐 조금만 주의를 기울이면 의식의 상태로 변할 수 있는 상태이며, 무의식은 억압되어 드러나지 않은 상태이다.

■ 프로이트의 영향을 받았던 융(1875~1961)

융은 정신분석주의의 영향을 받았지만 정신현상을 성욕에 귀착시켜 설명하는 프로이트에 반대하며 아들러의 사상을 받아들인다. 융은 무의식을 개인적 무의식과 보편적 무의식으로 구분한다. 개인적 무의식은 개인적인 경험에 의한 무의식이고, 보편적 무의식은 유전적 요소로 인류가 공통적으로 가진 무의식을 의미한다. 융은 무의식의 개념에 대한 독자적인 생각과 함께 콤플렉스의 개념으로 분석 심리학을 발전시켰다.

6. 인본주의 학파

인본주의는 행동주의의 수동적 인간관과 정신분석주의의 결정론적 인간관, 그리고 본능적 인간관을 비판하며 등장하였다. 인본주의는 인간 개개인의 주관적 경험에 의한 자유의지와 자아실현의 연구에 집중하였다. 인본주의의 연구 결과에 의하면 인간은 능동적이며 자율적인 존재로서 문제해결에 대한 적극성과 자신에게 숨겨진 잠재력을 이끌어 내어 자신의 삶을 긍정적으로 변화시키는 존재라고 주장하였다(Schneider, Bugental, & Pierson, 2001). 인본주의의 대표 학자는 인간의 자아실현에 관한 연구에 집중한 로저스(Carl R. Rogers)와 인간의 동기에 작용하는 욕구 단계를 제시한 메슬로우(Abraham H. Maslow)를 들 수 있다.

로저즈
(Carl Ransom Rogers, 1902~ 1987)

- 미국의 심리학자
- 내담자 중심 치료(Client-centered Therapy)의 창시자
  - 치료자는 환자에 대해 무조건적인 긍정적 관심, 일치된 공감적 이해와 같은 태도를 갖추어야 함
  - 심리치료에서 의학적 접근보다 발달 계획적 접근을 주장
- 행동주의, 정신분석주의의 연구 방향과는 대조적 입장으로 패러다임을 전환시키는 계기 마련
- 1970~1980년대 교육, 산업, 집단, 세계 평화 등 다양한 영역에 영향을 미침
- 대표 저서: 『사람 중심 상담』, 『칼 로저스의 카운슬링의 이론과 실제』

이상에서 살펴본 바와 같이 심리학은 다양한 학파에 의해 발전을 거듭해 왔다고 할 수 있다. 심리학의 여러 학파에 대한 요약정리는 〈표 2-1〉과 같다.

〈표 2-1〉 심리학의 학파들

학파	연구 대상	연구 방법	연구 결과	공헌도	대표 연구자
구성주의	의식	내성법	의식 과정을 감각, 감정, 심상의 3요소로 구분하고 각각 요소의 특징을 밝힘	철학에서 심리학을 분리하고, 객관적 측정과 실험 방법을 처음으로 사용	분트, 티치너
⇩	⇩		⇩	⇩	⇩
기능주의	의식	내성법	인간의 학습 및 지각 능력을 활용한 실제 환경에서의 작용을 밝힘	동물과 지적, 정서 문제가 있는 인간의 정신 세계에 관련된 기능을 제시	제임스, 듀이
⇩	⇩		⇩	⇩	⇩
행동주의	행동	실험법, 관찰법	조건형성의 결과가 행동이고, 환경에서 비롯된 자극에 대한 경험으로 특정 행동이 형성된다고 밝힘	연구 방법의 혁명과 연구 대상의 전환, 특히 행동 수정과 특수교육적 문제 해결 방법으로 활용됨	왓슨, 파블로브, 손다이크, 스키너
||	||		||	||	||
형태주의	행동	실험법, 관찰법	지각은 자극과 경험과의 관계에 따라 전체적으로 작용한다고 밝힘	개개인의 지각 조직화의 구조 및 과정에 관한 연구의 토대를 형성	베르트하이머, 콜러, 코프
||	||		||	||	||
정신분석주의	행동	자유연상법	무의식이 인간의 다양한 행동에 미치는 영향력을 밝힘	심리장애 치료법으로 성격이론과 정신치료법 개발	프로이트, 융
⇩	⇩		⇩	⇩	⇩
인본주의	의식과 행동	다양한 연구법 활용	인간 개개인의 주관적 경험에 의한 자유의지와 자아실현에 대한 연구에 집중	인간에 관한 희망적 관점을 토대로 상담과 심리 치료 분야의 발전에 영향을 미침	로저스, 매슬로우

☞ **여기서 잠깐 좀 더 알아봅시다!**

■ 매슬로우의 욕구의 5단계

매슬로우는 인간의 동기화를 「1단계: 생리적 욕구, 2단계: 안전과 신체적 보호 욕구, 3단계: 소속과 사랑의 욕구, 4단계: 존중 욕구(esteem needs), 5단계: 자아실현 욕구」라는 다섯 단계를 거쳐 이루어진다고 주장했다. 또한, 그는 다섯 가지의 욕구단계는 인간이 태어나면서부터 가지는 생득적인 것으로, 그 단계는 피라미드형의 위계를 형성한다고 강조했다. 이 단계들은 하위단계의 욕구가 충족되어야 그 다음 단계인 상위 욕구가 충족되는 이동적 특성을 가진다.

■ 실존주의란?

실존주의는 인간 존재와 인간 현실의 의미에 대하여 연구한 학파이다. 실존주의는 인간의 실존이 본질에 선행한다고 주장하며 인간의 본래적 존재 방식을 주체적 실존에서 찾아 현실존재를 설명하고자 했다. 본질은 초시간적이라며 현실존재는 시간적 '있음'을 의미한다. 이런 실존주의의 생각은 인간의 구체적인 삶을 현상학적으로 기술하면서 실존적 자유, 타자의 존재와 같은 문제에 집중되었다. 실존주의의 대표 학자는 키르케고르(Søren Aabye Kierkegaard, 1813~1855), 니체(Friedrich Wilhelm Nietzsche, 1844~1900), 하이데거(Martin Heidegger, 1889~1976) 등을 들 수 있다.

CHAPTER 3

심리학의 접근 방법 및 연구 방법

1. 접근 방법

인간의 마음과 행동을 이해하는 것은 매우 어렵다. 그래서 다양하고 복잡하게 얽혀 있는 인간의 마음과 행동을 한꺼번에 풀어내는 것보다는 어떤 한 측면에 초점을 맞춰 해석하는 것이 효과적일 때도 많다. 심리학은 이와 같이 다양하고 복잡한 인간의 마음과 행동을 고려하여 인간 이해를 위한 5가지 접근 방법을 활용한다. 이 5가지 접근 방법은 앞 장에서 설명했던 심리학의 학파에서 주장한 사실들과 매우 많이 연결되어 있다.

1) 접근 1: 생물학적 접근 방법

생물학적 접근 방법은 인간의 마음과 행동을 뇌, 신경계통, 호르몬 등의 변화와 같은 생물학적 기능에 기초하여 인간을 이해한다. 즉, 뇌손상이나 뇌세포의 변성, 신경전달물질의 생성에 관한 문제, 호르몬 분비의 이상 등이 마음과 행동에 어떠한 영향을 미치는지를 파악하여 인간을 이해하는 것이다.

생물학적 접근 방법은 인간의 행동이 뇌와 척수에 있는 신경세포에서의 화학적, 그리고 전기적 신호전달에 의한 결과라고 생각한다. 따라서 신경생물학적 과정을 밝히거나, MRI와 같은 뇌영상을 통한 분석으로 통해 행동을 이해한다. 예를 들어, 어떤 사람이 누군가에게 분노를 느끼며 공격적인 행동을 할 때 뇌의 기능과 변화를 밝혀 설명하는 것이다. 생물학적 접근 방법은 인간을 대상으로 직접 연구를 진행하는 데는 한계가 많아 동물을 대상으로 연구하는 경우가 많다.

☞ **여기서 잠깐 좀 더 알아봅시다!**

■ **자기공명영상법[magnetic resonance imaging/MRI]**

MRI는 자력에 의한 자기장을 활용하여 생체의 단층상을 촬영하는 영상법이다. 영국의 에버딘대학교와 노팅엄대학교에서 1970년대에 개발하였고, 한국에서는 1986년부터 개발하기 시작하여 1988년부터 서울대학병원에서 사용되었다.

MRI의 장점은 X-ray보다 인체에 안전하고, 3D 영상의 형태로 촬영되어 중추신경계, 두경부, 척수 등 신경계통의 해부학이나 생리학적 진단에도 활용되어 그 범위가 넓다는 것이다. 그러나 MRI의 단점은 촬영시간이 오래 걸리며 폐소공포증이 심한 사람은 촬영이 힘들다는 것이다.

2) 접근 2: 행동적 접근 방법

행동적 접근은 인간을 이해하기 위한 행동적 접근은 외현적 행동을 객관적으로 관찰하는 방법이다. 이 방법은 행동주의 심리학 학자들이 주로 사용한다. 행동만이 유일하게 과학적인 심리학의 연구 대상이라 주장한 행동주의 심리학자들은 마음과 같은 인간의 내적인 과정에는 관심을 두지 않는다.

행동적 접근 방법은 환경에서 오는 자극에 의한 반응적 행동을 집중적으로 관찰한다. 이 접근 방법은 과정보다는 결과를 중시하기 때문에 인간을 환경적 자극에 의해 유도되는 행동만 하는 수동적 존재로 생각한다. 따라서 인간의 의식이나 자발성은 이 접근에서 설명되지도, 이해하지도 않는다.

행동적 접근 방법의 장점으로는 연구 대상을 외현적으로 관찰 가능한 행동에만 제한하여 심리학을 과학적인 학문임을 입증했다는 것과 환경의 중요성을 강조하고, 행동 수정과 같은 실제적 응용이 이루어졌다는 것이다. 그러나 이 접근 방법의 단점은 인간을 이해하는 데 행동이라는 단 하나의 대상만을 활용하기 때문에 인간에게 내재되어 있는 다양한 측면을 고려하지 못한다는 것이다. 이 단점은 인간을 온전히 이해하는 데 방해됨은 물론 오류의 원인이 될 수도 있다.

3) 접근 3: 정신분석적 접근 방법

정신분석적 접근은 무의식적 지배에서 비롯된 행동으로 인간을 이해하려는 방법이다. 정신분석적 접근은 의식과 무의식을 빙산에 비유하여 수면 위에 드러난 빙산의 일부가 의식세계라고 한다. 이 의식세계는 빙산 전체 크기에서 극히 작은 부분을 차지하고 있어 인간 행동에 대한 모든 부분을 설명하기 어렵다는 것이다. 정신분석적 접근 방법은 이런 어려움을 수면 아래 있는 거대한 빙산, 즉 무의식세계로 해결하며 심층심리학을 발전시킨다.

이 접근의 장점은 무의식 세계가 인간의 심리에 중요한 영향력을 미친다는 사실을 알려준 것이다. 또한 인간의 성격구조를 분석하여 전생애에 걸친 성격 발달 과정을 제시하고, 정신병의 치료와 예방을 하였다는 것이다. 반면에 이 접근의 단점은 성욕이나 공격성과 같은 원초적 본능으로서 인간의 마음과 행동이 통제된다는 점을 강조하여 인간의 긍정적 측면보다는 부정적인 측면을 부각시켰다는 것이다. 그리고, 인간이 환경과 끊임없이 상호작용하면서 성장하는 과정을 무시하고 어린 시절의 경험이 인간의 심리에 결정적인 영향을 미친다는 결정론적 입장을 취했다는 것이다.

☞ **여기서 잠깐 좀 더 알아봅시다!**

■ **심층심리학**

심층심리학은 정신분석학적 접근 방법을 주로 활용하여 깊은 내면의 의식세계에 숨겨져 있는 내용을 분석하는 심리학이다. 심층심리학은 심리현상이 원인없이 일어나지 않으며, 무의식이 행위와 감정을 유발시킨다는 원리에 기초하여 연구한다. 정신분석적 접근을 활용하는 심리학자들은 인간의 감정을 살피고, 그 안에 숨겨져 있는 심리적 역동성을 분석한다.

4) 접근 4: 인지적 접근 방법

인지적 접근 방법은 인간을 자극에 의해 반응하는 수동적 존재로 보는 행동적 접근 방법과는 달리 환경으로부터 외부 자극을 적극적으로 처리하는 능동적인 존재로 보는 입장에서 출발한다. 인간을 능동적 정보처리자로 보는 인지적 접근 방법은 인간이 외부 정보를 수용하고, 정보를 부호화하여 처리하고, 처리된 정보를 저장하고, 필요할 때 정보를 인출하여 사용할 수 있다고 설명한다.

인지적 접근 방법은 행동처럼 외현적으로 직접 관찰할 수는 없지만 뇌에서 일어나는 일련의 과정을 핵심적인 연구 대상으로 삼는다. 따라서 이 접근은 인간의 뇌가 정보를 어떻게 수용하여 처리하는지, 그리고 필요할 때 어떻게 인출되어 특정 행동에 반영되는지에 관하여 밝혀낸다. 즉 인간을 지각, 기억, 사고, 판단 등과 같은 일련의 인지 과정을 중심으로 이해하는 것이다.

인지적 접근 방법을 사용하여 연구한 대표적인 이론에는 인지발달과 정보처리가 있다. 인지발달 이론의 대표적인 연구자로는 피아제를 들 수 있는데, 그는 인간의 인지발달의 단계를 제시하였고, 연령이 증가함에 따라 인지능력도 발달된다고 주장하였다. 정보처리 이론은 인간의 정보처리 능력을 컴퓨터에 비유하여 인간의 지각과 기억, 문제 해결적 사고 능력에 관하여 설명한다. 인지적 접근 방법은 인간이 어떻게 정보를 입력하고 처리하고 반응하는가의 일련의 과정을 중점적으로 연구하면서 외현적 행동만을 집중적으로 연구한 행동적 접근 방법의 제한점을 보완하여 인간을 이해한다.

5) 접근 5: 인본주의적 접근 방법

인본주의적 접근 방법은 인간이 환경에서부터 오는 외부 자극에 수동적으로 대처하는 존재가 아니라 자유의지에 의해 능동적으로 대처하는 존재임을 강조한다. 이 접근 방법은 개개인의 주관적 경험을 중시하기 때문에 인간이 어떻게 생각하고 행동할 것인지에 대한 선택은 각 개인의 능력에 의해 좌우된다고 설명한다. 따라서 어떤 사람이 세상을 경험하고 있는 현재, 즉 지금을 있는 그대로 이해하고자 하는 현상적 관점을 중시한다. 이런 이유로 인본주의적 접근 방법을 선택하여 인간을 이해하려는 심리학자들은 타인을 통한 관찰로 인간의 마음과 행동의 단계나 법칙을 이론화시키려는 실험적 접근보다는 스스로 자기 자신을 들여다보는 과정을 통해 그 마음과 행동을 더 많이 이해하고자 한다.

▩ 심리학의 5가지 접근을 통해 영화 '루시'의 주인공을 이해한 분석내용을 적어 볼까요?

<table>
<tr><td rowspan="4"></td><td>접근 방법</td><td>분석 내용</td></tr>
<tr><td>생물학적 접근</td><td></td></tr>
<tr><td>행동적 접근</td><td></td></tr>
<tr><td>정신분석적 접근</td><td></td></tr>
<tr><td rowspan="3">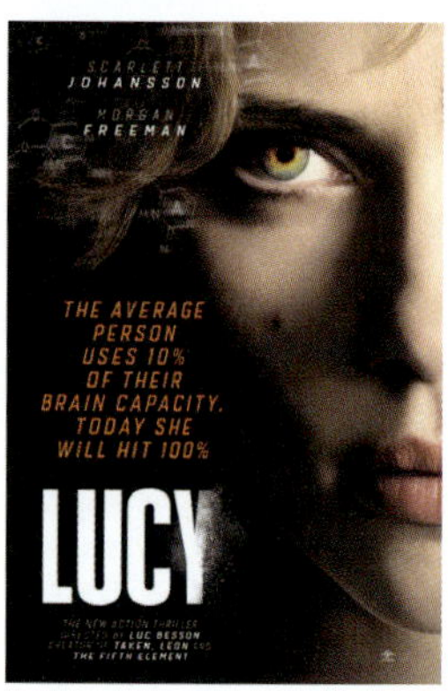</td><td>인지적 접근</td><td></td></tr>
<tr><td>인본주의적 접근</td><td></td></tr>
<tr><td colspan="2">• 감독: 뤽베송
• 출연: 스칼렛 요한슨, 모건 프리먼, 최민식
• 장르: SF, 액션, 스릴러
• 개봉일: 2014년 9월 3일
• 분석 장면: 루시는 다량의 C.P.H.4를 흡수한 뒤, 뇌 사용량이 20%까지 늘어나게 된다. 그리고, 그녀는 자신의 신체에 대한 컨트롤은 물론 뇌 속의 모든 사소한 기억과 감각들이 살아나고, 전자기파를 보고 통제하거나 타인의 신체를 조정하는 일까지 가능한 능력을 얻게 된다.</td></tr>
</table>

2. 연구 방법

심리학은 인간의 마음과 행동을 분석하여 설명하는 과정을 통해 인간을 좀 더 이해하려는 학문으로, 연구자의 주관적 견해를 철저히 통제하여 어떤 이론에 편중되지 않게 인간의 심리를 객관적으로 밝힌다. 심리학의 이런 학문적 특성으로 인하여 과학적 연구 방법을 채택한다.

과학의 사전적 의미는 보편적인 진리나 특정 법칙의 발견을 목적으로 획득된 체계적인 지식이다. 그러나 과학은 과학이 정의 그 자체이고, 보편적인 진리나 특정 법칙을 기술하여 설명하고, 예측하여 예언하고, 그리고 조절하여 통제하는 것을 목적으로 한다. 따라서 심리학은 과학적 연구 방법에 의하여 획득된 증거를 토대로 이론이 성립된 학문이며, 과학적 방법으로 검증되지 않으면 심리학적 지식으로 성립될 수 없다.

그렇다면 과학적 학문인 심리학을 통해 정립된 이론들에 포함된 과학적 지식의 특징과 과학적 연구 활동의 과정은 어떻게 이루어지는지 살펴보는 것은 의미 있는 과정이다. 또한 과학적 연구 방법에 포함되는 연구 유형을 알아보는 것도 매우 중요할 것이다.

1) 과학적 지식의 특징

과학적 연구 방법을 통하여 밝혀진 심리학적 지식은 경험에 의한 지식을 채택하고, 검증할 수 있어야 한다는 두 가지 특징이 있다. 그 내용은 다음과 같다.

과학적 지식의 첫 번째 특징은 경험에 의하여 지식을 채택한 것이다. 지식의 성립에 있어 경험주의를 채택하고 있다는 것은 그저 단순한 경험적 자료를 모아 형성된 지식을 의미하는 것이 아니라 구체적이면서 체계적인 경험을 토대로 사실(fact)을 확인하고 이론으로 확립될 지식을 요구한다는 의미이다. 즉 과학적 지식은 전적으로 관찰과 실험의 방법을 통한 경험으로 밝혀낸다는 것이다.

과학적 지식의 두 번째 특징은 검증 가능성(혹은 반복 가능성)이다. 어떤 주장이나 이론이 과학적 지식이 되려면 객관적이어야 하는데, 이는 검증할 수 있느냐 없느냐로 판단한다. 여기서 객관성이란 동일한 조건과 절차에서는 어떤 사람이 그 연구를 실행하든 같은 결과로 동일한 지식을 획득할 수 있다는 것을 의미한다. 이환구(2004)는 검증 가능성의 기준을 환원주의에 두고, 환원주의는 특정 단어나 명제와 같은 지식을 좀 더 정확한 요소로 나누는 것이라고 설명한다.

☞ **여기서 잠깐 좀 더 알아봅시다!**

■ 환원주의(reductionism)

환원주의는 복잡하고 추상적인 개념이나 실체를 좀 더 간단한 기초 요소를 활용하여 설명한다. 환원주의에는 실증주의적 경향이 나타나는데, 관찰이 가능하지 않은 개념이나 원리들을 직접 관찰 가능한 경험 명제로 변환시킨다. 환원주의는 개념과 같은 추상적 사실들을 감각적 경험을 통한 결과로 도출해 내거나 언어로 환원된 이론적 진술에 집중한다(교육학용어사전, 1995).

2) 과학적 연구 활동의 과정

과학적 연구 활동은 연구 문제의 발견, 연구 가설의 설정, 검증, 이론 형성이라는 4단계의 과정을 거치면 이루어진다(그림 3-1). 실질적으로 이런 과정을 통해 전반적으로 심리학 연구가 진행된다. 각각의 단계에 대하여 좀 더 구체적으로 살펴보면 다음과 같다.

과학적 연구 활동에서 처음으로 실행되는 과정은 연구 문제를 발견하는 것이다. 연구 문제는 특정 현상이나 문헌을 통해 밝혀진 사실에서 문제를 찾아낸다. 그 다음 과정으로는 연구 가설을 설정하는 것이다. 즉 연구를 통해 검증되어야 할 특정 사실을 진술하는 것이다. 가설이란 실험, 즉 경험에 의하여 확인되지 않은 사실로서 검증할 수 있는 연구 주제를 의미한다. 가설이 설정되면 과학적 실험을 통해 설정된 가설이 사실인지 아닌지를 확인하는 검증 과정에 들어간다.

이 과정에서는 실험결과에 영향을 미칠 수 있는 많은 변인들을 고려된 자료들로 객관적인 사실을 밝혀낸다. 그리고, 마지막 과정인 검증을 통하여 사실로 드러난 결과를 토대로 이론이 형성된다. 이렇게 형성된 이론은 또 다른 사실을 설명하거나 새로운 문제가 제기되기도 한다.

1단계: 연구 문제 발견–현상과 문헌적 사실에서 문제 발견

⇩

2단계: 연구 가설 설정–검증할 사실을 진술하는 것으로 연구 주제를 의미

⇩

3단계: 검증–가설의 진위 여부 확인

⇩

4단계: 이론 형성–또 다른 사실 설명이나 새로운 문제 제기에 활용

[그림 3–1] 과학적 연구 활동과정의 4단계

3) 과학적 연구 방법의 유형

심리학의 연구는 실험, 관찰, 조사, 검사, 임상, 사례 방법이 대표적인 유형이다. 이들 연구 방법은 과학적인 방법을 채택하여 객관적 지식을 밝힌다. 각각의 연구 방법에 대하여 간략히 소개하면 다음과 같다.

실험연구 방법은 원인과 결과의 관계에 대한 가설을 검증하기 위해 영향을 미칠 수 있는 변인을 적용하여 변화된 사실을 밝혀내는 것이다. 좀 더 구체적으로 설명하자면 인과관계에 영향을 미칠 수 있는 2개의 변인을 설정하여 이들 변인 간의 관계를 증명하는 것이다. 이때 2개의 변인은 독립변인과 종속변인을 말한다. 독립변인은 특정 문제에 영향을 미칠 수 있는 요인으로 연구자에 의해 조작되는 변인이고, 종속변인은 독립변인의 영향을 받는 변인이다. 연구자는 연구 집단을 두 개로 나누고 독립변인이 적용되는 집단은 실험집단, 독립변인이 적용되지 않는 통제집단이 된다. 실험 후 집단 간의 비교를 통해 그 결과를 분석한다.

관찰연구는 실험연구를 통해 획득할 수 없는 사실을 밝히거나 실험연구를 보완하려 할 때 활용된다. 관찰연구는 실험연구와 같이 변인을 조작할 수 없지만 관찰 요인을 설정하여 체계적으로 기록하고, 그 내용을 분석하여 특정 사실 혹은 차이점을 밝힐 수 있다. 관찰연구에는 관찰자가 제삼자의 입장에서 직접적인 개입 없이 자연스럽게 이루어지는 자연관찰(간접 관찰)과 관찰자가 관찰하고자 하는 집단에 적극적으로 참여하여 관찰하는 참여관찰(직접 관찰)로 구분된다.

조사연구 방법은 특정 사회 집단의 구성원이나 많은 사람의 행동, 태도, 의견 등을 알아보기 위해 질문지나 면접을 활용하는 것이다. 조사연구에서 표본의 추출과 질문 혹은 면접 문항 작성은 매우 중요한 과정이다. 표본은 모집단을 대표할 수 있어야 하고 설문이나 면접에 대한 응답률이 낮아지지 않도록 주의하며, 조사연구를 담당하는 사람은 충분히 훈련되어야 한다. 이와 같이 조사연구는 질문지나 면접에서 얻어진 결과가 통계적 절차를 거치면서 특정 상관관계를 밝혀내는 것이다. 예를 들어 정치적 의견, 정당에 대한 지지도, 소비자의 기호, 결혼관, 건강유지 욕구 등과 같이 다양한 주제에 대한 정보를 조사연구에 의해 수집하여 분석 결과를 밝혀낼 수 있다.

검사연구 방법은 인간에게서 나타나는 다양한 능력 중 특정 영역을 보다 정밀하게 측정하기 위해 제작된 검사 도구를 사용하는 것이다. 이때 검사 도구는 특별히 훈련된 전문가에 의해 사용되어야 한다. 그리고 잘 제작된 검사 도구를 사용해야 하고, 검사 결과는 검사자에 의한 주관적 해석이 아니라 검사도구의 지침에 따른 결과 분석으로 객관성이 확보되어야 한다.

사례연구 방법은 특정 개인의 생애 전체 혹은 그 일부의 기억 자료를 분석하여 개인의 생각, 행동 등을 이해하려는 접근으로 장기간의 시간이 필요하다. 사례연구 방법은 도움이 되는 설명적 자료는 물론 실험이나 관찰연구 방법을 위한 연구 주제를 제공해 주기도 한다. 사례연구 방법에서 나타난 결과는 집단 전체를 대표하지 않으며, 개개인의 기억에 의한 사례 결과로 다른 개인에게 적용될 수 없다는 제한점이 있다.

제2부

발달

CHAPTER 4

발달이란

인간의 발달은 수정에서 죽음까지의 전생애를 통해 일어나는 변화이다. 이런 변화 과정 동안 인간은 성장하고 성숙하며, 쇠퇴하여 노화가 일어난다. 인간의 발달은 지속적이며 순차적 위계성이라는 변화 특징이 있다. 발달은 신체, 인지, 성격, 정서, 언어, 사회, 도덕, 놀이 등의 영역에서 각각 일어나고, 각각의 발달 영역들이 서로의 발달영역에 영향을 미치기도 한다.

이 장에서는 우선 발달이란 무엇인지 그 개념에 대해서 알아볼 것이다. 그 다음으로는 전생애의 인간 발달 단계에 대한 개괄적 특징을 살펴봄으로써 장애아동의 발달 지연 정도를 파악할 수 있는 기준에 대한 지식을 습득할 것이다. 마지막으로 영유아기의 여러 발달 영역에 중요한 영향을 미치는 애착에 대한 정의, 애착형성의 특징, 애착형성의 문제에 대하여 알아보기로 한다.

1. 발달의 개념

발달이라는 용어는 일반적으로 성장(growth)과 성숙(maturation)이라는 용어로 대체되어 사용되기도 한다. 성장은 키, 체중, 머리 둘레, 발 크기와 같은 신체적 변화를 나타낼 때 주로 사용한다. 성숙은 심리적 변화 같은 영역에서 주로 사용되는데, 생리적 혹은 유전적 요인들이 경험이나 습관과 서로 상호작용을 하여 신체와 정신이 새로운 단계로 나아가며 형성되는 결과를 의미한다. 주로 성장은 양적 변화를, 성숙은 질적 변화를 나타낼 때 사용한다.

양적, 그리고 질적 변화에는 긍정적 측면과 부정적 측면의 발달이 나타난다(표 4-1). 발달의 긍정적 측면은 양적 증가나 기능적 성장 등이 포함된다면, 발달의 부정적 측면은 양적 감소나 기능적 퇴보 등이 포함된다. 과거 심리학 연구는 인간의 발달에서 상승되는 현상만을 발달이론으로 설명하였다. 그러나 현대 심리학은 발달에서 나타나는 상승과 더불어 쇠퇴하여 하향되는 현상도 발달에 포함하여 설명한다. 따라서 상승적 발달이 긍정적 측면이라면 하향적 발달은 부정적 측면이 되는 것이다. 이런 이유로 특정 발달 영역에서 점진적 단계라는 기준을 설정하거나 발달 단계별 특징에 대한 연구는 여전히 발달의 중요한 연구 대상이 되고 있다(국립특수교육원, 2009).

〈표 4-1〉 발달과 유사한 용어

유사 용어	변화	영역	긍정적 측면	부정적 측면
성장	양적	신체	증가	감소
성숙	질적	심리	상승	하향

1) 발달의 원리

인간의 발달은 일정한 원리가 작용되어 일어난다. 이는 인간 발달에서 일반적인 경향성을 발견할 수 있다는 것을 의미한다. 발달 원리는 발달심리학자에 따라 다를 수 있지만, 그 원리들 중에서 공통점을 제시하면 다음과 같다.

첫째, 인간의 발달은 성숙과 학습의 상호작용에 의해 일어난다. 성숙은 유전적 요인, 학습은 환경적 요인에 영향을 받으면서 이루어지는데, 이 두 영역은 서로 긴밀히 상호작용하는 간섭에 의해 발달된다.

둘째, 인간의 발달은 통합과 분화의 과정을 거친다. 발달 초기의 인간은 모든 행동이 분화되지 못하여 전체적으로 반응하던 것에서 점점 여러 개로 구분된 특징적 반응으로 세분화된다. 이후 세분화된 몇 개의 반응들이 통합된 행동으로 발달한다.

셋째, 인간의 발달은 계속적이고 점진적 과정으로 일어난다. 인간의 발달은 일생 동안 연속적으로 변화하며, 이 변화는 단계나 주기적 과정을 거치면서 일어난다.

넷째, 인간의 발달에는 속도의 차이가 나타난다. 인간, 개개인은 다양한 영역에서 서로 다른 발달 속도를 보인다. 이는 발달이나 속도를 비교하는 개인 차에서 개인 내 차이를 의미한다.

다섯째, 인간의 발달에는 일정한 방향성이 있다. 즉 머리(두부)에서 발끝(미부)으로, 신체의 중심 부위(예: 몸통)에서 주변 말초 부위(예: 손, 손가락)로 발달이 진행된다.

여섯째, 인간의 발달에는 결정적 시기, 즉 민감기가 있다. 인간의 발달 영역은 시작 시기, 발달이 폭발하는 민감한 시기가 있다.

일곱째, 인간의 발달에는 개인차가 나타난다. 개인차에는 개인 간 차이와 개인 내 차이가 있다. 개인차는 개인 간 차이, 즉 인간과 인간 간의 차이를 의미한다. 따라서 이 원리에 의하면 모든 인간의 발달 속도는 동일하지 않다는 사실을 알 수 있다.

여덟째, 인간의 발달은 발달적 측면 간에 상호연관성을 가지며 일어난다. 즉 인간에게 나타나는 다양한 영역의 발달은 서로 상호작용을 하면서 발달을 이끌어 내기도 하고, 혹은 방해하기도 한다.

2) 발달의 연구 방법

인간의 발달에 관한 연구 방법은 대표적인 심리학의 연구 방법을 재구성하여 다음과 같은 5가지 영역으로 구체화할 수 있다. 5가지 영역은 자료수집 방법, 연구 대상 선택 방법, 인과관계 설명 방법, 시간적 기준의 설정 방법, 유전과 환경에 대한 요인의 분석 방법이다(藤掛 永良, 1996). 5영역의 연구 방법에 따른 구체적 실행계획은 다음과 같다(표 4-2).

① 자료수집 방법에는 관찰법과 실험법이 있다. 관찰법은 연구 대상자의 행동을 관찰하여 수집된 자료를 기초로 연구하는 방법이다. 관찰법에는 자연관찰과 생태학적 관찰이 있다. 자연관찰에는 관찰 상황을 통제했는가 혹은 그렇지 않았는가에 따라 자연적 관찰과 통제적 관찰로 구분된다. 또한 관찰자가 참여했는가와 그렇지 않았는가에 따라 참여 관찰과 비참여 관찰로 나뉘어진다(김춘경 외, 2016). 생태학적 관찰은 연구 대상의 행동을 환경과 관련지어 분석하는 방법이다(藤掛 永良, 1996). 실험법은 실험실과 현장에서 연구가 수행된다. 실험실 연구는 아동을 통제된 조건에서, 현장 실험 연구는 학교나 가정 같이 아동이 소속되어 있는 환경에서 실시된다.

② 연구 대상 선택 방법은 평균 연구와 사례 연구가 있다. 평균 연구는 많은 사람들을 대상으로 하여 관찰한 후 특정 발달 영역의 평균을 구하여 행동이나 발달의 유형을 밝히는 방법이다. 사례연구는 개인을 대상으로 한 추적 연구로 발달의 형태나 유형을 밝히는 방법이다(藤掛 永良, 1996).

③ 인과 관계의 설명 방법은 전향적 방법(prospective method)과 회고적 방법(retrospective method)으로 구분된다. 전향적 방법은 역학조사와 같이 인간의 특정 발달적 특징을 가지는 원인과 결과의 관계를 추적하여 이루어지는 연구 방법으로 추적연구 또는 예측연구라고도 한다. 회고적 방법은 인간의 발달적 특징이나 생육사 중에 어떤 선행 조건에 의해 현재의 발달적 특징이 나타났는지 밝히는 것으로, 사례들을 거꾸로 모아 분석하는 방법을 선택했다는 의미에서 소급적 연구(follow-back study)라고도 불린다.

④ 시간적 기준의 설정 방법에는 종단적 설계 방법(longitudinal design)과 횡단적 설계 방법(cross-sectional design)이 있다. 종단적 설계 방법은 동일한 발달 연령에 따라 한 개인의 변화를 반복적으로 측정하여 변화를 밝힌다. 이 방법의 장점은 개인적 성장과 변화된 행동 특징을 알아낼 수 있다는 것이다. 반면에 이 방법의 단점은 연구 기간이 길고 대상 아동에 대한 지속적인 추적이 필요하고, 시간과 비용이 많이 요구된다는 것이다. 횡단적 설계 방법은 동시에 서로 다른 연령 단계의 연구 대상을 선택하여 발달 특성을 측정한 후 연령 단계별로 나타난 대표적인 특징들을 서로 연결하여 발달적 경향을 밝히는 방법이다(서울대학 교육연구소, 2011). 이 방법은 여러 연령층을 한 번에 연구할 수 있어 시간과 비용이 적게 들지만, 발달적 변화에 대한 정확성이 부족하다는 것이 단점이다.

⑤ 유전과 환경에 대한 요인 분석 방법은 가계 분석(pedigree analysis)과 쌍생아법(co-twin control)이 있다. 가계 분석은 발달의 원인이 유전과 환경 중 어디에서 그 원인을 찾을 것인가를 분명히 밝히기 위한 방법이다. 쌍생아법은 주로 환경의 영향을 밝히기 위해 사용하는 방법이다.

〈표 4-2〉 발달 연구 방법

연구 방법	하위 연구 방법
자료수집 방법	• 관찰법: 자연 관찰, 생태학적 관찰 • 실험법: 실험실 연구, 현장 연구
연구 대상 선택 방법	• 평균 연구 • 사례 연구
인과 관계의 설명 방법	• 전향적 연구법 = 추적연구 = 예측연구 • 회고적 연구법 = 소급적 연구
시간적 기준의 설정 방법	• 종단적 설계법 • 횡단적 설계법
유전과 환경에 대한 요인 분석	• 가계 분석 • 쌍생아법

2. 인간의 생애주기별 발달 특징

인간의 발달은 다양한 영역에서 일어난다. 여기에서는 생애주기에 따라 태내기와 신생아기, 영 · 유아기, 아동기, 청년기, 성인기와 노년기로 구분하여 주기별 발달 특징을 제시하고자 한다.

1) 태내기와 신생아기

태내기는 수정에서 출생까지, 신생아기는 생후 28일 미만을 의미한다. 특히 생후 1주일 동안 신생아의 특징이 가장 강하게 나타난다. 신생아기를 영아기에 포함하여 발달적 특징을 설명하기도 하지만 여기에서는 태내기와 신생아기를 구분하여 그 발달 특징을 제시하기로 한다.

(1) 태내기

태내기란 수정에서 출생까지의 280일(38주) 동안 어머니의 체내에 있는 기간을 의미한다. 태내기는 배종기(germinal period, 수정~2주), 배아기(embryonic period, 3~8주), 태아기(fetal period, 9~38주)라는 세 단계의 기간으로 구분한다. 태내기의 주요 발달 특징은 〈표 4-3〉과 같다. 태내기의 태아는 28주가 되면 혼자서 호흡할 수 있어 자궁 밖에서도 생존이 가능해진다. 이 시기를 생존 가능 연령(age of viability)이라고 한다(김춘경 외, 2016).

태내기는 신체구조가 형성되기 시작하여 점점 정교해지면서 세분화가 일어나는 시기로 외부환경의 영향을 많이 받는다. 외부환경에 포함되는 요인에는 어머니의 질병, 영양상태, 약물, 흡연, 음주 등이 있다. 이런 요인들은 태아에게서 나타나는 발달 결함과 이상과 같은 부정적 결과를 초래하는 원인으로 작용할 가능성이 매우 크다. 지금부터는 태아기 동안의 발달적 특징을 운동, 감각, 학습, 기억에 관한 측면으로 구분하여 살펴볼 것이다.

태아의 운동발달 모습은 12주경부터 관찰 가능하다. 12주된 태아가 양수 내에서 활발히 움직이는 모습을 초음파로 관찰할 수 있고, 20주가 되면 다양한 반사가 나타난다. 이 반사들은 출생 후에도 나타나다가 일정한 시기가 되면 사라진다(표 4-4). 태동은 자궁 내 태아의 움직임을 의미하는데, 7~8주경부터 관찰되기 시작하여 일반적으로 20주 전후가 되면 산모는 태동을 감지할 수 있게 된다. 태동은 태아의 생존 신호이며 20~30주가 되면 휴지기와 활동기로 주기가 형성된다.

〈표 4-3〉 태내기의 주요 발달 특징

주/단계		기관 형성	이상	발달 특징
1	배종기	• 배반포 – 외세포: 양막, 탯줄, 태반 – 내세포: 배아	출생 전 사망	• 세포분열 • 자궁 내 환경 조성
2		• 착상 • 양수, 태반 형성		
3	배아기	• 심장과 중추신경계 형성 시작	형태 이상 심함	• 아가미와 꼬리를 닮은 원시적 모양과 구조
4		• 눈, 귀, 소화기관, 상완, 하지의 형성 시작		• 탯줄 작동 • 심장 박동: 1분당 65회 정도
5		• 호흡기		• 머리가 전체 몸길이의 절반 • 뇌 기관 계통의 기능 조정 • 일정한 심장 박동 • 민감한 촉각적 반응 • 인간 모습의 형성
6		• 구개, 치아의 형성 시작		
7		• 얼굴, 목, 눈꺼풀, 근육 분화, 외생식기의 형성 시작		
8		• 심장, 상완, 하지의 형성 완성		
9	태아기	• 중추신경계, 눈, 치아, 외생식기, 귀가 형성 중에 있음	신체 결손 · 작은 형태 이상	• 신장 7~8cm, 체중 14kg • 양수 안에서 많이 움직임 • 각 신체기관의 전문화된 반응: 다리, 발, 엄지손가락이 움직임
12		• 내외생식기의 형성 시작 • 심장박동 소리가 들리기 시작		
16		• 발가락, 손가락, 피부, 손금, 머리카락 형성 • 규칙적 심장박동		• 큰소리에 놀람 • 민감한 입으로 사물 파악 • 대뇌발달이 촉진되기 시작
20~36		• 귀의 형성 완성 • 신경계와 순환계의 조직이 거의 완성 단계에 이름 • 지방층이 발달됨		• 미각기능의 시작 • 숨쉬기 • 친숙한 소리, 음색에 따른 반응이 나타남 • 산모가 태동을 느낌
38		• 출생 준비 완료		• 신장 약 50cm, 체중 약 3.2kg

태아의 감각 발달은 시각, 청각, 미각, 촉각, 후각에서 나타난다. 시각은 24주 정도가 지나면 빛에 반응하게 된다. 청각은 20주가 지나면 생리학적 기관이 완성되어 소리 자극에 반응하며, 특히 250~500Hz의 높이를 가진 소리에 잘 반응한다. 29주경에는 소리 자극을 주었을 때 심장박동수가 상승하는 반응이 나타난다. 미각에 관한 연구에 의하면 태아는 24주경에 양수를 마신다고 보고한다. 맛없는 유액이 소량 증가되면 태아가 양수를 매우 천천히 마시고, 태아의 얼굴은 일그러져 기분 나쁜 것 같은 모습이 관찰되었다는 연구결과가 있다(Maurer & Maurer, 1988). 촉각과 후각은 조산으로 출생한 아기를 관찰한 연구가 있다. 이 연구에 의하면 촉각에 대한 반응은 생각보다 일찍 발달하며, 특히 후각은 출산 후 모유냄새를 변별하는 것으로 추측된다고 보고하고 있다(MacFarlance, 1977).

태내기의 발달장애는 유전적 요인, 환경적 요인, 산모의 정신적 문제의 요인 때문에 나타난다. 유전적 요인은 주로 염색체 이상으로 염색체 수나 구조의 이상으로 나타난다. 환경적 요인으로는 흡연, 알코올, 약물, 각성제, 환경오염 등을 들 수 있다. 또한 산모의 정신적 불안은 태아에게 직접적 영향을 미친다.

(2) 신생아기

신생아기는 출생 직후, 스스로 호흡하고 영양을 섭취해야 하는 급격한 변화에 적응할 수 있는 능력이 획득되는 28일 동안의 기간이다. 신생아에게 나타나는 신체적 변화는 체온 강하, 생리적 체중 감소, 피부의 낙설, 신생아 황달, 제대단단(배꼽 떨어짐)의 탈락 등이다. 또한 신생아는 영양 섭취를 위한 빨기 반사, 정확하지는 않지만 맛의 판별, 강한 악취에 고개를 돌리는 반응, 명암판별 정도의 시각 능력이 발달되고, 청각은 생후 7일경까지는 거의 반응하지 않는다. 손은 가볍게 주먹을 쥐고 있으며, 다리는 개구리처럼 무릎을 엉거주춤 구부리고 있다. 피부는 불그스름하고 백색의 태지가 3~4일 후에 저절로 벗겨진다. 신생아는 18~22시간 동안 잠을 자는데, 주로 얕은 잠을 많이 자기 때문에 쉽게 잠에서

깬다.

신생아가 생애 초반부에 보이는 대부분의 운동은 반사행동이다. 반사행동은 자극에 대한 무의식적인 자동 반응이다. 신생아의 반사행동은 대부분의 개월 수가 증가하면서 자연스럽게 사라지거나 의식적 행동(움직임)으로 대치된다. 신생아 반사는 다양한 검사로 확인할 수 있는데, 이런 검사로 신생아의 중추 신경계 손상을 확인할 수 있다. 신생아의 반사는 태내기에 미완성된 상태로 나타나서 신생아기에 완성된다. 일정기간이 지나면 대부분의 반사가 사라지고, 그 중 몇 가지는 성인기까지 지속된다. 신생아에게 나타나는 반사행동 중 대표적인 신생아 반사를 〈표 4-4〉에 제시한다.

〈표 4-4〉 신생아의 반사 행동

반사	행동 양상
도피 반사	• 두 팔과 다리의 피부에 자극을 주면, 두 팔과 다리를 몸체 쪽으로 오므리는 동작을 보임 • 굴근 반사와 굴곡 반사가 있음 • 척수 반사의 일종으로 방어 반사라고도 함
젖 찾기 반사	• 입 주변을 손가락으로 자극하면 그 방향으로 고래를 돌림 • 3개월경부터 사라지기 시작 • 근원 반사라고도 부름
빨기 반사	• 어떤 사물이 입에 닿으면 자동적으로 빨기 행동이 나타남 • 이 반사는 나중에 의식적인 빨기 행동으로 바뀜
잡기 반사	• 손가락이나 작은 사물이 신생아의 손바닥에 닿으면 꽉 잡음 • 쥐기 반사라고도 함 • 3~4개월이 되면 의식적 행동으로 바뀜
모로 반사	• 큰 소리나 신체 위치의 갑작스러운 변화에 양팔을 바깥쪽으로 벌렸다가 안쪽으로 모으며 안으려는 동작과 함께 등은 구부러지면서 무릎은 배쪽으로 접힘 • 껴안기 반사, 혹은 놀람 반사라도 함 • 출생 직후부터 나타나 3개월경이 되면 사라지기 시작하여 5~6개월경에는 완전히 사라짐 • 모로 반사가 보이지 않을 경우 신경계 손상, 혹은 팔의 마비를 의심

반사	행동 양상
추시 반사	• 몸을 움직이지 못하는 신생아의 눈앞에 사물을 보여주면서 좌우로 이동시키면 신생아의 눈동자가 사물을 따라감 • 신생아가 보여주는 사물이 무엇인지 확실하게 인지하여 추적하는 것이 아니라 그저 사물이라는 자극에 대한 반사적 추시 • 추시 반사는 사물을 인지하려는 행동의 기초가 됨
배 반사	• 신생아를 엎드려 놓고 등을 문지르면 자극이 오는 쪽으로 하체를 구부림 • 생후 4~6개월경이면 사라짐 • 갈란트 반사라고도 함
파악 반사	• 손가락으로 신생아의 손바닥을 건드리면 꽉 붙잡고 발바닥은 앞으로 오므림 • 손바닥 파악 반사는 2~3개월경, 발바닥 파악 반사는 8~9개월경에 사라짐
비대칭 긴장성 목 반사	• 누워 있는 신생아의 얼굴을 한쪽으로 돌리면 얼굴이 향해 있는 방향으로 팔과 다리를 곧게 뻗고, 반대쪽의 팔은 굽힘 • 펜싱 자세와 비슷하다 하여 펜싱 반사라고도 함 • 2~3개월경에 관찰되고 4~6개월경에 사라짐
바빈스키 반사	• 손가락이나 가느다란 막대기로 아기의 발바닥을 뒤쪽에서 앞쪽으로 문질러 주면 엄지발가락은 위쪽으로, 나머지 발가락은 아래쪽으로 향하여 펴짐 • 족저 반사라고도 부름 • 출생 직전에 발달하며 12개월에서 16개월 사이에 사라짐 • 성인에게서 바빈스키 반사가 관찰되면 신경계 관련 장애를 의심
밥킨 반사	• 신생아의 두 손바닥을 쥐고 손목 쪽으로 꾹 누르면 입을 벌리거나 머리를 움직임 • 4주경에 사라짐 • 미숙아의 경우에는 이 반사가 늦게까지 관찰됨
걷기 반사	• 발바닥을 평평한 바닥에 닿게 하면 마치 걷는 것처럼 한쪽 발을 번갈아가면서 하나씩 떼어냄 • 4~5개월경에 사라짐

출처: Snow & McGaha(2003).

신생아 반사는 신경계가 발달하면서 사라지거나 자발적 운동으로 대치된다. 그러나 반드시 신경계 발달에 의해 반사가 사라지는 것은 아니다. 또한 반사행동이 자발적 운동으로 대치되는 경우 반사행동은 충분히 연습할 수 있는 토대를 만들어 준 것이다. 그러나 어떤 경우에는 사라져야 할 반사가 지속되는 경우도 있는데, 이는 운동발달을 방해하고 있는 것이다. 이와 같이 반사행동은 획일적으로 설명될 수 없고, 이후 운동발달과 복잡하게 연결되어 있다.

신생아기의 행동은 대부분 원시적 행동으로, 생리적이고 기본적인 생활에 필요한 습관적 행동을 발달시킨다. 그래서 신생아에게서 자주 보이는 미소는 사회성의 발달에 대한 증거가 아니라 생리적 미소라고 부른다. 또한 신생아는 자신의 내적 조건을 알리기 위한 의사소통 방법으로 일정한 울음소리의 유형을 만든다. 신생아의 지각은 아직 완전하지는 않지만 발달하는 중에 있다. 시각은 빛, 사물을 추시하고, 시야는 매우 좁지만, 2주에서 10주 사이에 2배 이상 증가한다. 청각은 엄마의 목소리와 다른 사람의 목소리를 구별하며, 후각은 독특한 냄새를 구별할 수 있고, 미각은 아직 미숙하지만 강한 맛이나 맹물과 단맛의 차이를 구별할 수 있다. 신생아의 촉각은 온도와 고통에 민감하도록 발달되어 있다.

2) 영·유아기

영아기는 일반적으로 신생아기를 포함해서 국제통계 규정에 따라 생후 1년까지(경우에 따라 1년 6개월까지 혹은 3세 미만까지로 구분하기도 함), 유아기는 1세에서 6세 미만의 취학 전까지의 기간이다.

(1) 영아기

영아기는 일반적으로 신생아기를 포함하여 생후 1년까지 기간이다. 영아들은 운동기능이 아직 미숙하고 구어표현이 발달되지 못한 상태이다. 영아기는 머리 조절, 앉기, 뒤집기, 기기, 서기, 걷기, 조작하기, 눈과 손의 협응과 같은 운동기능이 발달한다(표 4-5, 그림 4-1).

[그림 4-1] 생후 1년 동안 개월 별 영아의 움직임

영유아기의 신체발육도 빠르게 성장한다. 체중은 출생 시 체중에 비해 4개월경에는 2배, 12개월경에는 3배가 되고, 신장은 12개월경에 1.5배로 성장한다. 두부와 흉부의 크기를 비교해 보면 출생 시에는 두부가 흉부보다 크지만, 생후 12개월이 되면 두부와 흉부의 크기가 동일하게 되고, 그 이후에는 흉부가 두부보다 커진다. 영아의 경우 두개골의 결합이 완성되지 못해, 소천문은 생후 6주경, 대천문은 15개월에서 18개월 사이에 닫힌다(그림 4-2). 치아는 유치가 생후 6개월에서 7개월경 사이에 나기 시작하여 30개월(2세 반)에서 36개월(3세) 사이에 20개가 나온다.

〈표 4-5〉 영아기의 운동 발달

영역	발달 양상
머리 조절	• 누운 상태에서 머리를 좌우로 돌리기 → 배를 바닥에 대고 엎드린 채 머리 돌리기 → 엎드린 상태로 머리 들기 → 앉아서 머리 세우기 → 반듯이 누운 상태에서 머리 들기
앉기	• 4개월경: 도움 받아 앉기 • 6개월경: 아기 의자에 앉기 • 7개월경: 혼자 앉기
뒤집기	• 5개월경: 배에서 등쪽으로 뒤집기 → 등에서 배쪽으로 뒤집기
걷기 전 이동 동작	• 엎드려 몸을 비틀고 팔로 몸을 앞으로 끌어당기고 발은 뒤에서 끌면서 기기 • 앉은 자세에서 앞으로 움직이고 팔과 다리로 앞을 향해 밀면서 끌어당기거나 밀기 • 두 손과 두 발을 바닥에 딛은 자세로 곰처럼 네 발로 걷기 • 9~10개월경: 몸을 쳐들고 손과 무릎으로 기기
서기	• 8개월경: 손으로 붙잡아 주면 서기 • 9개월경: 가구를 붙잡고 서기 • 12개월경: 서기 자세 • 13~14개월경: 혼자 서기
걷기	• 11개월경: 도움 받아 걷기 • 14개월경: 혼자서 걷기 • 18개월경: 뛰기, 한 손 잡고 계단 오르기 • 20개월경: 두 발 모아 뛰기
조작	• 5개월경: 물건을 꼭 쥘 수는 없으나 물건을 만짐 • 7개월경: 엄지손가락을 사용하지 않고 손바닥으로 검어 쥐기 • 9개월경: 엄지손가락을 사용하여 쥐기 • 15개월경: 손가락 모두를 사용하여 쥐기
눈과 손의 협응	• 4개월경: 자기 손을 바라보는 등의 정적인 시각 탐색 • 4개월~7개월: 시각적 파악단계로 능동적으로 반복 • 5개월경: 어떤 사물을 쳐다보다가, 자기 손을 보고, 다시 사물을 쳐다보기를 반복 • 7~10개월: 손을 뻗어 파악하는 능력을 위해 시각을 활용 • 10개월 이후: 눈과 손의 협응이 정교화되고 확장됨

출처: 이영 · 조연순 역(1997).

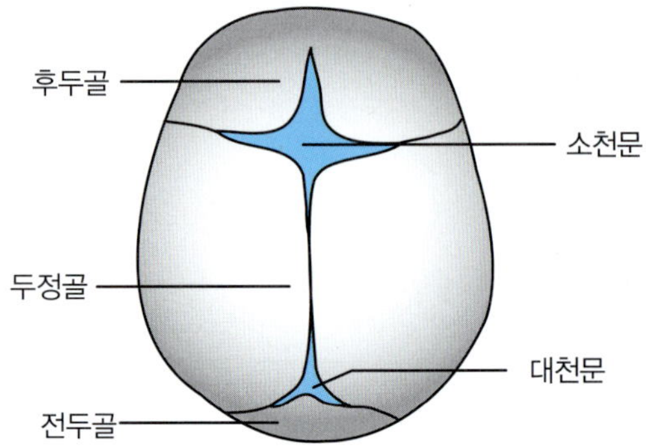

[그림 4-2] 두개골의 대천문과 소천문의 위치

영유아의 외부 세계 인지는 가까운 것에서 먼 곳의 사물까지 알아보기 시작하고, 모든 감각의 균형적 발달은 물론 목적이 있는 능동적인 행동을 할 수 있게 된다. 로스(Rose)와 루프(Ruff, 1987)의 연구에 따르면 이 시기 영유아의 시각과 청각 발달 경향은 일반적으로 거리와 운동의 방향성과의 관계, 소리와 입의 움직임과의 관계, 표정과 소리와의 관계, 특정 사람과 그 사람의 소리를 연결하여 파악하고, 그에 적절히 반응한다고 밝혔다.

(2) 유아기

유아기는 1세에서 6세까지의 기간을 의미한다. 이 기간에는 두 발로 잘 걸어 다니는 것은 물론 달리고, 공을 주고받는 등의 운동발달과 함께 크기의 구별, 오전과 오후의 차이, 많고 적음의 구별과 같은 기초 개념이 형성되는 인지적 발달도 촉진된다. 또한 신체적 성장도 촉진되어 보통 키는 매년 5~8cm, 체중도 1~1.8kg, 흉부는 1.5~2.5cm씩 증가한다.

유아기는 구체적 생활과 놀이를 통해 인지가 발달되며, 기억도 아동기만큼 완벽히 발달되지는 않지만 다음과 같은 3가지 특징을 보이며 발달한다.

첫째, 이 시기의 유아들의 기억은 욕구와 정서에 관련된 기억들이 많다.

둘째, 구체물, 즉 현실적 사물에 의해 기억이 유지된다.

셋째, 전체적 기억은 가능하지만, 전체 안에 속해 있는 부분적 기억은 하지 못한다(齊賀 久敬, 1969).

넷째, 기억의 유지 기간은 연령에 따라 점점 증가한다. 1세에는 그리 길지 않은 몇 주 동안 기억된 것들을 재인할 수 있고, 2세가 되면 짧은 기간의 개월 동안, 3세가 되면 1년 동안, 4세가 되면 1년 이상의 기간 동안 기억된 사건들을 회상할 수 있다(藤掛 永良 외, 1996).

유아기에는 생활 습관 중에서 가장 중요한 배변 훈련이 시작된다. 이 시기의 유아들은 혼자서 화장실을 이용하여 배변을 하게 되고 뒷처리까지 할 수 있게 된다. 배변의 발달 단계를 연령적으로 살펴보면 다음과 같다. 일반적으로 1세경에 배변에 대한 준비를 하는 모습이 보인다. 1세 반이 되면 배뇨와 배변을 하고 싶다는 예고를 누군가에게 할 수 있고, 2세 반에서 3세가 되면 밤에도 혼자서 배뇨를 할 수 있게 된다. 배뇨의 발달 연령은 개인차가 있으므로 절대 무리하여 훈련하지 않도록 주의해야 한다.

유아기의 운동 발달은 다음과 같다. 3세에 발끝으로 서서 1분 동안 걸어 다닐 수 있고, 세발자전거를 탈 수 있고, 크레용으로 원을 그릴 수 있고, 흘리기는 하지만 도구를 사용하여 혼자서 식사가 가능하게 되고, 눈과 손의 협응 운동과 소근육 운동이 많이 발달한다. 4세가 되면 한 발 뛰기가 가능하고, 가위로 표시된 선을 따라 자를 수 있고, 사람을 그리며, 글자를 보고 베껴 쓸 수 있게 된다. 5세경에는 양손 중에 잘 사용하는 한 손이 확립되며 한 발 균형 잡기나 뛰기, 공 주고 받기를 잘할 수 있게 된다. 그리고 대근육 협응 면에서 힘도 세지고, 근육도 발달되어 세부 신체 조절을 잘할 수 있게 된다. 유아기의 운동기능과 생활습관에 대한 발달적 특징은 〈표 4-6〉에 요약하여 제시한다.

〈표 4-6〉 유아기의 운동기능 발달과 생활 자립

나이	운동 기능	생활 자립
1세	• 혼자서 서기, 걷기, 달리기 • 문지방 넘기 • 힘쓰기	• 숟가락으로 먹기 • 컵으로 물 마시기 • 크레용 잡기
2세	• 넘어지지 않고 달리기 • 끌어올리는 발로 계단 오르기 • 발끝으로 걷기 • 나무 적목 6개까지 쌓기	• 배변, 배뇨에 대한 알림 • 낮잠 자는 시간 있음 • 혼자서 코풀기 • 잠자기 전 배뇨
3세	• 세발자전거 타기 • 음악에 맞춰 걷기 • 빠르게 걷기 • 양발을 교차하여 계단 오르기 • 상체로 공 주고받기 • 미끄럼틀 오르내리기	• 혼자서 손 씻기 • 큰 단추 끼우기 • 혼자서 신발 신기 • 가위질 • 배변 자립 • 도움 없이 혼자서 식사 시작
4세	• 한쪽 발로 균형 잡고 서기 • 계단 뛰어 오르내리기 • 공중제비 돌기 • 번갈아 가며 한쪽 발로 껑충껑충 뛰기	• 가위로 모양 오리기 • 칫솔질, 세수, 코풀기 • 흘리지 않고 밥 먹기 • 혼자서 옷 갈아 입기
5세	• 한 발 뛰기 • 평균대에서 중심 잡고 걷기	• 잠옷 갈아입기 • 신발끈 묶기 • 사람을 신체 부위별로 나누어 그리기 시작
6세	• 눈감고 한쪽 발 서기 • 돌이나 공 같은 사물 차기 • 줄넘기	

출처: 多勢 豊次(1972), 西本 脩(1965).

☞ **여기서 잠깐 좀 더 알아봅시다!**

■ **18개월(1세 반)경에 유아의 발달 정도를 체크해 볼 수 있는 질문 목록**

– 혼자 걸을 수 있나요?

– 많이 눈부셔 하거나, 눈동자의 움직임이 이상하지 않나요?

– 컵으로 물을 마실 수 있나요?

- 젖병으로 우유나 주스를 마시고 있나요?
- 단어를 사용하여 말할 수 있나요?
- 사용하는 단어가 몇 단어 정도가 되나요?
- 그림 카드에 있는 동물이나 사물의 이름을 들으면 그 동물이나 사물을 가리킬 수 있나요?
- 어른의 간단한 지시를 따를 수 있나요?
- 유아 뒤에서 유아의 이름을 부르면 뒤돌아보나요?
- 놀이 상대가 되어 함께 놀아주면 기뻐하나요?
- 즐겁게 놀이를 하나요?
- 배변 훈련을 시작했나요?

출처: 藤掛 永良 외(1996).

■ **영 · 유아 건강 검진표 작성 및 예방 접종 실시 여부 확인 방법**

- 한국은 영유아 건강검진으로 검색하여 건강 in사이트에 접속 → 아이의 생년월일을 체크하여 알맞은 문진표 선택하여 작성
- 예방접종은 질병관리본부의 예방접종 도우미 사이트에서 예방접종 여부와 횟수 확인 가능

■ **영 · 유아 시기별 건강검진 항목**

검진 시기	검진 항목
4~6개월	문진(시각, 청각) 및 진찰, 신체계측, 건강교육(영아돌연사증후군 예방교육, 안전사고 예방교육, 영양교육)
9~12개월	문진(시각, 청각) 및 진찰, 신체계측, 발달선별검사 및 상담, 건강교육(안전사고 예방교육, 구강교육, 영양교육)
18~29개월	문진(시각, 청각) 및 진찰, 신체계측, 발달선별검사 및 상담, 건강교육(안전사고 예방교육, 영양교육, 대소변 가리기), 구강문진 및 진찰, 구강보건교육
30~36개월	문진(시각, 청각) 및 진찰, 신체계측, 발달선별검사 및 상담, 건강교육(안전사고 예방교육, 전자미디어 노출교육, 영양교육)
42~53개월	문진(시각, 청각) 및 진찰, 신체계측, 발달선별검사 및 상담, 건강교육(정서 및 사회성 교육, 안전사고 예방교육, 영양교육), 구강문진 및 진찰, 구강보건교육
54~65개월	문진(시각, 청각) 및 진찰, 신체계측, 발달선별검사 및 상담, 건강교육(안전사고 예방교육, 개인위생교육, 영양교육),구강문진 및 진찰, 구강보건교육
66~71개월	문진(시각, 청각) 및 진찰, 신체계측, 발달선별검사 및 상담, 건강교육(안전사고 예방, 영양교육, 취학 전 준비)

■ 영 · 유아 시기별 건강검진 항목

검진 항목	검진 방법
문진 및 진찰	문진표, 진찰, 청각 및 시각 문진, 시력검사
신체계측	키, 몸무게(체질량지수), 머리둘레
건강교육	영양, 수면, 안전, 구강, 대소변가리기, 정서 및 사회성, 개인위생, 취학준비 등 교육
발달평가	K-ASQ, DENVER-II 등에 의한 검사
구강문진 및 진찰	구강문진표 및 진찰
구강보건교육	매뉴얼을 이용한 보호자 및 유아 구강보건교육

3) 아동기

아동기는 6, 7세에서 12세까지의 기간으로, 주로 이 기간의 아동들은 초등학교 학령기에 속한다. 신체적인 변화는 머리보다 다른 신체 부위가 커지면서 균형 잡힌 체형이 형성되기 시작한다. 운동 발달은 동작의 속도, 정확성, 협응이 발달하고 복잡한 운동 기능도 습득할 수 있게 된다. 학령기에 속한 아동기의 아동들은 인지적 발달이 촉진되어 전체적 사고, 분석적 사고, 관계적 사고를 할 수 있게 되고, 정보처리과정을 통해 기억과 학습 과정이 섬세하게 발달된다. 언어는 표현 어휘량이 풍부해지고, 문법과 문맥적 표현이 발달된다. 또한 대인관계는 가족에서 또래로 확장되면서 사회성 발달과 대인관계의 형성이 촉진되며, 사회적 공감 능력도 발달한다.

(1) 신체 발달

아동기의 신체기관은 매우 빠르게 발달한다. 시각의 경우, 6세 이전에 발달되지 않았던 시력과 시야가 완전히 발달되어 양 눈의 협응은 물론 눈의 초점도 정확해진다. 이 시기에 치아는 유치가 하나둘씩 빠지고 영구치가 자라기 시작한다.

일찍이 스트라츠(Stratz, 1922)는 체중과 신장의 증가율을 서로 비교하여 연구 결과를 발표했다. 그는 체중과 신장의 증가율을 2단계 4시기로 구분했다. 2단계는 체중이 신장의 증가율보다 큰 시기인 충실기, 신장이 체중의 증가율보다 큰 시기인 신장기로 구분하고, 이 단계 아래 각각 2시기가 포함되어 있다. 2단계에 속한 각각의 하위 2시기는 다음과 같다. 충실기는 제1충실기 2~4세 사이, 제1신장기 5~7세, 신장기는 제2충실기 8~12세(남아, 여아의 경우 8~10세)와 제2신장기 13~16세(남아, 여아의 경우 11~14세)이다(藤掛 永良 외, 1996).

이와 같이 아동기의 신체발달은 체중과 신장의 증가, 머리가 다른 부분에 비해 그리 커지지 않으면서 전체적으로 균형 잡힌 아동 체형으로 변화한다. 이 시기의 신체 발달 속도는 유아기의 발달 속도만큼 빠르지는 않지만, 신체 비율적으로 균형을 잡아간다.

(2) 운동 발달

아동기의 운동 능력은 급속하게 발달한다. 운동 능력의 발달 속도는 빠르며, 정확한 운동 수행, 눈과 손의 협응, 대근육과 소근육의 협응과 같이 분화에서 다시 통합하는 움직임과 활동이 발달한다. 또한 새롭고 복잡한 운동 과제도 익힐 준비가 되어 있다.

연령별로 아동이 가능한 운동은 다음과 같다. 6, 7세에는 줄넘기, 한 발 균형 잡기, 5cm 넓이의 평균대 걷기, 작은 네모 칸으로 정확하게 뛰기, 깡충 뛰기가 가능해진다. 8세경에는 5kg의 무게를 들 수 있고, 리듬 뛰기가 가능하며, 이 연령의 아동은 게임을 가장 많이 한다. 9, 10세경에는 1초에 5m 달리기와 22~25cm 점프가 가능하고, 남아의 경우 작은 공을 21m 정도 던질 수 있다. 11, 12세의 남아는 1.8m까지 넓이 뛰기가 가능하고 1.5m 정도의 높이뛰기가 가능하다(이영, 조영순, 1997).

(3) 지적 발달

아동기는 지적 활동이 왕성한 시기이다. 이 시기의 아동은 언어 능력, 기억력, 사고력이 양적 · 질적인 측면 모두에서 비약적으로 발달한다. 예를 들어, 아동기의 인지적 능력은 피아제의 구체적 조작기에 해당되어 보존개념이 확립되기 시작한다. 또한 범주화가 가능해지면서 전체적으로 비슷한 자극으로 사물의 특징을 인지하는 것에서 특정 부분의 자극에 집중하여 분석하는 능력이 발달한다(藤掛 永良 외, 1996). 수 개념은 기수와 서수를 모두 활용한 수세기가 가능하며, 크기의 비교는 물론, 가감승제, 수의 본질에 대한 개념들이 형성된다. 이와 같은 인지 능력과 더불어 논리적 사고, 인과관계에 대한 이해, 객관적 사고, 추상적 사고가 발달한다. 기억은 수동적 주의집중에서 능동적 주의집중으로 이동이 가능해지고, 많은 기억 전략을 사용할 수 있게 된다. 기억 능력의 발달로 기억의 양이 증가되고, 의미적 정보를 부호화할 수 있게 된다.

(4) 사회성 발달

아동기의 아동들은 초등학교에 입학하게 되면서 생활공간이 가정에서 학교 및 지역사회로 확대된다. 공간적 확장과 함께 다양한 부류의 사람들과 만나는 시간이 길어지면서 사회적 기술과 사회적 상호작용도 발달된다. 이 시기의 아동들이 만나는 사람들은 가족이나 친인척에서 친구와 교사로 대인관계의 대상도 확장된다.

또래관계가 형성되는 특징을 살펴보면 다음과 같다. 6~8세의 아동은 상호 접근성이나 놀이 상대를 기준으로 또래 관계가 형성되며, 9세가 되면 성격, 취미, 활동에 따라 또래집단을 형성하여 다양한 활동을 한다. 아동기의 아동들은 또래 집단을 잘 형성하기 때문에 갱 에이지(gang age)라고 부르기도 한다. 갱 에이지라는 집단의 특징은 응집성이 높고, 폐쇄적이고, 이타적이다. 그러나 근래에는 사회생활의 변화와 더불어 이웃과의 교류가 급격히 줄어들면서 갱 에

이지적 특성을 가진 또래 집단이 줄어들고 있다.

초등학교에 입학하게 되는 아동기의 아동들은 교사와의 관계를 형성한다. 이 시기의 아동은 교사를 어머니처럼 친절하고 섬세하게 지도해 준다는 기대와 함께 절대적이고 우상적으로 생각한다. 그래서 아동기의 아동들은 교사에게 긍정적이면서 친밀한 감정으로 다가가며, 교사에게 의존적이면서 개방적인 태도로 관계를 형성하고 지속한다.

4) 청년기

청년기는 일반적으로 12세 혹은 13세에서 22세, 23세까지의 기간이다. 이 기간 동안에는 2차 성적 특성이 나타나는 사춘기가 시작되고, 그 기간은 개인차는 있지만 약 2년간 지속된다. 청년기를 청소년기라고도 하는데, 이 기간은 아동기와 성인기 사이의 교량적 역할을 담당한다. 이 시기 동안 청년은 자립과 직업을 선택할 준비, 결혼이나 가정을 꾸릴 준비를 한다.

(1) 신체 발달

청년기에는 체중과 신장이 급격히 성장하는 시기이며 2차 성징이 시작되는 시기이다. 남자와 여자의 서로 다른 골격 성장과 더불어 변성기를 거치게 되며, 호르몬의 변화로 여드름과 같은 피부의 변화가 일어난다. 여성의 경우 월경이 시작되고 유방이 발달되기 시작한다. 이런 일련의 신체적 변화는 그 누구도 거부할 수 없고 통제 조절도 가능하지 않아 있는 그대로 수용해야하기 때문에 정신적 변화도 함께 많이 일어난다.

(2) 지적 발달

청년기는 피아제의 인지발달단계에서 형식적 조작기에 해당된다. 이 시기의 청년은 가설 · 연역적 추론은 물론 추상적 사고 능력이 발달한다. 또한 대상을 정확하게 지각하는 능력, 공간에 대한 파악 능력, 언어의 유창성, 기억하고 재생하는 능력, 수의 연산 및 응용문제 해결 능력 등이 비약적으로 발달하는 시기이다. 청년기에 직면하는 환경은 매우 복잡하기 때문에 환경에 적응하는 능력이 매우 많이 요구된다. 그래서 환경에 적응 못하는 청년들이 많이 나타나는 시기이기도 하다.

(3) 정서 발달

청년기는 급격한 신체적 변화로 정서적으로 매우 예민해진다. 청년기의 정서 특징은 불안, 민감성, 이중성을 들 수 있다. 청년기의 이런 정서적 특징으로 인해 여러 상황에서 자신의 기분을 통제조절하지 못하는 경우가 많고, 이로 인하여 발생한 청년기의 불안은 신체적 성장과 함께 자립하는 과정에 나타난다. 청년기의 발달은 완성보다는 아동기와 성인기로 이동되는 과도기에 놓여 있는 것이다. 이런 미묘한 경계는 자신이 모든 일을 과연 잘할 수 있을지, 그리고 자신의 미래에 대한 확신이 분명하지 않다는 이유로 불안을 자주 느끼게 된다.

청년기의 민감성은 정신과 육체에 대한 변화에 관심이 많아지면서 자아의식이 강해지는 것에서 시작된다. 자아의식과 함께 타인이 자신을 바라보는 시선에도 민감해지는데, 이로 인하여 자신을 타인과 비교하면서 열등감이나 무력감에 빠지기도 한다.

청년기의 이중성은 가치관의 혼란 때문에 일어나는 주요 정서적 특징이다. 이중성의 시작은 지금까지 부모로부터 전수되었던 다양한 가치관에 의문을 제기하면서 서로 반대되는 정서가 동시에 나타나는 것이다. 정서의 이중성에 대한 구체적 예로는 부모에게 여전히 의존하고 싶은 마음과 자립하고 싶은 마음, 혼자 있고 싶은 마음과 집단에 소속하고 싶은 마음, 절망과 희망 등을 들 수 있다.

(4) 사회성 발달

청년기에는 "나는 누구인가?"라는 질문에 답을 찾으며 자아 발견에 대한 고민이 많아지는 시기이다. 이 시기의 성장적 측면은 아동에서 성인으로 이동되는 과정, 자신을 둘러싼 사회 · 환경적 측면은 가족에서 사회로 이동하는 과정, 행동적 측면은 의존에서 자립으로 이동하는 과정으로 과도기라 할 수 있다. 따라서 이 시기의 청년은 사회 환경의 영향을 많이 받는다.

청년기는 자아정체성과 환경과의 충돌로 인하여 존재자로서 나 자신이 가지는 욕구, 동기, 사고방식에 대한 고민이 많아진다. 그리고 나 자신이 환경과 어떻게 조화롭게 살아갈 수 있는지에 대한 방법을 고민하며 모색한다. 이와 같이 청소년기에 사회성 발달의 핵심은 자아 발견과 자신을 타인과 끊임없이 비교하면서 사회 안에 있는 나 자신을 관찰한다는 것이다. 또한 이 시기에는 이성에 대한 관심도 매우 높아진다.

5) 성인기와 노년기

성인기는 20~65세 사이, 노년기는 65세 이후의 시기이다. 성인기는 인생에서 매우 중요한 시기로 실질적인 연령기간을 정확하게 지정하기 어렵다. 성인기를 두 시기로 나누어 20~40세는 성인기, 40~65세는 중년기로 구분하기도 한다. 성인기는 성장이 멈추고 인간의 대부분의 능력이 하강하기 시작하는 시기이다. 노년기는 직장에서 은퇴하고 신체적 능력이 점점 더 떨어지며, 인생의 마지막인 죽음을 맞이할 준비를 하는 시기이다.

(1) 성인기(20~65세)

성인기에는 부모로부터 모든 면에서 독립하는 시기이다. 후카호리 모토후리(2003)는 성인기를 심리이유기라고 명명하고, 이 시기를 1차와 2차로 구분하여 설명한다. 1차 시기는 부모로부터 의존에서 벗어나는 자립, 2차 시기는 경제, 사회, 심리 등 삶의 대부분 영역에서 자립하는 시기이다. 이 과정을 거쳐 성인기의 어른은 직장 생활을 하며 가정을 형성하고 성실성과 책임감을 가지게 된다.

성인기는 연령으로 두 시기로 구분할 수 있다. 첫 시기인 20~40세의 성인기는 신체적 건강이 최고조에서 감퇴되는 출발점이다. 이 시기에는 지적 능력이 더 복잡해지며, 자아정체감은 지속적으로 발달한다. 또한 대부분의 성인기의 어른들은 직업을 가지고 친밀한 인간관계를 형성하려고 노력하며, 배우자를 만나 결혼을 하여 부모가 되고 독립된 가족을 형성한다. 두 번째 시기인 40~65세 사이의 중년기에는 신체적 건강이 감퇴되며 중년기의 생리적 변화를 겪게 된다. 이 시기의 중년은 이미 알고 있는 문제해결 능력은 증가하지만 새로운 상황에 대한 문제해결 능력은 떨어지기 시작한다. 또한 자녀를 돌보고 부모를 봉양하는 이중의 책임감으로 인해 스트레스가 심해지면서 정신적 위기를 겪기도 한다. 무엇보다 중년기에는 자녀들이 자립하기 시작하고, 삶의 의미를 찾는 것을 중요하게 여긴다.

(2) 노년기(65세 이후)

노년기는 65세 이후부터 죽음까지의 시기로 인생의 마지막 단계이다. 노년기는 신체적 능력이 다소 감퇴하지만 대부분의 노인들은 건강하고 여전히 활동적이다. 노년기는 자신의 삶을 되돌아보면서 그 의미를 되짚어 보고 삶의 의미를 평가하고 해석하는 시간을 많이 가지게 된다.

신체적으로는 활동력, 기억력, 정신력 등이 저하되고 질병에 걸리기 쉬우며 흰머리도 증가하게 된다. 지적 능력은 새로운 것을 학습하거나 속도를 요구하는 유동적 지능은 떨어지지만 경험이나 지식에 기초한 결정적 지능을 계속하여 발달한다(신혜용, 2003). 또한 노년기는 주관성이 강해지는 시기이다. 노년기의 주관성은 지나치게 많은 경험에서 비롯되기 때문에 융통성이 없고 고집스러워지기도 한다.

3. 에릭슨의 생애 주기별 발달

일찍이 에릭슨은 인간 전생애의 발달에 관심을 가지고 연구했다. 에릭슨은 인간 발달의 모든 영역이 전생애 동안 발달한다고 주장하며 8단계의 생애 주기론을 제시했다. 에릭슨에 의해 제시된 생애 주기론은 출생에서 죽음으로 끝나는 생명주기와 세대적 계승이 이루어지는 세대주기라는 두 주기를 포함한다(신혜용 역, 2003). 특히 생명주기는 일반적으로 발달 단계를 구분할 때 자주 사용된다. 에릭슨의 8단계의 생애주기(생명주기)는 〈표 4-7〉과 같다.

인간의 발달 단계는 연령별로 구분하여 발달 특징적 변화와 구체적 내용을 제시하여 인간의 발달을 파악하고 이해한다. 그러나 이렇게 제시된 발달 단계를 활용할 때 고려해야 할 점이 있다. 첫째, 일반적으로 발달심리의 일반적 연령 단계는 지금까지 여기서 살펴본 연령기준과 다르게 제시하시는 경우도 있다. 예를 들어 태아기(출생 이전), 영아기(출생~2세, 신생아기: 생후 28일 미만), 유아기(2~6, 7세), 아동기(6, 7~12, 13세), 청소년기(12, 13~20세), 청년기(21~40세까지), 성인기(40~60세), 노년기(60세 이후~)로 구분하는 경우도 있다(김춘경 외, 2016). 이는 인간 발달의 연령적 발달 단계는 절대적 기준이 아니고, 연구자에 따라 다를 수 있음을 의미한다. 둘째, 발달 단계가 연령적 구분으로 그 특징을 분명히 제시해 주지만 이 단계로 심리적 발달에 대한 특징을 완벽히 이해할 수 없다는 것이다. 이와 같은 고려점에도 불구하고 장애아동의 발달적 측면을 이해하기 위해 연령적 발달 단계에서 제시된 특징을 알아두는 것은 매우 중요하다.

〈표 4-7〉 에릭슨의 8단계 생애주기

단계	연령	사회 · 심리적 위험	중요한 대인관계	인격적 활동	사회 · 심리적 행동
1단계: 영아기	0~1세	신뢰감 대 불신감	어머니(자기를 돌봐 주는 사람)	희망	받기, 되돌려 주기, 수유
2단계: 유아기	2~3세	자율성 대 수치감	부모	의지	잡기, 말하기, 배변 훈련, 옷갈아 입기, 질문, 탐색
3단계: 아동기	4~6세	주도성 대 죄책감	가족	목적	모방, 놀이 활동, 독립심, 존중감
4단계: 학령기	7~11세	근면성 대 열등감	이웃, 학교	실력	만들기, 운동, 학교생활, 협동, 열등의식
5단계: 청소년기	12~20세	정체감 대 정체감 혼미	또래집단, 리더십의 모델	충실	자아정체성, 타인 존중, 사회관계 형성, 독립심
6단계: 성인기	20~41세	친근감 대 고립감	친구, 이성, 경쟁과 협력의 상대	애정	타인들 사이에서 자신에 대한 성찰이나 바라보기, 이성 관계 형성, 결혼 및 가정 형성
7단계: 장년기	41~65세	생산성 대 침체성	가정, 동료	관심	일, 관리, 직장동료로부터 스트레스 증가, 책임감
8단계: 노년기	65세 이상	통합성 대 절망감	인류, 자애	지혜	신체적 쇠약, 실존, 죽음, 삶의 모습, 만족감

에릭슨
(Erik Homburger Erikson, 1902~1994)

- 독일 출생의 미국 정신분석학자, 심리학자
- 정체성의 위기 개념 제시: 나는 누구인가, 나의 정체성은 무엇인가
- 인간 발달 단계 제시:
  사회 · 심리적 발달단계인 전생애 주기론 8단계
- 모라토리엄 인간 개념 제시:
  자신의 의무와 역할을 미루는(유예하는) 개념으로 에릭슨은 이 개념을 소속감을 거부한 채 탐색만 하고 싶어 하는 인간으로 설명
- 대표 저서: 『유년기와 사회』, 『정체성과 인생주기』, 『정체성: 청년과 위기』

☞ **여기서 잠깐 좀 더 알아봅시다!**

■ **모라토리움(moratorium)이란?**

– 원래 의미: 경제용어로서 의미는 지불유예기간
– 심리학적 의미: 신체적, 정신적, 지적 능력이 충분히 발달했음에도 불구하고 어른으로서의 의무와 책임이 유예된 청년기(=청소년기)를 의미하는 용어로 에릭슨이 처음 사용

■ **모라토리움(moratorium)형 인간이란?**

– 의미: 성인기에도 청소년기의 모라토리움이 연장되어 사회적인 의무와 책임을 이행하는 자아를 확립하지 않으려는 상태
– 오코노기 케이고의 이론: '모라토리움의 연장'은 현대 사회를 살고 있는 성인의 일반적 특징으로 자아정체성을 상실한 현대인을 모라토리움 인간, 혹은 자기애적 인간으로 표현
– 특징

첫째, 자기애가 강한 자기중심적 사고
둘째, 실패를 인정하지 않으며, 타인의 비판에 상처를 많이 받으며, 대인 관계를 깊게 형성하지 않음
셋째, 사회에 대한 방관자적 입장을 취함

출처: 신혜용(2003).

4. 애착

인간은 사회적 동물로서 출생과 더불어 생애 초기부터 양육자와의 관계가 형성되기 시작한다. 초기의 이 관계는 이후 대인관계 형성에 영향을 미치는 중요한 요인으로 작용한다. 영아들에게 양육자는 자신에게 필요한 모든 것을 제공해 주고 문제를 해결해 주는 존재이다. 따라서 양육자의 양육태도는 영아들의 자아 형성에 큰 영향을 미친다. 대부분의 경우 영아의 양육자는 어머니인데, 애착을 형성하는 첫 상대이다. 지금부터는 애착이란 무엇이며, 그 발달적 특징은 어떻게 나타나며, 애착에 대한 이론적 배경과 애착 유형에 대하여 알아

보기로 한다.

1) 애착 정의와 발달적 특징

애착이란 구별된 두 사람(영아와 양육자) 사이에 신뢰를 바탕으로 형성되는 애정적 유대 관계를 의미한다. 즉, 애착이란 영아기에 특정한 사람(양육자)을 향한 접근과 그 접근을 유지하려는 행동이며, 이 행동은 애정에서 비롯되는 심리적, 정서적 유대이다(한국교육심리학회, 2000; 국립특수교육원, 2009). 영아는 7개월경부터 자신에게 안전하다고 생각하는 공간을 형성한다. 즉, 양육자와의 애착관계 안에서 친밀하고 익숙한 환경을 좋아하고, 그 공간을 자신에게 안전한 곳이라고 여긴다.

애착 형성은 양육의 질, 양육자의 특성, 영아의 성격에 따라 좌우되며, 영아기에 형성된 애착은 이후 긍정적 대인관계와 정서적 안정에 중요한 역할을 담당한다. 영아기의 애착 형성에 대한 대표적인 증거는 낯가림과 분리 불안이다. 인지 능력의 발달되기 시작하는 영아에게 낯가림은 낯선 사람과 익숙한 사람을 구분하고 있다는 행동적 증거이다. 이때, 영아에게 낯선 사람은 불안의 대상, 즉 위험한 대상으로 인지하게 된다. 낯가림과 분리불안에 대하여 좀 더 구체적으로 살펴보면 다음과 같다.

영아의 낯가림은 6개월 전후로 나타나기 시작하여 12개월까지 점점 심해지고, 그 이후 감소한다. 영아에게 낯가림이 시작되었다는 것은 특정 사람에 대한 애착이 형성되었다는 의미이다. 일반적으로 생후 4개월이 된 영아는 양육자와 낯선 사람을 구분하며 그에 따라 행동이 달라지며, 생후 7~8개월경에는 낯선 사람을 보면 고개를 돌리거나 우는 행동으로 좀 더 확실한 반응행동을 보인다. 영아가 12개월 정도가 되었을 때까지 양육자와 애착이 잘 형성되지 않았다면 극도의 불안 반응이 나타날 수 있다. 낯가림은 개인차가 있지만 일반적으로 2살 정도가 되면 대부분 완화된다.

영아의 분리 불안은 애착이 형성된 대상과 떨어질 때 나타나는 정서이다. 일반적으로 영아가 애착 대상인 양육자와 떨어질 때 흥분하거나 울음과 같은 행동으로 반응을 보이는데, 이런 반응이 지나치게 심하다면 분리 불안 장애 여부에 대한 검사를 실시해 보는 것이 좋다. 유아에게 분리 불안이 지속되는 경우 그 두려움으로 학령기에 등교거부가 나타날 수 있다. 영아의 경우 분리 불안은 양육자와의 애착관계 형성이 잘 되었을 경우에도 짧은 시간의 분리는 견딜 수 있지만, 장기간의 분리는 다양한 문제를 일으키는 원인이 된다. 분리 불안은 14~18개월 사이에 가장 심하게 나타나며 24개월 이후에는 사라진다.

2) 애착 이론

애착에 관한 연구는 볼비(John Bowlby)에 의해 처음으로 시작되었고 할로우(Harry Harlow)에 의해 심화되었다. 유아의 애착은 출생 후 12개월 동안의 양육자의 관계에 의해 결정된다. 유아에게 형성된 애착은 대인관계와 세상을 탐색하는 데 중요한 역할을 담당한다(Bowlby, 1969). 볼비는 부적응 유아를, 할로우는 원숭이의 애착 행동을 관찰하여 애착 형성에 대한 이론을 제시하였다.

(1) 볼비의 부적응 아동에 대한 애착 이론

제2차 세계대전이 끝난 후 많은 유아들이 시설이나 병원에 수용되어 부모로부터 장기간 분리되었다. 볼비는 그 유아들을 관찰하였다. 그 결과 영아기에 부모와의 애정적 유대 관계의 결여문제가 유아들이 성장한 후에 심각한 정서적 문제를 발생시키는 원인으로 작용한다는 사실을 밝혀내었다. 볼비는 애착 행동이란 아동의 생존을 위해 발달된 행동으로 영아들은 울음이나 웃음과 같은 다양한 행동으로 양육자에게 신호를 보낸다고 설명했다.

볼비는 유아의 애착형성은 양육자와의 정서적인 유대관계를 형성하는 것이라고 강조했다. 이는 출생 직후의 신생아는 모든 면에서 매우 미약한 상태이기 때문에 양육자로부터의 생존을 위한 보호와 정서적 유대관계의 형성을 반드시 필요로 한다는 것이다. 이와 같이 유아가 애착형성을 위해 활용하는 행동에는 양육자에게 접근하려는 행동적 특성과 영아기부터 시작되는 능동성과 지속성이라는 성격을 가지고 있다고 설명했다. 볼비가 제시한 애착형성의 4단계는 〈표 4-8〉과 같다.

〈표 4-8〉 볼비의 애착형성 4단계

단계	연령	특징
초기 애착	출생 ~ 2개월	• 울음, 미소 짓기, 빨기 등의 애착을 위한 전조 신호 개발하기 시작 • 특정 사람을 구별하지 않고 자신의 요구를 채워 주는 사람에게 애착 신호를 표현하여 전달함 • 아직까지는 사람 구별 능력이 없어 가까이 접근해 오는 모든 사람에게 애착 신호를 보냄
애착 형성	6주 ~ 8개월	• 양육자에게 변별된 사회적 반응이 나타남 • 양육자를 향한 분명한 관심과 적극적으로 접근하려는 행동이 나타남 • 특정 사람을 향한 애착형성은 아직까지 미숙함
애착	6, 7, 8 ~ 18개월	• 특정의 한 사람과 집중적인 애착행동 • 양육자와의 애착형성 확립 • 기기, 걷기와 같은 이동 능력으로 능동적인 애착 행동이 나타남 • 애착 대상을 안전 기지로 하여 주변 환경을 탐색 • 낯가림, 분리 불안이 나타남
상호 관계 형성	18 ~ 24개월	• 애착 형성의 대상이 확장되기 시작 • 자기중심성 사고에서 벗어나 양육자의 감정, 행동, 동기를 이해하기 시작 • 애착 대상에게 영아 자신의 목표에 적절한 행동을 하도록 유도하기 시작 • 애착 대상에게 맞추어 영아 자신의 행동을 수정하기 시작 • 이 시기의 애착은 이전 단계에 비해 훨씬 복잡하고 일방적이 아니라 쌍방적인 상호 관계로 발달

출처: 정옥분(2015).

볼비는 유아들이 양육자와의 애착 형성을 위해 노력하지만 양육자의 반응이 적절하지 않으면 박탈감을 느끼게 된다고 지적했다. 박탈에는 '부분 박탈'과 '완전 박탈'이 있다. 부분 박탈은 사랑에 대한 요구, 죄책감, 우울감 등과 같은 정서가 동반된다. 완전 박탈은 초조함, 무반응 등과 같은 정서와 행동이 나타난다. 이와 같은 유아의 박탈 경험은 성장하면서 대인관계 형성의 문제나 주의집중의 결함의 문제로 이어지기 쉽다(하지현, 2016).

(2) 할로우의 원숭이 행동을 통한 애착 이론

할로우는 영아 원숭이의 행동을 관찰하여 양육자와 애착형성의 요인이 수유보다는 접촉에서 비롯된다는 사실을 밝혀내었다. 영장류 동물학자인 할로우는 어린 원숭이를 어머니로부터 분리시킨 후 철사로 된 대리모와 천으로 된 대리모를 제시하고 선택하도록 하였다(Harlow, 1958). 할로우는 어린 원숭이들이 우유를 주는 대리모보다는 천 대리모를 선호한다는 사실을 알게 되었다(그림 4-3).

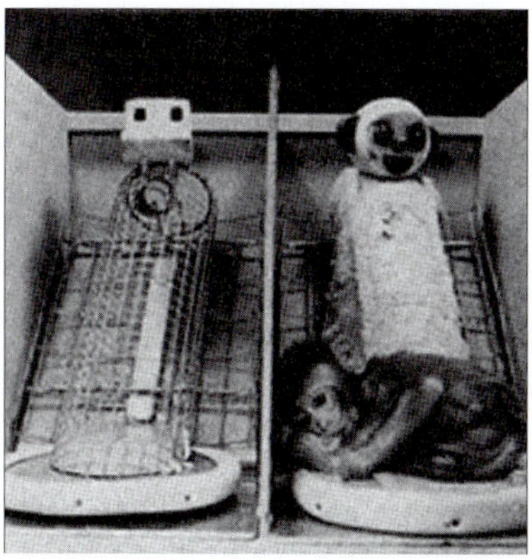

[그림 4-3] 할로우의 대리모 실험

출처: http://psychclassics.yorku.ca/Harlow/love.htm

- 좌측 사진: 우유를 주지 않은 상황에서 천 대리모 선택한 원숭이
- 우측 사진: 철사 대리모가 우유를 주는데도 불구하고 천 대리모를 선택한 원숭이

[그림 4-3]의 우측 그림은 원숭이들은 배가 고프면 철사 대리모 쪽으로 가서 우유를 먹은 후 나머지 시간은 천 대리모 쪽에서 보냈으며, 특히 공포스러운 상황에서는 모든 원숭이들이 천 대리모에게 달려갔다.

할로우의 연구 결과에 의하면 생애 초기의 애착형성은 양육자로부터 제공되는 우유보다는 접촉 위안(touch comfort)이 더 중요하게 작용하고 있다는 사실을 알 수 있다. 이는 그 당시 심리학의 주요 학파였던 행동주의나 정신분석주의로는 설명하기 어려운 결과였다.

3) 애착 유형

에인스워스(Ainsworth)와 벨(Bell)은 낯선 상황에서 양육자와 분리되거나, 낯선 사람이 그들에게 접근하는 등 8가지의 상황, 특히 양육자와 분리되었다가 다시 만났을 때 유아의 행동을 관찰하여 기록하였다. 그 결과 유아에게서 보이는 애착 행동의 3가지 유형을 발견할 수 있었다(Ainsworth, Blehar, Waters, & Wall, 1978). 3가지의 애착 유형은 안정애착, 회피애착, 저항애착이고 그에 관한 상세 설명은 〈표 4-9〉에 제시한다.

메인(Main)과 솔로몬(Solomon)은 에인스워스가 제시한 3가지 애착 유형에 혼란 애착 유형을 추가하였다(김이영, 배헌석, 이우언, 2016). 혼란 애착 유형은 일반적으로 5~10%의 가정에서 나타나며, 가장 심한 불안정 애착 유형으로 회피 애착 유형과 저항 애착 유형이 함께 나타난다. 이 유형에 포함된 유아들은 양육자를 향한 행동에 일관성이 없다. 예를 들어 어떤 경우에는 양육자와 분리되어도 별 다른 반응행동 없이 잘 놀다가, 어떤 경우에는 양육자와의 분리에 매우 불안한 행동을 보이고, 심지어 양육자와 분리된 후 다시 양육자가 돌아왔을 때도 반가운 표정 없이 무시하는 경우도 있다.

〈표 4-9〉 에인스워스의 3가지 애착 유형

애착 유형	특징
안정형 (secure attachment)	• 65~70%의 가정에서 나타남 • 양육자에게 안정적인 신뢰가 형성된 애착 유형 • 유아가 주위 탐색을 위해 양육자로부터 쉽게 분리됨 • 낯선 사람보다 양육자에게 확실히 관심있는 행동을 보임 • 양육자와의 잠시 동안 분리 후 다시 만났을 때 정서적 안정이 쉽게 이루어짐 • 양육자와 신뢰를 바탕으로 한 애착관계가 형성됨
회피형 (avoidant attachment)	• 20%의 가정에서 나타남 • 양육자가 없어졌다가 다시 나타났을 때 양육자와의 접촉을 회피하는 불안정한 애착 유형 • 양육자에게 거의 반응을 하지 않음 • 낯선 환경에 불안해하지 않음 • 양육자와의 상호작용이 적음
저항형 (resistant attachment)	• 10~15%의 가정에서 나타남 • 양육자가 없어졌다가 다시 나타났을 때 양육자와의 접촉을 저항하는 불안정한 애착 유형 • 하루 종일 양육자에게만 붙어 있는 심각한 분리 불안적 행동이 나타남 • 양육자를 안전 기지로 인식하지 못함 • 양가적 행동 보임(접근과 회피)

출처: 이영애, 이나경(2006).

4) 애착 형성의 영향

애착을 주제로 연구한 대부분의 학자들은 애착형성의 문제가 유아들이 성장한 후에 많은 능력의 발달에 영향을 미친다고 주장한다. 특히 대인관계 형성이나 정서·심리적 발달에 영향을 미친다는 연구 결과가 많다. 예를 들어, 영유아기에 안정된 애착을 형성한 아동들은 원활한 또래 관계를 형성함은 물론 성인기의 대인관계 형성도 안정적이었다고 보고한다(Lucas-Thompson & Clarke-Stewart, 2007; van IJzendoorn, 1995).

애착형성에 영향력을 미치는 요인으로 양육자의 태도와 유아 당자자의 기질을 들 수 있다. 우선, 양육자의 유아에 대한 태도나 양육의 질에 대하여 살펴보기로 한다. 양육자가 유아 행동에 민감하게 반응하는 것은 유아가 양육자와의 신뢰를 바탕으로 정신적 유대관계를 형성하는 중요한 요인이 된다(Ainsworth, Blehar, Waters, & Wall, 1978). 유아와 양육자와의 이런 관계는 안정애착을 발달시켜 성장하면서 겪게 되는 대인관계는 물론 정서적 안정감과 더불어 많은 능력의 발달에 긍정적으로 작용한다. 그러나 양육자의 무관심, 유아의 신호를 무시하거나 거부하는 경우, 유아의 애착 형성을 저해하는 요인으로 작용하여 유아의 발달에 부정적인 영향을 미치게 된다. 유아의 기질이 애착 형성에 미치는 영향은 다음과 같다. 유아의 기질이 선천적으로 까다로운 경우, 양육자의 긍정적인 신호를 인지하지 못하거나 적절한 반응을 보이지 못하는 경우가 많다. 이런 상황의 반복은 양육자로부터의 긍정적 반응을 이끌어 내는 기회를 축소시키게 되어 궁극적으로 유아의 애착형성을 방해하는 요인으로 작용하게 된다(van den Bloom & Hoeksma, 1994).

이상에서 살펴본 바와 같이 생애 초기 영유아의 애착 발달은 성장하면서, 그리고 그 이후 발달의 다양한 측면에 영향을 미친다는 것을 알게 되었다. 이런 이유로 애착발달과 형성에 대한 심리학적 연구는 다양한 발달 영역에서 중요한 요인으로 작용하는 관계를 밝히는 데 집중하고 있는 것이다.

CHAPTER 5

언어와 사고의 발달

인간은 언어라는 기호적 신호로 의사소통을 하며 사고를 전개한다. 인간의 모든 사고를 정확하게 언어로 표현하기는 힘들지만 사고를 외부적으로 표현할 수 있는 가장 적절한 기호가 언어인 것은 분명한 사실이다. 언어와 사고는 이런 관계적 특성 때문에 상호보완적이라고 말할 수 있다.

우리는 인간이 언어로 사고가 확장되는 것일까, 아니면 사고의 표현 방법에 의해 언어가 발달되는 것일까라는 궁금증을 가질 수 있다. 이 궁금증에 답을 하는 것은 닭이 먼저냐 달걀이 먼저냐에 대한 답을 내리는 것만큼이나 어려운 문제이다. 언어는 음성기관을 통해 나오는 말소리에서 비롯하여 글자, 단어, 문장은 물론 몸짓, 억양과 같은 요소들이 첨부되어 전달하고자 하는 내용을 좀 더 정확히 표현한다. 그러나, 인간의 언어는 사고를 이렇게 다양한 방법으로 표현하려는 노력에도 불구하고 전달에 완벽하지 않을 수 있다는 제한성이 있다.

이 장에서는 우선 언어와 관련하여 그 의미, 중요성, 특징, 발달에 관하여 알아보기로 한다. 그리고, 그 다음으로 사고의 의미, 발달, 범주에 대하여 살펴볼 것이다.

1. 언어의 의미와 중요성

언어란 무엇일까? 일반적으로 언어란 인간의 의사소통 기능을 담당하는 수단이라 말한다. 언어의 국어사전적 풀이는 인간의 사고와 감정 등을 표현하거나 전달하고자 할 때 음성이나 문자를 활용하는 것으로 사회나 문화와 같은 환경이나 관습 등의 체계에 영향을 받기도 한다고 기술되어 있다(국립국어원 표준국어대사전, 2018). 우리는 언어와 비슷한 용어로 '말'을 자주 사용한다. 말에 대한 국어사전적 풀이는 "인간이 표현하고자 하는 사고나 감정을 전달하기 위해 사용하는 음성 기호로서 발성기관을 통하여 나가는 소리를 의미한다."고 되어 있다(국립국어원 표준국어대사전, 2018). 즉 말은 음성 기호의 결과물인 소리라는 것이다. 이 소리들은 특정한 주제나 이야기 줄거리를 포함하기도 하고, 수많은 단어, 단어가 연결된 구나 문장으로 구성되기도 한다.

인간은 사회적 동물로 관계를 형성하며 살아가는 존재이다. 인간이 관계를 형성하고 형성된 관계를 촉진하기 위해서는 다양한 매개가 필요하다. 그중에서 가장 중요한 매개는 언어라는 기호이다. 언어를 어떻게 사용하느냐에 따라 다른 사람과 원만한 관계가 형성되기도 하고 그렇지 않을 수도 있다. 한번 잘못 사용된 언어는 그 동안 형성된 인간관계를 무너뜨리는 원인으로 작용되기도 한다. 또한 언어는 단순히 자기 생각을 표현하여 타인과 원활한 의사소통을 하기 위한 수단일 뿐만 아니라 타인을 설득하기도 하고, 자신의 자존감이나 존재감을 높일 수도 있는 중요한 도구이다.

언어의 기능은 크게 사고의 표현과 타인과의 의사소통으로 구분할 수 있다. 인간의 내적 사고는 언어를 통해서 구체화되는데, 상상하는 것이나 느낌, 그림 등과 같은 정보, 혹은 복잡한 뜻을 전달하고자 할 때 그 기능이 돋보이게 된다. 또한 타인에게 자신의 뜻을 전달하고, 타인의 뜻을 수용하는 활동에도 언어는 매우 중요한 역할을 담당한다. 이런 기능은 언어 사용의 의미와 중요성을 말해주는 것이다. 이와 같은 이유 때문에 그동안 많은 언어학자들은 언어의 구조 및 특징, 그리고 언어를 효율적으로 활용하는 방법을 밝혀내고자 노력해 왔다.

☞ **여기서 잠깐 좀 더 알아봅시다!**

■ **동물의 언어는 어떨까?**

- 동물의 언어는 인간의 언어처럼 복잡하면서 자의성의 특징을 가진 기호 체계로 구성되어 있지 않다.
- 동물의 언어는 인간의 언처처럼 기호체계라기 보다는 신호체계이다.
  (동물의 신호체계의 예) 꿀벌의 8자 모양의 춤, 새들의 지저귐, 원숭이의 신호체계, 고래의 음파

2. 언어의 특징

인간 언어의 독특한 특징은 동물이 소통을 위해 사용하는 신호체계와 매우 큰 차이가 있다. 이런 차이 때문에 언어라는 용어를 동물의 신호체계에 사용해도 될까라는 의문을 제기하기도 한다. 이는, 언어는 인간이 사용하는 의사소통의 수단에만 사용해야 된다는 주장을 정당화시키는 이유가 되기도 한다. 따라서 인간이 사용하는 언어의 특징을 구체적으로 살펴보는 것은 매우 중요하다 할 것이다.

일찍이 언어학자인 하케트(Hockett)는 여러 가지 측면에서 인간의 언어가 가지는 특징을 제시했다. 그가 밝혀낸 언어의 특징 중 몇 가지의 내용을 소개하면 다음과 같다. 첫째, 인간의 언어는 소리와 의미라는 두 가지 체계로 분리되는 이원성의 특징이 있다. 둘째, 인간의 언어는 새로운 단어와 문장을 계속하여 만들어 낼 수 있는 창의성과 생산성의 특징을 포함한다. 셋째, 인간의 언어는 말소리와 상징하고자 하는 사물 사이의 관계가 필연적이지 않다는 자의성의 특징이 있다. 넷째, 인간의 언어는 화자와 청자의 입장이 언제든 바뀔 수 있

다는 상호교환성이라는 특징이 있다. 다섯째, 인간의 언어는 과거, 현재, 미래의 시간이나 장소를 넘나드는 초월성의 특징이 있다(오영기 외, 2014). 언어의 특징을 관계적으로 다시 재구성해 본다면 4가지로 구분될 수 있다. 첫째, 상호보완적 관계에 있는 언어적 특징에는 기호성, 자의성, 생산성, 추상성, 소통체계적이 포함된다. 둘째, 관계성이라는 언어적 특징에는 이원성, 분절성, 체계성이 포함된다. 셋째, 사회 · 문화적 관계에 있는 언어적 특징에는 역사성, 전달성이 포함된다. 넷째, 실용적 관계에 있는 언어적 특징에는 교환성과 자유성이 포함된다(표 5-1). 이상과 같이 제시된 언어의 특징에 대하여 각각 구체적으로 좀 더 살펴보고, 이들 특징을 서로 연관 지어 그 관계성을 알아보기로 한다.

〈표 5-1〉 언어의 특징 간의 관계

관계	특징	내용
상호보완적 관계	기호성	어떤 대상을 표현하기 위해 약속된 상징
	자의성	동일 언어를 사용하는 집단의 합의에 의해 결정된 표현
	창조성	제한된 음성이나 어휘로 수많은 문장을 만들고 새로운 문장을 이해
	추상성	사물의 공통 성질로 형성된 언어, 구체적 사물로 존재하지 않는 사물의 표현이나 상상된 표현
소통체계적 관계	이원성	소리(글자)와 의미로 분리되는 독립된 체계
	분절성	어떤 언어를 작은 단위로 쪼개어 나눌 수 있음
	체계성	언어는 소리의 규칙인 음운 체계, 어휘와 관련된 형태 체계, 단어 배열의 규칙을 적용하여 문장을 형성하는 문법 체계 등과 같이 일정한 규칙의 형성
사회 · 문화적 관계	역사성	언어는 시간의 흐름에 따라 생성, 변화, 소멸
	전달성	언어는 음성이라는 소리와 의미가 합쳐 전달되면서 인간 상호 간의 의사소통이 가능
실용적 관계	교환성	인간의 언어는 화자와 청자의 역할 교대가 원활한 양방향적인 관계
	자유성	언어는 시간과 공간을 초월하는 자유로운 성격으로 존재

1) 상호보완적 관계: 기호성-자의성-창조성-추상성

언어의 특징으로 제시되는 기호성, 자의성, 창조성, 추상성은 서로 상호보완적 관계에 있다. 이들 각각은 어떤 언어의 특징을 가지고 있고, 이들 특징이 서로 어떻게 상호보완적 관계에 있는지 살펴보기로 한다.

첫째, 인간의 언어는 기호성이라는 특징이 있다. 언어는 의미(내용)와 소리(문자)가 결합된 기호이다. 의미와 소리로 결합된 언어라는 기호는 인간이 전달하고 싶은 생각, 혹은 느낌을 표현하기 쉽도록 지원한다. 이런 편리함 때문에 인간은 다양한 기호체계 중에 언어를 가장 선호한다. 그러나 언어의 기호성은 사물, 형태, 속성 등을 표현하기 위해 약속된 상징일 뿐이다. 즉, 언어에서 사용하는 기호는 사물을 표현하지만 사물 그 자체는 아니라 인간의 소통을 위한 사회적 약속이라는 것이다. 따라서 언어의 기호성은 음성과 의미가 연합된 상징적 기호로서 사용자들에 의한 약속이라는 의미를 포함하기 때문에 언어의 자의성과 밀접한 관계를 가진다.

☞ **함께 생각해 봅시다!**

■ **「언어는 사회적 약속일 뿐이다」라는 명제에 동의하시나요?**

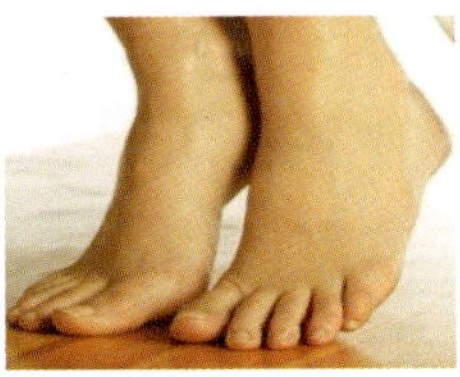

우리는 왼쪽 사진의 인간 신체를 무엇이라 말하나요? 우리는 인간의 신체 중 하나인 '발'이라고 말한다. 만약에 우리가 왼쪽 사진을 처음부터 '손'이라고 말하기로 약속했다면, 우리는 지금 왼쪽 사진의 신체를 '발'이 아니라 '손'이라고 말했을 것이다.

둘째, 인간의 언어는 자의성이라는 특징이 있다. 이 특징은 특정 사물을 표현하는 소리, 즉 음성과 사물의 결합은 언어를 사용하는 사회집단에서 합의로 결정된다는 사실을 잘 반영한 것이다. 이 결정은 공동의 합의에 의해 임의적으로 내려졌기 때문에 언제든 결정된 언어를 바꿀 수 있다는 의미이기도 하다. 언어의 자의성은 사물을 표현하는 언어만이 아니라 의성어나 의태어도 동일하게 적용된다.

☞ **여기서 잠깐 좀 더 알아봅시다!**

■ **자의성(=임의성)의 뜻**

자의성(恣意性)은 일정한 질서를 무시한 제멋대로의 성질

■ **언어의 자의성의 뜻**

언어의 자의성은 언어의 상징 기호와 내용의 관계가 꼭 그리되어야 할 이유가 없는 성질로 언어 사용자들의 임의적 약속

■ **동일한 내용의 다른 음성으로 표현된 언어의 자의성 예시**

바다(국어) – ocean(오우션[loʊʃn], 영어) – うみ(우미, 일어) – 海(하이, 중국어) – mer(메르, 프랑스어)

■ **동일한 음성 표현인데 다른 내용으로 된 언어의 자의성 예시**

배(과일) – 배(船, 바다의 교통수단) – 배(腹, 신체의 일부) – 배(倍, 일정한 수나 양이 그 수만큼 거듭됨)

셋째, 인간의 언어는 창조성이라는 특징이 있다. 인간은 제한된 음운이나 어휘로 수많은 새로운 단어와 문장을 만들고, 한 번도 들어 본 적이 없는 문장을 이해하기도 한다. 또한 이미 알게 된 언어와 문법을 기초로 언어를 재배열하여 구성하기도 하며, 기존에 존재하지 않는 문법으로 새로운 언어 규칙을 만들기도 한다. 우리나라의 단어는 자음과 모음으로 만들어지는데, 이렇게 만들어진 단어 수는 약 50만 개가 넘는다. 그중 일상생활에서 사용하는 단어는 약 400~800 단어 정도이다. 한글은 된소리(19개, 기본 자음 14개)와 이중 모음(21개, 단모음 10

개)을 모두 합쳐 40개의 음소로 이루어져 있다. 한글은 이 음소들의 조합으로 무수히 많은 단어들을 만들 수 있다. 이렇게 만들어진 단어를 활용하여 새로운 문장을 창조하고 의미를 전달한다. 청소년들 사이의 줄임말, 은어, 채팅언어도 언어의 창조성을 잘 반영한 예이다. 언어의 창조성이라는 특징은 새로운 언어를 만들어 내기 때문에 생산성이라는 용어로 바꾸어 말하기도 한다.

넷째, 인간의 언어는 추상성이라는 특징이 있다. 언어의 추상성은 개개인의 다양하고 개별적인 경험과 결합되기도 하고 구체적 대상에서 공통적인 요소가 대표하는 개념적 언어가 되기도 한다. 언어의 특징인 추상성이 반영된 구체적인 예는 다음과 같다. 구체적인 사물에서 공통 성질만을 선택한 언어인 꽃, 동물, 나무, 식물 등이 있다. 구체적 사물로 경험할 수 없는 단어에는 정의, 의리, 행복, 사랑, 평화 등이 있다. 구체적 사물은 없지만 상상하여 표현한 단어로는 용, 인면조, 유니콘 등이 있다. 이와 같이 언어의 추상성은 구체적 사물이 없지만 단어를 창조하여 표현할 수 있는 언어적 특징이고, 이는 인간의 임의적인 약속이다. 따라서 언어는 폐쇄적이 아니라 개방적이라는 특징을 가진다고 할 수 있다.

2) 소통 체계적 관계: 이원성-분절성-체계성

언어의 특징인 이원성, 분절성, 체계성은 소통 체계적 관계에 포함된다. 언어는 두 사람 이상의 사람 간의 의사소통을 위해 활용된다. 인간이 언어를 사용하는 데 정하여진 규칙이나 방법을 무시한다면 언어를 사용하는 중요한 목적인 소통이 단절될 수 있다. 따라서 이원성, 분절성, 체계성은 언어가 가지는 복잡성, 규칙성, 정교함을 보여주는 특징이기도 하다. 이 특징들은 인간이 언어를 사용하는 데 있어 정교한 규칙을 준수하였을 때 원활한 의사소통을 보장한다. 그렇다면 이들 각각은 어떤 특징을 가지고 있는지 좀 더 구체적으로 살펴보기로 한다.

첫째, 인간의 언어는 이원성이라는 특징이 있다. 인간의 언어는 동물이 사용하는 신호체계와는 달리 소리(글자)와 의미로 분리된 독립체계를 가진다. 동물의 신호체계는 소리와 의미로 구별되지 않는다. 그래서 인간이 사용하는 신호체계인 언어가 소리와 의미로 구분되는 특징을 이원성이라고 한다. 이원성이라는 언어의 특징은 동일한 소리(글자)로 서로 다른 의미를 가질 수도 있고, 서로 다른 소리(글자)인데도 동일한 의미를 가질 수도 있다. 동일한 언어를 사용하는 어떤 사람이 특정 의미를 소리나 글자라는 언어 기호를 통해 말한다면, 동일한 언어를 사용하는 청자는 그 내용을 이해할 수 있다. 따라서 언어는 기호와 의미가 결합된 것이다.

☞ **여기서 잠깐 좀 더 알아봅시다!**

■ **언어의 이원성의 예시**

- 발음은 동일하나 그 의미가 서로 다른 언어의 이원성의 예
  - 과일의 '배', 바다의 교통수단의 '배', 신체의 '배'
  - 과일의 '사과'와 용서를 구할 때 '사과'
- 발음은 다르나 의미가 동일한 이원성의 예
  - '사람'과 '인간'은 서로 소리는 다르지만 의미는 동일

둘째, 인간의 언어는 분절성이라는 특징이 있다. 이 특징은 어떤 언어를 작은 단위로 쪼개어 나눌 수 있다는 의미이다. 언어는 문장, 단어, 형태소, 음운으로 나눌 수 있고, 다시 역으로 음운을 결합하여 형태소, 단어, 문장으로 만들 수 있다. 이는 언어는 분절과 결합이 자유롭다는 것을 의미한다. 예를 들어, '나는 학교에 간다'를 의미 단위로 쪼개면 '나는/학교에/간다'로 나눌 수 있고, 이를 다시 단어 단위로 쪼개면 '나/는/학교/에/간다'로 나눌 수 있다. '나'라는 단어를 음소로 다시 쪼개면 'ㄴ/ㅏ'로 나눌 수 있다. 이와 같이, 인간의 언어는 의미 단위, 단어 단위, 음소 단위인 자음과 모음으로 쪼갤 수 있는 분절성의 특

징을 가진다.

셋째, 인간의 언어는 체계성이라는 특징이 있다. 인간의 언어는 일정한 체계와 질서 정연한 규칙이 있다. 다시 설명하자면 언어는 정해진 순서와 규칙에 따른 상징기호의 배열에 의해 소통되는 것이다. 언어의 체계는 소리의 규칙인 음운 체계, 어휘와 관련된 형태 체계, 단어 배열의 규칙을 적용하여 문장을 형성하는 문법 체계 등이 있다. 언어의 체계성은 특정 사회적 집단이 사용하는 언어의 유형에 따라 세워진 체계, 즉 문법을 가지고 있다. 사회적 집단에 의해 정해진 문법체계에 맞추어 언어를 표현하지 않는다면 의사소통이 이루어지지 않을 것이다.

☞ **여기서 잠깐 좀 더 알아봅시다!**

■ **언어의 체계성**

- 체계성=규칙성이란?
  음소나 단어의 배열 순서에 따라 그 의미가 달라지고, 의미는 문법으로 결덩되는데, 이런 특징이 언어의 체계성이자 규칙성이다.

- 체계성의 예

서로 다른 언어 배열 체계	배열 순서에 따른 다른 의미
국어: 나는 사과를 먹는다. S O V 영어: I eat apple. S V O	Tom pushes car. (톰이 자동차를 밀다.) Car pushes Tom. (자동차가 톰을 밀다: 의미는 톰이 자동차에 치였다.)

3) 사회·문화적 관계: 역사성–전달성

언어의 특징인 역사성과 전달성은 사회공동체와 문화적 관습을 반영하는 사회 · 문화적 관계에 포함된다. 역사성과 전달성에 대한 구체적 특징은 다음과 같다.

첫째, 인간의 언어는 역사성이라는 특징이 있다. 처음으로 만들어진 언어는 변화도 없고 동일하게 사용되지도 않았고, 오히려 언어는 사회집단이나 환경에 따라 함께 변화해 왔다. 이런 변화는 시간의 흐름이라는 연속성 안에서 일어난 것이다. 즉, 언어는 시간의 흐름에 따라 생성되었다가 변화하고, 그리고 소멸되는 역사성이라는 특징이 있다는 것이다. 다만 사용하는 집단 구성원들의 사회적 약속과 관습에 의해 수용된 언어는 개인이 마음대로 바꿀 수는 없다. 특히, 언어를 사용하는 집단의 공동 약속으로 사회적 성격을 반영하고 있다는 것은 언어의 역사성을 잘 발견할 수 있는 점이다.

> ☞ **여기서 잠깐 좀 더 알아봅시다!**
>
> ■ 언어의 역사성의 예
> - 새롭게 생성된 말
>   - 스마트폰, 엄친아, 셀카, 대박, 누리꾼
> - 의미가 변화된 말
>   - '어리다'라는 언어의 과거의 의미는 '어리석다'였는데 현재는 '젊다'는 의미로 사용
> - 사회적 성격에 따라 변화된 말
>   - 짜장면: 1989년 외래어 표기법에 의해 '자장면'을 표준어로 정하였으나, 실질적으로 대부분의 사람들이 '짜장면'으로 더 많이 사용하여 2011년에 '짜장면'도 표준어로 결정함

둘째, 인간의 언어는 전달성이라는 특징이 있다. 언어는 음성이라는 소리 형식으로 의미를 전달한다. 소리를 통한 언어 전달은 언어를 사용하는 사람들 사

이에서 의사소통을 가능케 한다. 의사소통이 원활하려면 특정 의미를 전달하고자 하는 전달자와 그 의미를 받아들이는 수신자가 필요하며, 이때 전달하고자 의미는 전달자와 수신자가 공유할 수 있어야 한다.

4) 실용적 관계: 교환성-자유성

언어의 특징인 교환성과 자유성은 실용적 관계로 묶을 수 있다. 언어는 사용자 사이의 전달과 수신하는 역할이 고정된 것이 아니라 언제든지 서로의 역할을 바꿀 수 있는 양방향적 교환이 가능하다. 또한 언어는 시공간을 자유롭게 이동하며 표현할 수 있다. 언어의 교환성과 자유성은 인간들이 언어를 편리하게 사용할 수 있게 하는 실용적인 면을 포함하고 있는 것이다. 실용적 관계에 포함된 언어의 특징인 교환성과 자유성에 대하여 좀 더 설명하면 다음과 같다.

첫째, 인간의 언어는 교환성이라는 특징이 있다. 언어는 말하는 화자와 듣는 청자 사이의 대화로 기호와 의미를 전달하고 수용한다. 이때 화자와 청자는 얼마든지 그 역할을 바꿀 수 있다.

둘째, 인간의 언어는 자유성이라는 특징이 있다. 언어는 구체적인 상황 즉, 시간과 공간을 초월하는 자유로운 성격을 지닌다. 인간의 언어는 과거, 현재, 미래라는 시간과 지금 머물고 있는 공간에서 다른 공간으로 얼마든지 이동하며 표현할 수 있다. 또한 지금 경험할 수 없는 것을 상상하여 표현하기도 한다. 인간은 이런 언어의 자유성으로 언어적 유희를 즐긴다.

3. 언어의 체계

언어는 일정한 규칙과 체계가 있어 복잡하지만 실제 사용에 있어 그리 불편함을 느끼지 못한다. 인간의 언어는 우선 충분히 듣기 과정을 거친 후에 말하기가 발달하며, 듣기와 말하기가 완벽해지면서 그 다음 언어체계인 읽기와 쓰기가 발달한다. 듣기, 말하기, 읽기, 쓰기 체계는 서로 밀접한 관계를 가지며 발달한다(그림 5-1). 듣기와 말하기는 일차적 언어체계이고, 읽기와 쓰기는 이차적 언어체계로서 일차적 언어체계의 문제는 이차적 언어체계의 문제를 일으키는 원인이 될 수 있다. 또한 듣기와 읽기가 수용체계라면 말하기와 쓰기는 표현체계이다. 언어의 체계는 각각 모두 중요한 역할을 담당하며 자신의 임무에 최선을 다한다.

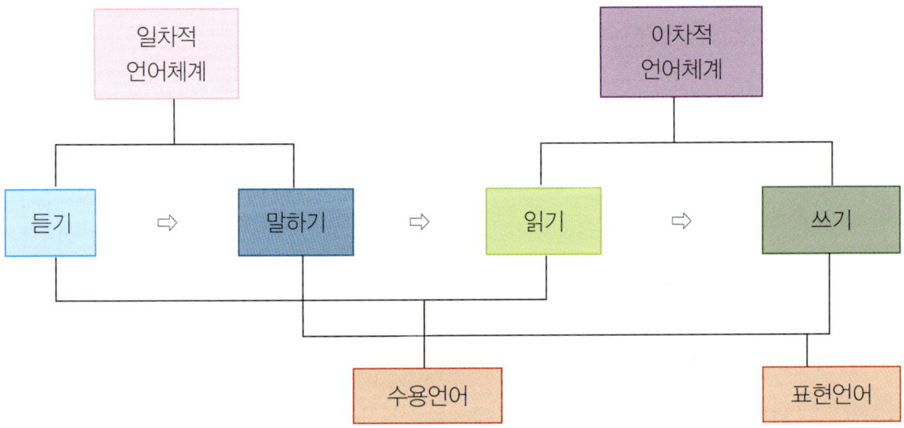

[그림 5-1] 언어 체계의 관계

언어의 구성 요소는 음운론, 형태론, 구문론, 의미론, 화용론으로 구분할 수 있다. 각 구성 요소에는 나름의 규칙이 있고, 그 규칙에 의해 언어가 완성된다. 각각의 언어를 구성하는 요소들의 규칙이 잘 적용되었을 때 인간 상호 간의 원활한 의사소통을 기대할 수 있다. 이들 각각의 구성 요소에 대한 구체적 예시는 〈표 5-2〉와 같다.

〈표 5-2〉 언어의 구성 요소

형태	단위	예시	발달시기
음운론	음소	'나비' = 'ㄴ+ㅏ+ㅂ+ㅣ'의 4개의 음소로 구성	학령기 동안
형태론	형태소	'소년들' = '소년 + 들'이라는 2개의 형태소로 구성	
구문론	문장	• 문장의 구성 규칙인 문법을 의미하는 것 • 국어의 단어 배열: '주어 – 목적어 – 동사' 순서 (예) '나는 영화를 본다.'	
의미론	단어	• 쌍둥이의 의미 첫째, 한 어머니에게서 한꺼번에 태어난 두 아이 둘째, 똑같이 생겨 짝을 이루는 것을 비유적으로 이르는 말 • 스마트폰의 의미 무선 인터넷 접속 기능을 가진 휴대전화	전생애 동안
화용론	언어 행위	화자와 청자와의 의사소통을 위한 사회적 상호작용	학령기 동안 익혀, 전생애를 거쳐 발달

음운론은 언어의 가장 작은 단위인 소리에 관한 규칙으로 음성과 음소를 모두 포함한다. 각각의 소리, 즉 음운은 상호 간의 긴밀한 관계 아래 조직을 이루며 구성된다. 음소의 배열 규칙, 혹은 배열에 변화를 가져올 수 있는 우리나라의 음운은 24개의 자음과 모음으로 구성되어 있고, 그중 자음은 14개, 모음은 10개이다. 이들이 규칙에 따라 결합되어 언어가 만들어지며, 만들어진 언어는 음소로 분절할 수 있다.

형태론은 음소들의 조합에 의미가 더해진 최소 단위인 형태소에 관한 것으로, 말의 소리나 글자를 구성하는 규칙이다. 즉 형태소는 음소들의 연결로 구성되는데, 이렇게 만들어진 형태소는 의미를 가진 단어가 된다. 형태론은 의미를 가진 명사, 대명사, 수사, 조사, 동사, 형용사 등과 같은 품사로 분류된다.

구문론은 단어들의 배열에 의해 문장을 형성하는 규칙이다. 좀 더 설명하자면 단어의 배열로 형성된 문장은 물론 단어들 사이의 규칙으로서, 이를 문법이라고 말한다. 단어들이 문장으로 형성되어 의미를 전달하기 위해서는 반드시 단어들의 배열 규칙을 따라야 한다. 단어 배열 규칙을 따르지 않았을 때에는 의사소통이 이루어지지 않을 수 있고, 단어 배열 순서에 따라 의미가 달라지기도 한다. 따라서 전달자의 의도를 잘 전달하려면 문법에 맞게 단어를 배열해야 한다.

의미론은 음소가 일정한 배열 규칙에 따라 단어가 되고, 이 단어에 뜻이 입혀지면서 그 단어는 생명을 얻는다. 즉 단어라는 것은 인간의 사회적 약속으로 생겨난 상징기호의 집합체로서 언어의 특징에서 설명했던 것처럼 자의성을 가진다. 따라서 의미를 가진 단어들은 인간들 사이에서 의사소통을 하거나 어떤 사람에게는 상상의 세계를 불러일으키기도 한다. 의미론의 최소 단위인 단어는 외부 세계와 연결하는 매개적 역할을 담당하며 문장이나 문맥에서 다양하게 변용되기도 한다.

화용론은 언어의 중요한 기능인 의사소통을 위한 사회적 사용에 관한 규칙이다. 언어로 의사소통을 하려면 화자는 말하려는 의도를 청자가 수용할 수 있도록 적절하게 표현해야 하고, 청자는 화자에 의해 말하여진 의도를 잘 파악하여 수용해야 한다. 그리고 언어는 시간과 장소에 맞게 사용되어야 하고, 소통을 하려는 사람들 사이에 공감대를 형성할 수 있는 효과적인 주제를 선택해야 한다. 이와 같이 언어로 사람들 간의 의사소통이 이루어지기 위해서는 언어 사용에 관련한 적절한 용법과 규칙을 활용할 수 있어야 한다.

4. 언어의 발달 단계

인간이 언어를 배우고 발달하는 과정은 그 동안 많은 심리학자들이 관심을 가졌던 주제이다. 그중에서도 언어 획득과 발달 과정에 관한 대표적인 연구 관점은 행동주의, 생득주의, 상호작용이다. 우선, 행동주의 연구자들은 인간은 언어를 강화, 모방, 시행착오 등과 같은 조건적 학습을 통해 습득하고 발달된다고 주장한다. 그 다음으로, 생득주의 연구자들은 인간이 선천적으로 언어를 획득하고 발달시킬 수 있는 특별한 능력을 가지고 태어난다고 주장하며 행동주의 연구자들과는 반대의 의견을 주장한다. 마지막으로 상호작용적 관점의 연구자들은 생득주의적 언어 발달과 습득 능력도 수용하지만 환경에서의 상호작용은 언어 습득과 발달에 매우 중요한 영향력을 미친다고 강조한다. 이와 같이 다양한 관점에 따른 연구 결과를 통해 언어 발달의 단계는 물론 그 과정 및 내용도 밝혀졌다.

인간이 울음에서 시작해서 옹알이를 거쳐 문법 체계를 갖춘 능숙한 언어 구사가 가능하기까지의 기간은 출생 후부터 3년이면 충분하다. 인간의 생애 초기에 나타나는 언어 발달은 완전한 언어가 형성되기 이전과 언어가 형성된 이후로 구분할 수 있다. 언어 형성 이전의 언어는 울음, 옹알이(자곤), 모방언어, 무의미한 소리가 있고, 언어 형성 이후의 언어에는 한 단어 문장, 다 단어 문장, 문법적인 언어의 사용이 포함된다(이영 · 조연순, 1991). 특히 언어 형성 이전의 언어 단계에서 나타나는 자곤은 환경의 역할이 드러난 중요한 증거이다. 자곤은 옹알이가 시작된 후에 나타나는데, 옹알이에 모국어와 유사한 억양 및 소리를 내는 것이다. 자곤은 언어 형성 이전 단계와 형성된 이후 단계의 과도기적 역할을 담당한다. 이 시기에 인간은 자신의 모국어 습득과 발달을 위한 준비를 하는 것이다. 언어 발달 단계는 〈표 5-3〉과 같다.

〈표 5-3〉 아동의 언어 발달 단계

발달 단계		언어적 특성
언어 이전의 언어	울음	• 생애 초기 울음: 호흡과 관련된 반사적 반응 • 생후 1개월 이후: 요구 전달 목적으로 울음소리 구분 (예) 배가 고플 때, 졸릴 때, 기분이 나쁠 때, 아플 때의 울음 소리가 모두 다름
	옹알이	• 3, 4개월경: 단순한 모음이나 가끔 자음을 섞어 내는 반복적 소리 • 초기 옹알이: 자신이 내는 소리에 반응하는 옹알이 • 후기 옹알이: 주위 사람들의 반응에 의한 옹알이 시작
	모방언어	• 6개월경: 자신의 옹알이 소리를 듣고 따라하는 자기 소리 모방 출현 • 9개월 이후: 다른 사람의 소리를 듣고 따라하는 타인 소리 모방 출현
	표현적인 자곤	• 2세경: 발음을 활용하여 중단, 음의 변화, 리듬이 포함된 의미가 없는 문장과 같은 소리 출현
언어적인 언어	한 단어 문장	• 1세경: 한 단어로 모두 표현하는 과잉축소와 과잉확대와 같은 과잉 일반화 출현 (한 단어 문장의 예) 까까-과자를 손으로 가르키며 엄마에게 '까까'라고 말하지만, 이는 '까까'를 의미하는 과자를 손으로 가르키는 몸짓과 함께 "엄마, 과자 주세요"라는 의미를 내포하는 과잉 일반화 (과잉 축소의 예) 모자-자기의 노란색 모자만을 모자로 표현 (과잉 확대의 예) 멍멍이-네 발과 꼬리가 있는 동물은 모두 멍멍이라고 표현 • 사물의 이름을 지칭하는 명사를 활용한 명칭 말하기 • 단어와 몸짓을 혼합하여 문장처럼 자신의 의사를 타인에게 전달 • 주위사람들이 완전한 문장을 형성해 주거나 새로운 단어를 추가해 주면 아동은 모방하며 언어를 확장시킴
	다 단어 문장	• 2세경: 둘 이상의 단어를 연결하여 문장 형성 • 아동의 초기 문장: 조사, 형용사, 주동사, 부사 등이 없는 전보식 문장 (전보식 문장의 예) "엄마, 까까", "맘마, 더"
	문법적인 언어	• 3세경: 900개 이상의 어휘 획득과 단어 배열에 규칙성을 적용하여 언어를 사용함 • 과잉 일반화가 나타나기 때문에 예외적 규칙의 적용이 미흡함 (과잉 일반화의 예) "내가 간다"라는 문장에서 '가'라는 조사를 처음으로 배우면 '동생가 간다'와 같이 모든 문장에 조사 '가'를 일반화하여 사용 • 어휘의 획득과 문장의 배열 규칙에 대한 빠른 습득 능력 발휘

출처: 이영·조연순(1997).

인간의 초기 언어 발달에 중요한 역할을 하는 사람은 아동과 직접 관련된 양육자이다. 양육자의 언어 습관이나 아동의 언어에 대한 양육자의 세심한 반응은 아동의 언어 발달에 중요한 영향을 미친다. 따라서 양육자는 아동의 눈높이에 적절한 언어를 선택하는 것은 물론 현재 아동의 언어 수준보다 조금 앞선 정도, 즉 아동이 잘 활용할 수 있는 수준으로 언어를 확장시켜 주어야 하며 아동이 어른의 언어를 모방하고 충분히 연습할 기회를 많이 제공하는 것이 좋다.

언어 발달의 문제는 선천적인 언어장애나 청각장애로 인하여 나타나는 경우가 많다. 일반적으로 청각장애도 옹알이를 하는 경우가 많은데, 자신의 옹알이를 듣지 못해서 옹알이가 줄어들면서 그 다음 단계의 언어 발달로 순조롭게 이어지지 않는다. 언어 발달의 문제가 있는 경우, 그 원인을 잘 파악하여 그에 적절한 교육적 지원을 해야 한다. 만약에 구어적 언어 발달에 현저한 문제가 있을 때에는 다른 대체 언어, 즉 수화와 같은 언어를 가르쳐야 할 것이다.

5. 사고란

우리는 어떤 경우에 사고를 하게 될까? 아니면 늘 사고하고 있을까? 자신이 사고하고 있다는 것을 느낀 적이 있는가? 그렇다면 사고하게 만드는 근원은 어디에서 오는 것일까? 이와 같이 사고란 무엇인지에 대한 질문을 하면 할수록 많은 의문점이 생겨난다. 이런 질문에 답을 내리기 위해 우선 사고에 대한 의미를 생각해 볼 필요가 있을 것이다.

사고에 대한 사전적 의미는 '생각하여 궁리하는 것'이라고 풀이되어 있다. 과연 생각과 궁리한다는 것이 어떤 뜻일까? 생각이라는 단어의 의미에는 많은 풀이들이 포함되어 있다. 첫째, 인간이 머리로 사물을 인식하려는 행위, 둘째, 어떤 사람이나 사건, 상황 등에 관한 기억, 셋째, 하고 싶은 일, 혹은 특정 대상이나 사건에 관심을 보일 때 머릿속에서 떠오르는 것, 넷째, 어떤 일을 하려고 결심하는 과정에 영향을 미치게 되는 작용들, 다섯째, 미래의 여러 가지 일들에 대한 상상, 여섯째, 해결해야 하거나 고민되는 문제에 대한 의견 제시, 주관적 느낌, 혹은 사리 분별할 때의 작용되는 것 등이다. 궁리한다는 단어의 사전적 의미는 사물의 이치를 알아보기 위해 마음속으로 이리저리 따져보는 행위라고 고 풀이되어 있다(국립국어원, 2018; 한글학회, 1995). 이와 같은 사전적 풀이에 의하면 사고는 생각과 궁리라는 두 가지 행위가 합쳐진 것으로 볼 수 있다.

그렇다면 심리학적으로 사고에 대한 의미를 어떻게 설명할 수 있을까? 심리학적으로 사고는 인간이 어떤 문제나 과제, 혹은 판단해야 하는 사건 등을 해결하는 과정에서 과거에 학습되었거나 경험하여 알게 된 사실이나 지식이 심상을 동반한 회상, 혹은 미루어 예측하는 추론 등에 작용하는 것이다. 따라서 사고하려면 다양한 개념이 필요하고, 기초적인 개념이 형성되어 있어야 하고, 적절한 개념을 활용하여 복잡한 계산을 해야 하는 추론까지 그 범주는 상당히 넓다.

사고는 특정 대상이나 사건 · 상황을 의미하는 단어에서 개념이 시작되어 그 능력을 발달시켜 세상을 이해하고 파악하고 살아가는 데 핵심적 역할을 담당하게 된다(현성용 외, 2008; 오경기 외, 2014; 민경환 외, 2011; 백종현, 2004). 사고의 시작에서 활용되는 개념들은 특성에 의한 위계적 구조와 전형성에 따라 분류되는데, 이런 특성은 고정적이기보다는 유연성의 성향이 더 강하게 나타난다(이정모, 이재호, 2000; 신현정, 2000).

☞ 여기서 잠깐 좀 더 알아봅시다!

■ 위계적 구조란?

사물의 속성에 따라 하위개념에서 상위개념까지 이르는 단계로서 하위개념일수록 구체적 사물에 가깝고 상위개념으로 올라가면 추상적 특징이 더 많이 나타남

■ 전형성이란?

사물이나 사건이 가장 원형에 가까운 모습이나 틀을 보이는 성질

사고의 중요한 개념은 사물과 사건의 유사한 주요 특징에 따라 분류된다. 예를 들면, 과일에는 사과, 배, 귤, 수박, 참외, 포도 등이, 색깔에는 빨간색, 노랑색, 초록색, 보라색 등이, 교통수단에는 기차, 배, 버스, 비행기 등이 포함되어 분류된다. 이렇게 분류된 사물들은 하위개념인 모양, 색깔, 크기 등은 다르지만 과일, 색깔, 교통 수단이라는 공통 특징으로 묶은 것이다. 이렇게 분류하여 목록화시켜 놓은 개념은 범주화된 것이다. 개념과 범주는 상호보완적 관계를 형성하며, 인지와 기억을 효율적으로 처리하여 효과적인 사고를 할 수 있도록 도와준다.

이와 같이 사고란 개념에서 시작하여 범주화되면서 확장되어 간다. 존슨 레어드는 사고를 다음과 같이 분류하였다(정옥분, 2014; 방선욱, 2003). 그는 사고를 언어로 표현되지 않은 심상적 사고와 언어로 표현되는 언어적 사고로 구분했다. 언어적 사고에는 목표가 없고 방향성이 뚜렷하지 않은 연상적 사고와 목표가 있고 방향성이 보이는 계산적 사고와 추론적 사고가 있다. 계산적 사고는 정의가 분명하고 해결하기 쉬운 문제에 활용되고, 문제의 정의가 분명하지 않을 때에는 추론적 사고를 활용한다. 추론적 사고는 문제를 해결하기 위해서는 반드시 출발점이 있어야 하고, 이때 활용되는 추론 방법으로는 연역과 귀납이 있다. 연역적 추론은 새로운 정보가 없을 때, 귀납적 추론은 새로운 정보가 있을 때 적용된다. 반면에 문제 정의도 뚜렷하지 않고 출발점도 없는 사고는 추상적 사고이다. 이와 같은 사고의 분류는 인간이 어떤 문제에 직면하여 해결하기 위한 접근 방법을 모색할 때 매우 유용하다. 사고의 분류도는 [그림 5-2]와 같다.

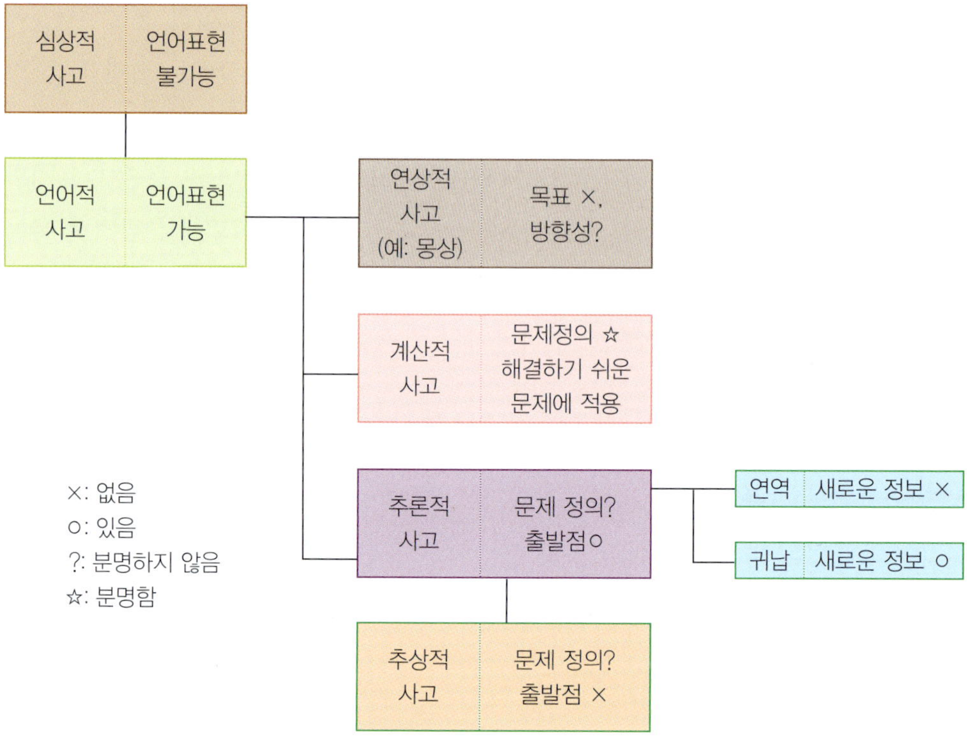

[그림 5-2] 사고의 분류도

6. 사고의 과정

사고는 어떤 문제를 인지하게 되면서 시작되고, 그 문제가 해결되는 일련의 과정 동안 지속된다. 이런 일련의 과정 동안 문제 해결을 위해 직관적, 분석적, 수렴적, 확산적이라는 사고 유형이 개별적으로, 혹은 통합되어 활용된다. 또한 사고는 개념 간의 관계에서 추론적 결과를 이끌어 내기도 한다. 이와 같이 인간은 세상을 살아가는 동안 매 순간 사고한다. 그렇다면 사고에는 어떤 유형이 사고가 있으며, 추론의 과정이 이루어지는 일반적 방법, 특정 문제에 직면했을 때 해결하는 단계에 대해 살펴보는 것은 사고를 이해하는 데 도움이 될 것이다.

1) 사고의 유형

인간은 어떤 문제에 직면하면 사고가 활발해지기 시작하며, 문제의 유형에 따라 사고의 유형도 달라진다. 대표적인 사고 유형에는 직관적 사고, 분석적 사고, 수렴적 사고, 확산적 사고가 있다. 이들 사고 유형에 대하여 좀 더 구체적으로 알아보기로 한다.

(1) 직관적 사고

직관적 사고는 주어진 문제를 계산하거나 논리적, 합리적인 추론과정 없이 자신에게 보이는 대로 문제를 해결하려는 사고이다. 즉 직관적 사고는 주어진 문제의 보편적인 관계나 특별한 관계에 대하여 주의깊게 생각하거나, 면밀한 파악 없이 그 순간 보이는 것에 의해 그 문제를 이해하고 처리하는 사고 유형이다. 직관적 사고는 모든 문제의 추론이나 판단하는 데 철저하게 직관에 의존한다(한국교육심리학회, 2000).

직관적 사고는 피아제의 인지 발달 단계에서 전조작기의 특징이다. 석학들은 가끔 검증절차를 거치기 전에 문제의 해답을 직관적 사고로 이끌어 내는 것도 필요하다고 강조한다. 따라서 직관적 사고에 의해 해결된 문제의 답은 문제에서 직접적으로 드러나는 속성과 특징에 전적으로 의존하기 때문에 정답일 수도 있지만 오답인 경우도 많다. 브루너는 이런 직관적 사고도 학습에 필수적 요인으로, 특정 문제에 필요한 직관적 사고는 제시된 문제의 내용에 관한 정확한 지식이 있어야만 가능하다고 강조한다. 즉 기초지식은 직관적 사고를 통해 어떤 문제의 긍정적인 결과를 이끌어 내는 데 매우 중요한 역할을 담당하는 것이다(이홍우, 1973).

☞ 여기서 잠깐 좀 더 알아봅시다!

■ 전조작기의 특징인 직관적 사고

2세에서 7세의 아동은 논리적 사고의 결여로 눈에 보이는 대로 판단하기 때문에 양과 수의 본존 개념이 형성되지 못함

■ 브루너(Jerome S. Bruner)

브루너는 모든 지식이 구조를 가지고 있고 발견학습을 통하여 지식의 구조를 가르쳐야 한다고 주장함

- 지식의 구조: 일반적 아이디어, 기본 개념, 일반적 원리를 의미
- 발견학습: 학습자가 지식의 핵심적 원리를 능동적으로 파악하여 주어진 문제를 학습자 스스로 정의하고 의문점을 탐구하여 문제를 해결하려는 학습

브루너
(Jerome S. Bruner, 1915 ~ 2016)

- 미국의 심리학자이면서 인지혁명의 핵심 인물
- 인지심리학 및 인지학습이론의 발달에 공헌
- 1950년대 전반까지는 지각에 미치는 요구, 가치관, 성격 특성 등과 같은 개인적 요인의 영향에 대하여 연구
- 1950년 전반 이후는 사회 · 심리적 현상의 기초가 되는 지각, 사고, 학습, 언어 등의 문제로 관심 이동
- 브루너의 사고 양식 2가지: 내러티브 양식, 패러다임 양식
- 연구 범위는 교육 이론, 교육 내용, 교육 제도 등 광범위 한 영역의 연구로 교육 현장에 영향을 미침
- 대표 저서: 『교육과정』, 『교육론』, 『인지발달 연구』, 『이야기 만들기』, 『법, 문학, 인간의 삶을 말하다』

(2) 분석적 사고

분석적 사고는 문제를 해결하기 위해 주어진 문제를 좀 더 작은 단위로 쪼개어 그들의 관계를 세밀하게 분석한 후에 문제를 명확히 정의한다. 즉 특정 문제에 관련된 적절한 정보를 활용하여 결과적으로 문제를 해결하려는 사고이다. 따라서 분석적 사고는 쪼개진 작은 단위의 요소나 정보들을 비교하는 것은 물론 그것들의 특징을 파악하여 가장 정확한 판단을 해야 한다.

분석적 사고에는 주어진 문제의 전후 맥락과 문제를 해결하기 위해 내포되어 있는 세세한 요소들을 인식하려는 치밀성이 요구된다. 또한 분석적 사고는 문제에서 요구하는 사항을 정확히 파악하여 판단하고, 그 문제의 원인을 매우 계산적으로 분석하는 과정을 거쳐 논리적이고 합리적인 결과를 산출한다.

(3) 수렴적 사고

수렴적 사고는 주어진 문제 해결을 위해 여러 가지 방법으로 분석하고 평가하여 가장 적합한 해답을 찾으려는 사고로서 오로지 하나의 해답을 찾기 위해 집중한다. 지능에 관한 유명한 연구자인 길포드는 지적 능력에 요구되는 사고의 유형을 수렴적 사고, 확산적 사고, 창조적 사고로 분류하였다. 그중에서 수렴적 사고는 학교에서 실시되는 다양한 시험이나 지능검사에 제시된 문제를 해결하고자 할 때 자주 사용하는 사고 유형이라고 강조한다(이영애, 2003). 수렴적 사고가 요구되는 문제는 이미 정답이 결정되어 있는 경우가 대부분이다. 정답을 찾아내기 위해 발휘되는 수렴적 사고는 정답의 가능성이 높은 항목의 우선 순위를 결정하여 오답을 제거하면서 정답을 찾아낸다(Foster, 2003).

☞ **여기서 잠깐 좀 더 알아봅시다!**

■ **길포드(J. P. Guilford)의 3차원적 지능 구조 모형(Structure of intelect, SOI)**

- 내용의 차원(5개 요소): 시각, 청각, 상징, 의미, 행동
- 조작의 차원(6개 요소): 평가, 수렴, 확산, 기억파지, 기억저장, 인지
- 결과의 차원(6개 요소): 단위, 유목, 관계, 체계, 변환, 함축

(4) 확산적 사고

확산적 사고는 주어진 문제를 해결할 때 해답을 미리 예측할 수 없거나 정해진 해답이 없을 때 적합한 사고이다. 확산적 사고는 일반적이지 않지만 독특하

고 다양한 해답을 발견할 수 있도록 해준다. 따라서 확산적 사고는 제시된 문제에 포함되어 있는 정보는 물론, 문제에 관련된 정보들을 넓고 깊게 살펴보는 탐구성이 필요하다. 확산적 사고로 문제에 대한 참신한 해답을 발견하는 경우가 많다.

〈표 5-4〉 확산적 사고를 발달시키는 방법

방법	내용
브레인스토밍	• 특정 주제에 관하여 자유롭게 아이디어 제시 • 제시된 아이디어에 대하여 비판하지 않기 • 제시된 아이디어가 많을수록 좋은 아이디어가 나올 가능성 높음
브레인라이팅	• 아이디어 창출 기법 • 구두 대신에 구성원들이 종이를 돌려가며 아이디어를 적기 • 구성원들이 작성한 아이디어 종이에서 가장 좋은 아이디어를 3~5개 정도 선택하여 평가하고 그중에서 가장 좋은 아이디어를 결정
클러스터기법	• 한 주제 대한 생각과 정보들을 연결하여 지도로 그리면서 그 해결책을 찾아가는 방법 • 마인드 맵, 혹은 웹 기법이라고 불리기도 함
특성 열거법	• 창조적 개발 기법 • 사물의 특성을 세분하여 명사적 특성(재료, 제조방법 등), 형용사적 특성(색, 크기, 모양 등), 동사적 특성(움직임, 활동성)이라는 3가지 측면에서 분석하고 개선점을 발견하는 방법
스캠퍼기법	• 창의력 증진기법 • 아이디어를 얻기 위해 의도적으로 7가지 규칙 적용: S(Substitute, 대체하기), C(Combine, 합쳐보기), A(Adapt, 적용하기), M(Modify, Minify, Magnify, 변경, 축소, 확대하기), P(Put to other uses, 활용해보기), E(Eliminate, 제거하기), R(Reverse, Rearrange, 재배치하기)

길포드는 감수성, 민감성, 유창성, 독창성, 융통성, 정교성 등과 같은 사고 능력이 확산적 사고에 포함되어 있고, 이는 창의적 사고로 연결되는 데 중요한 역할을 담당한다고 강조했다(한국교육심리학회, 2000). 확산적 사고는 브레인스토밍(brainstorming), 브레인라이팅(brain writing), 클러스터기법(clustering=마인드

맵, mind-map), 특성 열거법(attributive listing technique), 스캠퍼(Scamper) 기법 등을 활용하면 발달되기 쉽다(표 5-4). 확산적 사고는 선천적 요인에 환경적 요인이 서로 상호작용하여 발달한다. 따라서 어린 시기의 아동이 사물이나 사건을 바라보는 관점 또는 호기심을 촉진하여 탐색할 수 있는 기회를 많이 제공해야 한다.

2) 추론

사고에서 추론은 제한된 정보로 새로운 사고 영역으로 넓혀가는 방법이다. 추론은 사전 지식이나 판단 경험 등을 기초로 새로운 지식이나 판단을 산출한다. 존슨 레어드의 사고 분류에서 살펴보면 추론은 새로운 정보가 있느냐 없느냐에 따라 연역적 추론과 귀납적 추론으로 구분하고 있다.

연역적 추론은 일반적인 원리와 법칙에서 출발하여 검증할 수 있는 증거를 모아 결론을 이끌어 낸다. 연역적 추론은 새로운 지식을 만들어 내거나 개념을 확장시키는 능력보다는 논리적이며 일관성 있는 사실을 이끌어 내는데 효과적인 사고 방법이다. 연역이라는 사전적 의미는 특정 사실로부터 추론하여 결론에 도달하는 것으로, 경험 없이 순수 사유에 의해서 이루어지기도 한다고 풀이되어 있다(국립국어원, 2018). 연역적 추론의 대표적 예로는 조건 추론과 삼단 추론이 있다. 조건 추론은 주어진 조건으로 결론을 찾아낸다. 삼단 추론은 전제가 되는 두 개의 진술, 즉 일반적 진술은 대전제가 되고, 다른 증거인 특별 진술은 소전제가 되어 진리라는 결론을 이끌어 내는 방법이다.

반면에 귀납적 추론은 특정 사실에 대한 구체적 경험에서 좀 더 확장하여 보편적인 법칙이나 규칙을 도출하는 논리적이고 체계적인 사고 과정이다. 귀납이라는 사전적 의미는 개개의 사실에서 보편적인 법칙을 유도해 내는 추리 및 사고이다(국립국어원, 2018). 따라서 귀납적 추론은 관찰, 경험, 수행, 실험 등으로 결론을 이끌어 낸다. 귀납적 추론 방법 중 하나인 확증편향이라는 것은 현재의 결론을 지지하지 않는 증거를 모아 제시하기보다는 지지하는 증거를 모아 제시하여 결론에 힘을 실어주는 사고이다.

☞ **여기서 잠깐 좀 더 알아봅시다!**

■ **삼단 추론의 예**

[대전제] 인간은 모두 죽는다.
[소전제] 소크라테스는 인간이다.
[결론] 그러므로 소크라테스는 죽는다.

■ **귀납적 추론의 예**

크레오파트라도 죽었다. 에디슨도 죽었다. 고로 모든 사람은 죽는다.

3) 문제 해결 사고

인간이 사고하기 시작했다는 것은 해결해야 할 어떤 문제가 있다는 것이다. 인간은 문제를 해결하기 위해서 몇 가지 단계를 거친다. 첫 번째 단계는, 문제를 이해하는 것이다. 해결해야 할 문제가 무엇인지 파악하고, 그 문제와 관련된 정보들을 기억에서 탐색하여 인출하고 수집한다. 두 번째 단계는, 문제를 해결하기 위한 방법을 계획한다. 이 단계에서는 문제 해결을 위해 수집된 정보에서 가장 적절한 정보를 선택하여 제시된 문제에 어떻게 적용할 것인지 그 방법을 찾는다. 세 번째 단계는, 선택한 문제 해결 방법을 실행해 보는 단계이다. 이전 단계에서 계획한 방법들을 해결할 문제에 직접 적용하는 단계이다. 네 번째 단계는, 문제 해결에 적용한 방법의 결과에 대하여 평가하는 단계이다. 이 단계에서는 긍정적인 결과를 가져올 것이라고 예측하며 적용한 방법이 성공적이었는지 평가한다. 만약에 그 결과가 성공적이지 못하였다면 그 원인은 무엇인지 파악하고, 다시 도전을 할 것인지 포기할 것인지 판단하여 결정한다.

문제를 해결하기 위한 단계를 거치는 동안 해결 방법을 찾기 위해 다양한 전략을 채택하여 시도한다. 그중에서 몇 가지 대표적인 사고 전략으로 시행착오전략, 발견전략, 연산전략을 들 수 있다. 이들 전략에 대한 구체적인 설명은 다음과 같다.

시행착오전략은 해결한 문제에 대한 사전 경험이 전혀 없고 비교적 간단한 문제일 때 사용한다. 문제 해결을 위해 직관적으로 생각난 방법들 중에서 성공 가능성이 높은 방법을 무작위로 적용해 보는 것이다. 이 전략은 단 한 번의 시도에 의해 긍정적인 결과를 가져올 수도 있지만 많은 실패를 거듭한 끝에 성공할 수도 있다.

발견전략은 인간이 자주 사용하는 방법이다. 이 전략은 주어진 문제가 지금까지 경험했던 문제와 유사한 문제를 해결할 때 성공적이었던 방법들을 선택하여 적용하는 것이다. 이 전략은 제시된 문제를 정확히 파악하는 것은 물론, 비슷한 문제에 대한 사전 경험이 많을 때 사용하는 방법으로 문제 해결의 성공 확률은 비교적 높다.

연산전략은 주어진 문제에 포함된 여러 가지 변인을 고려해야 하는 어려운 문제를 해결할 때 사용한다. 연산전략은 문제 해결에 있어서 실패할 원인들을 충분히 고려하여 계산된 방법을 사용한다. 컴퓨터는 연산전략으로 문제를 해결하고자 할 때 매우 도움이 되는 매체이다.

7. 사고의 방해 요소

인간은 문제해결을 위한 사고 과정 중에 여러 가지 방해 요소로 인해 부정적인 결과를 초래하곤 한다. 사고의 방해 요소로 작용하는 것에는 문제를 표상하는 방법, 고착된 기능, 문제를 접하는 마음 자세 등을 들 수 있다.

문제를 표상하는 방법은 문제 해결에 성공과 실패에 많은 영향을 미친다. 주어진 문제를 어떻게 인지하고 파악하는가에 따라 문제를 해결하기 위한 결정적 인 단서를 발견할 수도 있고 그렇지 못할 수도 있다. 문제의 정의가 잘 되었다는 것은 문제 해결의 보편적인 방법을 발견한 것이다. 즉 문제 표상이 정확하면 그 문제는 쉽게 해결된다. 그러나 문제에 대한 정의가 잘못된다면 문제 해결은 난관에 부딪칠 수도 있고, 실패할 수도 있다. 따라서 문제의 정의, 즉 문제 표상을 하려 할 때 방해하는 요인들을 제거하여 문제 해결을 위한 단서를 쉽게 찾는 사고 과정은 매우 중요하다. 문제 해결을 위해 문제를 잘 정의한다는 것은, 문제에 대한 이해가 잘 되어 있고, 목표에 대하여 명백한 결정이 내려져 있고, 목표를 달성하기 위한 계획이 잘 수립되어 있다는 것을 의미한다. 이들 요소 중 하나라도 만족시키지 못하면 문제를 잘 정의하지 못한 것으로 문제해결이 어려워질 것이다.

고착된 기능도 문제 해결을 방해하는 중요한 요인이다. 고착된 기능은 특정 문제를 해결하는 데 익숙한 방법이나 도구, 혹은 정보들만 사용한다. 예를 들자면 컵을 물 마시는 기능으로 고착시켰다면 컵은 그 기능 이외의 기능으로는 절대 사용하지 않는 것이다. 그러나, 컵은 요리할 때 계량 용기로 사용할 수도 있고, 모래성을 쌓을 때 모양 틀을 만드는 데 사용할 수도 있다. 고착은 주어진 문제를 새로운 관점에서 해석하지 못하게 하여 결국 문제를 해결하는 데 부정적 요인으로 작용한다. 또한 고착된 기능은 기존의 사고 틀에서 벗어나지 못하기 때문에 창조적 사고로의 확장을 방해한다. 따라서 사고하는 데 고착은 문제 해결에 결정적인 방해 요소가 되는 것이다.

제시된 문제에 대한 마음 자세도 성공적으로 문제를 해결하는 데 중요한 요인이다. 인간은 유사한 문제를 해결하는 데 과거 성공적인 방법을 적용하려 하려는 습관이 있다. 만약에 선택한 방법이 실패하면 문제 해결을 쉽게 포기해 버릴 수도 있다. 그러나, 문제를 해결하고자 하는 옳은 자세는 문제를 해결하지 못한 근본적인 원인을 찾고 다양한 해결 방법을 모색하는 것이다. 따라서 직면하는 문제를 대하는 자세도 문제해결의 중요한 열쇠가 된다.

☞ **여기서 잠깐 좀 더 알아봅시다!**

■ **아래의 문제를 해결해 봅시다.**

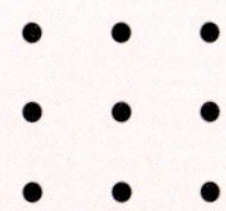

문제 1) 연필을 한 번도 떼지 않고 9개의 점을 모두 지나는 직선 4개를 그어보라.
문제 2) 연필을 한 번도 떼지 않고 9개의 점을 모두 지나는 직선 3개를 그어보라.

이상에서 살펴본 바와 같이 문제 해결의 방해 요소들은 문제 해결의 실패 원인이 되는 요소로 작용될 가능성이 많음을 알 수 있었다. 문제를 해결할 때에는 그 문제에 적절한 사고 전략을 사용하여 많은 판단과 결정을 한다. 이 과정에는 늘 오류가 있기 마련이다. 이정모(2009)는 사고전략을 사용하는 가운데 판단과 결정에 있어서 나타날 수 있는 오류로 대표성 오류, 가용성 오류, 과신 오류를 제시한다. 그는 이 세 가지 오류에 대하여 다음과 같이 설명한다. 대표성 오류는 과거에 일어났던 확률을 미래에 일어날 확률에 대입하는 과정에서 일어나며, 가용성 오류는 자신의 경험했던 제한된 정보에 대한 기억을 토대로 전체 문제를 추론할 때 발생한다. 그리고 과신 오류는 자신의 능력이 우월하다는 의식을 가지고 자신이 믿는 방향으로만 판단하여 결정하고자 할 경우에 나타난다.

오류는 우리의 판단과 결정을 비논리적이고 비합리적으로 만들기 쉽다. 따라서 문제 해결의 결과에 논리성과 합리성을 보장하기 위해서는 다양한 정보를 탐색하고 오류를 범할 수 있는 변인들을 고려하는 신중함으로 오류를 최소화해야 한다. 사고를 통해 어떤 문제를 해결하고자 할 때에는 많은 것들의 방해로 그 결과가 좋지 않을 수도 있다. 이런 경우에는 앞에서 설명한 바와 같이 사고를 방해하는 요소가 작용하지는 않았는지, 혹은 사고 과정 중에 오류를 범하지는 않았는지 주의깊게 살펴봐야 할 것이다.

☞ **여기서 잠깐 좀 더 알아봅시다!**

■ 대표성 오류의 예

동전 던지기에서 처음에 동전의 앞면이 나오면 그 다음에는 동전의 뒷면이 나올 것이라고 예상한다. 이는 동전의 앞면과 뒷면이 나올 확률이 각각 독립되어 있기 때문에 앞의 결과가 뒤에 영향을 미친다고 착각하는 것이다.

■ 가용성 오류의 예

매스컴에서 어떤 채소가 건강에 좋다는 정보를 알려 주면, 그날과 그 다음날은 그 채소는 없어서 팔지 못하는 상황이 발생하는 것이다.

CHAPTER 6

인지발달

-피아제와 비고츠키 중심으로-

인지란 정보를 수용하고, 저장, 인출하는 일련의 정신활동 과정으로 지각, 기억, 상상, 개념, 판단, 추리를 포함하여 어떤 것을 알고 있다는 의미로 국어사전에 풀이되어 있다(국립국어원 표준국어대사전, 2018). 즉, 인지능력에는 외부환경으로부터 정보를 수용하고, 수용된 정보를 기억하여 필요할 때 인출하여 활용하는 능력이다. 또한 인지능력은 경험하지 못했던 새로운 문제를 해결하기 위하여 추론적 사고 등과 같은 다양한 능력이 포함된다. 따라서 인간이 환경에 적응하며 살아가는 데 매우 중요하고 복잡한 인지가 어떤 과정을 통해 어떻게 발달하는지에 관한 연구는 많은 인지심리학자들에게 매우 중요한 연구 대상이 되어 왔다.

인지 연구의 대표적인 학자로 피아제(Jean Piaget)와 비고츠키(Lev Semenovich Vygotsky)를 들 수 있다. 피아제는 감각운동기, 전조작기, 구체적 조작기, 형식적 조작기라는 4단계로 인지발달을 분류하여 각 단계의 발달적 특징을 제시하였다. 비고츠키는 인지발달에 있어서 사회문화적 영향을 강조한 이론을 제시하였다. 피아제의 인지발달 단계와 비고츠키의 인지발달 이론은 장애아동의 교육에 있어서 그 방법과 내용을 선정하고 계획하여 실행하는 데 매우 중요한 기초 이론이다. 따라서 이 장에서는 피아제와 비고츠키의 인지발달이론에 대하여 중점적으로 살펴보기로 한다.

1. 피아제의 인지 발달 단계

1) 피아제의 인지발달의 주요 개념

피아제는 1920년에 비네 연구소에서 일하게 되면서 지능에 대하여 관심을 가지게 되었다. 그는 지능검사도구에 관한 연구 중에 표준화 추리검사에서 정답을 맞추는 아동보다 오답하는 아동에게서 나타나는 오답 유형을 분석했다. 그 결과 연령별로 오답 유형이 유사하다는 중요한 사실을 발견하게 되었다. 피아제는 이 사실로 연령이 높은 아동이 어린 아동보다 지능이 높은 것이 아니라 사고의 질이 다르기 때문이라고 판단했다. 이런 판단은 피아제에게 아동의 능력을 그저 지능검사로 측정하기보다는 아동의 사고 구조에 대한 파악의 필요성을 강조하는 계기가 되었다. 피아제의 인지발달 단계를 이해하기 위해서는 주요 개념인 지능, 동화, 조절, 순응, 도식, 보존개념에 대하여 먼저 살펴봐야 한다.

피아제
(Jean Piaget, 1896~1980)

- 스위스의 심리학자이자 논리학자
- 1926~1927년: 뇌샤텔대학교 철학 교수
- 1929년: 제네바대학교 아동심리학 교수
- 10세: 흰둥이 참새에 관한 논문을 학회지에 게재
- 15~18세: 갑각류에 대한 논문 발표
- 21세: 뇌샤텔 대학교에서 철학박사 학위를 취득하고 심리학을 공부하기 시작
- 1919년부터 2년간 심리학, 논리학, 인식론, 철학 등 다양한 분야의 연구에 집중
- 대표 저서: 『아동의 언어와 사고』, 『발생적 인식론 서설』

(1) 지능(intelligence)

피아제는 지능을 기능적 지능과 구조적 지능으로 구분하여 설명한다. 기능적 측면에서의 지능은 유기체가 환경과의 상호작용 안에서 일어나는 순응과정, 즉 평형화이다. 평형화가 이루어지기 위해서는 연속적인 적응과 교환이 일어나야 하며, 이때 필요한 것이 동화와 조절이다. 구조적 측면에서의 지능은 행동의 조작 체계, 즉 유기체가 가지고 있는 이해의 틀을 강조한다. 피아제는 이해의 틀을 도식 혹은 구조와 같은 용어로 사용하기도 한다.

피아제가 설명하는 지능은 현재 발달 단계에서 아동이 제일 잘할 수 있는 능력이다. 이런 능력은 환경과 상호작용하면서 점진적으로 발달하는 과정을 거친다. 그러나 이 과정 안에서 피아제는 개인차를 고려하지 않았고, 정서도 거의 다루지 않았다(김정민 역, 2011).

(2) 동화(assimilation)와 조절(accommodation)

동화는 자신이 가진 기존의 인지 구조(=이해의 틀)에 맞추어 외부 세계(=새로운 정보)를 해석하는 것이다. 즉 새로운 정보를 자신에게 형성되어 있는 기존의 이해의 틀(=도식)에 반영하는 것이다. 동화의 예로는 어떤 어린 유아가 강아지를 알게 되었고, 그 이후부터 강아지같이 네 발과 꼬리가 있는 동물을 모두 강아지라고 부르는 것이다.

조절은 자신이 가진 기존의 인지 구조를 변경하여 외부 세계를 해석하는 과정이다. 즉, 한 번도 경험해 보지 못한 새로운 경험(외부 환경으로부터 들어오는 새로운 정보)을 인지하기 위해 자신이 가지고 있던 기존의 도식을 수정하는 것이다. 따라서 조절은 인지 구조가 수정되는 과정 중에 있는 상태이다. 조절의 예를 들면 다음과 같다. 네 발과 꼬리가 있는 동물을 모두 강아지라고 부르는 유아에게 '멍멍'이 아니라 '야옹'이라는 소리를 내는 동물은 고양이라고 가르친다. 그러면, 유아는 네 발과 꼬리가 있다 하더라도 소리가 다르면 강아지가 아닐 수도 있다는 사실을 알게 된다. 이 사실로 유아는 '네 발과 꼬리가 있는 동물에는 강아지와 다른 동물도 있다'고 인지 구조를 수정한다. 즉 유아는 강아지는 네 발과 꼬리가 있으며 '멍멍'이라는 소리를 내고, '야옹'이라는 소리를 내는 동물이 고양이라는 새로운 이해의 틀을 형성하게 되는 것이다.

(3) 순응(adaptational process)과 평형(equilibration)

인간이 환경과 상호작용하는 동안 동화와 조절에 의해 순응 과정을 밟아간다. 순응은 동화와 조절이 상호보완적 관계아래 상호작용하는 과정 중에 있는 상태라면, 평형은 동화와 조절 중 어느 하나가 두드러지게 우세하지 않고 균형이 이루어지는 상태를 의미한다, 즉, 순응은 동화와 조절의 상호작용이, 평형화는 순응과정을 통해 이해의 틀(=도식)이 성장하여 새로운 이해의 틀이 형성되어 안정된 상태이다.

개개인에게 직면하는 새로운 경험은 기존의 이해의 틀로는 적응할 수 없는 불균형의 상태에서 벗어나 안정 상태를 되찾기 위해 조절과 동화과정을 거치면서 평형화된다. 이 과정을 통해 새로운 경험에 대한 이해의 틀이 경험창고에 저장되어 유사한 경험이 다시 찾아오면 기존의 이해의 틀로 동화과정을 통해 그 경험에 적응한다.

(4) 스키마(schema, 도식=구조=이해의 틀)

스키마는 개인이 가지고 있는 '이해의 틀'을 의미한다. 스키마는 이해의 틀, 도식, 구조와 같은 용어로 혼용되고 있다. 피아제는 인간이 이해의 틀을 가지고 태어나는 것이 아니라 환경과의 접촉을 통해 반복되는 행동과 경험으로 형성된다고 설명한다.

심리학에서 도식이라는 용어는 행동이나 사고의 유형, 기존의 정신 구조, 세계에 대한 이해 관점의 틀, 새로운 정보에 대한 지각과 기억 체제 등으로 설명한다(Anderson, 1990). 도식은 동화와 조절에 의한 순응과 평형과정을 거치면서 형성된다. 도식들 간의 관계는 상호보완적이기 때문에 특정 정보에 하나의 도식만 활용될 수도 있고, 여러 도식이 한꺼번에 활용될 수도 있다. 인간이 어떤 특정 환경에 적응하려면 현재 활용할 수 있는 도식이 있는지, 그 도식을 쉽게 인출할 수 있는지는 매우 중요하다. 심리학자들은 도식 이론에서 도식의 접근성과 도식의 점화에 대한 이론을 제시하기도 한다. 트베르스키(Tversky, 1973)의 도식 접근성에 대한 이론에서 인간이 쉽게 인출될 수 있는 도식은 개인의 경험과 배경지식에 영향을 받는다고 주장했다. 또한 고이델 등(Goidel, et al., 1997)은 인간이 새로운 경험에 적응하려 할 때 가장 먼저 떠오르는 도식을 적용하기 위해 결정하는 경향을 도식의 점화라고 설명했다.

☞ **여기서 잠깐 좀 더 알아봅시다!**

■ 피아제의 관점과 연구 방법

관점 및 연구 방법	내용
인지 발달 관점	• 인지 발달을 환경과의 상호작용에 의해 연속적으로 형성되는 재구성 과정으로 보는 관점
아동에 대한 관점	• 능동적이고 자발적인 사고와 행동을 하는 인간
연구 방법	• 임상 면담법: 아동이 수행한 후 질문을 통한 분석, 언어사용이 원활해진 나이의 아동을 대상으로 함 • 관찰법: 언어사용이 어려운 경우, 주로 2세 이전 유아에게 사용

■ 스키마 형성 과정

스키마의 형성과정	:	아동의 능력	×	환경	=	스키마
(예) 2세 유아	:	잡기 능력	×	뜨거운 난로 잡기	=	손을 데어서 아픔→뜨거운 난로는 잡지 않아야겠다는 스키마 형성

– 스키마 형성의 기본: 정신과 행동의 반복

– 동화와 조절에 의해 순응과정을 거쳐 평형화되면서 스키마가 형성되고 발달함

2) 피아제의 인지발달 단계

피아제의 인지발달 단계는 질적으로 서로 다른 발달 유형과 행동을 보이는 감각운동기, 전조작기, 구체적 조작기, 형식적 조작기의 4단계로 구분된다. 이 단계는 그의 자녀들인 루시엔느(Lucienne), 로렌(Laurent), 재클린느(Jacqueline)를 자연스럽게 관찰한 결과이다. 따라서 피아제의 연구 방법을 자연주의적이면서 비형식적인 실험 연구 방법이라 할 수 있다. 피아제의 인지발달 4단계에 대하여 좀 더 구체적으로 알아보기로 한다.

(1) 감각운동기(0~2세, sensorimotor stage)

감각운동기는 출생에서 2세까지 기간에 나타나는 인지발달의 첫 단계에 해당된다. 감각운동기는 반사기, 일차 순환반응, 이차 순환반응, 이차 도식협응, 삼차 순환반응, 사고의 시작으로 구분된다. 피아제는 이 단계의 유아는 감각과 운동을 통합하는 능력이 발달하고 세상과 사물에 대한 기초적인 개념을 습득하게 된다고 설명한다.

① 반사기(출생~1개월, reflex)

반사기의 신생아는 무의도적이고 본능적 행동을 많이 한다. 신생아의 도식은 주로 생물학적인 반사행동으로 구성되어 있다. 그래서 피아제는 이 단계의 도식은 환경에 적응하려고 나타나는 행동이 아니라 보기, 잡기, 치기, 때리기와 같은 단순한 반사적 행동 유형이 주를 이룬다고 설명했다.

피아제가 말하는 도식은 이 세상에 태어나서 환경으로부터 들어오는 정보, 즉 자극에 의도 없이 반응하는 것이 아니라, 자극에 적절한 반응을 내적 체계에서 형성하여 출현시키는 것이다. 따라서 반사기에 출현하는 도식은 환경에 적응하기 위한 도식이라기보다는 생득적으로 이미 가지고 있는 반사적인 행동에 불과한 것이다.

이런 반사행동은 동화와 조절이 동시에 일어난다. 대표적인 예로 빨기 반사

(sucking reflex)를 들 수 있다. 신생아의 빨기 반사는 입술에 닿는 모든 사물을 빠는 행동으로, 빨기 도식을 외부 환경의 모든 대상에 적용시키는 것이다. 신생아의 빨기 반사를 관찰해 보면 물체의 크기에 맞추어 입의 움직임을 조정한다든지 혹은 사물의 닿기 전에 예측하는 능동적인 반사행동도 볼 수 있다. 이와 같이 조절과 예측에 의해 나타나는 빨기 반사행동은 자신의 경험을 토대로 반사 행동을 적극적으로 조직화하는 과정이라 할 수 있다.

피아제는 반사행동이 외부 환경으로부터 오는 자극에 대한 반응으로 일어나는 행동만이 아니라 자발적 행동에 의해서도 나타나며, 이런 반사행동은 신생아 이후의 행동 발달에 기초가 된다고 설명했다. 이런 과정에서 일어나는 동화는 기능적 동화이다.

☞ **여기서 잠깐 좀 더 알아봅시다!**

■ **피아제가 제시한 동화의 종류**

- 기능적 동화(functional assimilation): 도식이 완전히 발달하기 전이나 도식이 불완전할 때 개인이 가지고 있는 도식을 활용하여 그 도식이 잘 기능하도록 하는 동화로서, 이런 동화에는 선천적 도식과 학습에 의해 형성되는 도식 모두 포함
- 일반적 동화(generalizing assimilation): 반복행동을 통해 도식이 완성되기에 도식을 적용할 수 있는 다양한 대상이 필요한데, 이때 대상을 확장하여 도식을 적용하는 동화를 의미
- 인식적 동화(recognitory assimilation): 초기 인식이라고도 하는 인식적 동화는 기능적 동화와 일반적 동화의 결과에 의한 반복적 경험에서 차이를 발견하여 행동으로 옮기는 동화

출처: 김정민(2011).

② 일차 순환반응(1~4개월, primary circular reaction)

일차 순환반응에서는 영아가 미미하지만 의도적 행동을 하는데, 이는 우연성, 호기심, 흥미로움, 반복, 시행착오, 예측, 모방, 대상개념 습득이 시작되기 때문이다. 미미하지만 일차 순환반응에서 나타나는 의도적 행동에 대하여 좀 더

자세히 알아보기로 한다. 우선, 우연성, 흥미로움, 반복, 시행착오 행동은 〈표 6-1〉과 같이 초보 학습과정을 거치게 된다.

〈표 6-1〉 초보 학습 과정

우연성 – 새로운 경험	→	흥미로움 – 호기심	→	반복 – 시행착오	→	초보 학습 – 감각체계의 조절과 통합 가능
예) 손가락 빨기	→	만족감	→	정확하게 손가락을 입으로 가져가지 못함	→	• 손가락을 쳐다보고 입으로 가져감 • 배가 고플 때의 표현 방식으로도 사용

우선 일차 순환반응에서 가장 중요한 사실은 영아가 초보적인 학습을 할 수 있다는 것이다. 반사기에서 경험이란 단지 생득적인 반사를 수정하는 데 그쳤으나, 일차 순환반응에서는 영아들이 흥미로운 일을 반복하여 새로운 상황에 적응할 행동을 발달시킬 준비를 한다. 또한 일차 순환반응기에 있는 영아는 감각체계의 조절과 통합을 할 수 있다. 즉, 특정한 감각 양상의 정보를 어떤 행동을 하는 데 활용할 수 있다는 것이다. 이는 순응을 위해 동화(보기)와 조절(빨기)의 기능이 동시에 작동하고 있는 것이다. 이와 같이 이 시기의 영아들은 매우 능동적으로 서로 다른 동작들을 도식으로 조직하여 협응시킨다.

그 다음으로 일차 순환반응기의 영아는 예측, 모방, 대상개념 습득을 위한 초기 행동을 한다는 것이다. 이 시기 영아의 예측 행동은 젖을 먹기 전에 엄마의 팔에 안기는 동작이 습득되면서 수유되기 직전이 아니라 엄마가 영아를 안는 팔 동작에서 이미 빨기 행동을 위한 준비를 한다(김정민, 2011). 모방은 새로운 경험이나 행동에 대한 모방이 아니라, 영아 자신이 할 수 있었던 경험이나 행동에 대한 모방으로 주로 일어난다. 대상영속은 이 시기에 확립되는 것이 아니라 대상영속의 개념을 습득하기 위한 전조 행동으로 나타나는 것이다. 이 시기의 영아는 친숙한 사람이나 사물에 대한 시각적 응시가 길어지고, 그것이 사라지면 즉시 응시행동이 없어진다. 피아제는 이런 영아의 행동을 사라진 사람이나 사물이 영아의 시야에서 없어져도 존재한다는 것을 분명히 인지하고 있는 것이라고 설명했다.

③ 이차 순환반응(4~8개월, secondary circular reaction)

이차 순환반응은 영아 자신의 신체를 중심으로 일어나는 일차 순환반응과는 다르게 외부 환경으로부터의 정보나 사물에 대한 반응행동이 주로 나타난다. 그러나 이런 반응행동이 분명한 목적을 가진 의도적 행동은 아니다. 이 시기의 영아의 행동이 분명한 의도적 행동이 아닌 이유는 특정 목적을 위한 새로운 행동이 아니라 전에 흥미로운 결과가 있었던 행동을 재현하기 때문이다. 즉, 행동의 시작은 일차 순환반응의 우연성에서 시작하여 그 결과가 만족스러웠고, 그 만족스러운 결과를 영아가 다시 느끼려는 목적 아래 실행되는 것으로, 이런 행동은 이미 숙련된 것이다.

이 시기 행동의 주요 특징은 완벽하지는 않지만 유목화, 관계 이해, 대상개념의 발달을 예측할 수 있다는 것이다. 또한 모방행동의 횟수는 증가하나 내용적으로는 일차 순환반응에서 나타나는 모방행동과 비슷하다. 이차 순환반응에서의 주요 행동 특징에 대해 좀 더 구체적으로 살펴보면 다음과 같다.

첫째, 유목화와 관계 이해는 의도적 행동을 위한 전조 행동으로 일차 순환반응의 과정이 생략된(abbreviated) 행동으로 나타난다(Herbert, Sylvia, 1988). 이런 행동은 피아제가 제시한 3가지 동화 유형 중에 인식적 동화에 해당된다. 이 시기에 나타나는 인식적 동화는 영아 자신의 신체적 행동과 그로 인한 결과의 차이를 분석하는 것에서도 찾아볼 수 있다(표 6-2).

〈표 6-2〉 인식적 동화

신체행동의 변화	→	결과	→	관계 인지
발로 모빌 끝에 달린 종을 강하게, 혹은 약하게 차기	→	• 강하게 차기 – 큰 방울 소리 • 약하게 차기 – 작은 방울 소리	→	자신의 신체 움직임에 따라 결과가 다르게 나타나는 차이를 알게 됨

둘째, 대상영속성 개념의 확립을 위한 전조 행동이 나타난다. 이 행동은 이차 순환반응의 특징인 영아 자신에게 습득된 행동이 반복되는 중에 나타난다. 이는 대상영속성에 대한 확실한 이해는 아니지만, 이런 행동은 대상영속성 개념을 습득하는 데 중요한 과정적 행동이다. 대상영속성의 개념을 이해하기 위한 전조 행동은 일차 순환반응에서 시작되어 이차 순환반응에서도 과정적 전조 행동으로 지속된다.

☞ **여기서 잠깐 좀 더 알아봅시다!**

■ **과정적 행동의 구체적 예시**

– 사물의 낙하점 예측

(예) 로렌은 피아제가 상자를 위에서 아래로 빠르게 떨어뜨렸을 때 상자의 낙하지점을 예측하여 상자를 찾았다.

– 사물 없이 반복되는 동작

(예) 영아가 인형 옆에 작은 블록을 잡으려다 놓쳤고, 그 블록은 인형 아래로 숨겨져 보이지 않는데도 불구하고 영아는 블록이 있는 것처럼 블록을 잡으려는 동작을 계속한다.

– 지연 동작: 전에 했던 동작을 다시 시작하는 것은 사물이 여전히 그 자리에 있다는 사실을 기억하는 것

(예) 영아가 모빌의 손잡이를 발로 차다가 그만 두고 엄마와 웃으면서 장난친 후 문득 생각난 것처럼 모빌의 손잡이를 발로 다시 차기 시작한다.

– 사물의 일부분을 보고 사물로 인지

(예) 보자기로 완벽하게 장난감을 가리면 그 장난감이 없다고 생각하나, 보자기 끝에서 장난감의 일부가 보이면 보자기를 치우고 장난감 찾는다.

출처: 김정민 역(2011).

■ **대상 영속성(object permanence)이란?**

– 어떤 사물이 감각 영역을 벗어났다 하더라도 그 사물은 여전히 존재하고 있는 것

(예) 손바닥 위에 동전을 올려놓고 있다가 손바닥을 접어 동전을 가려도 여전히 동전은 손바닥 위에 존재한다.

④ 이차 도식협응(8~12개월, coordination of secondary schemes)

이차 순환반응에서는 획득된 도식의 의도적 특징이 나타나기 시작한다. 이 시기의 영아는 목적을 위해 두 개의 도식을 활용하는데, 하나의 도식을 수단으로 또 다른 하나의 도식은 목적을 이루기 위해 협응하여 사용한다. 사용되는 도식은 새로운 도식을 익혀 협응한 것이 아니라 이전에 학습되었던 도식들이 연합되어 목적을 달성하는 데 활용된 것이다. 도식의 협응이 나타난다는 것은 영아가 직면하는 여러 상황의 관계를 이해하기 시작했다는 증거이다.

이차 도식협응에 속한 영아는 모방이나 대상 영속성에 대한 개념이 한 층 더 발달한다. 이 시기의 영아에게 나타나는 모방행동은 다른 사람에게서 보였던 새로운 행동이다. 즉, 영아의 모방력이 급속하게 향상되어 손 움직임은 물론, 얼굴 표정까지 모방한다. 또한 대상 영속성은 도식의 협응적 행동 덕분에 대상이 사라지면 이전에 긍정적인 결과를 가져왔던 행동을 활용하여 영아 자신이 할 수 있는 노력을 다하고, 그 상황이 복잡하더라도 사라진 대상을 찾아내려고 시도한다(그림 6-1).

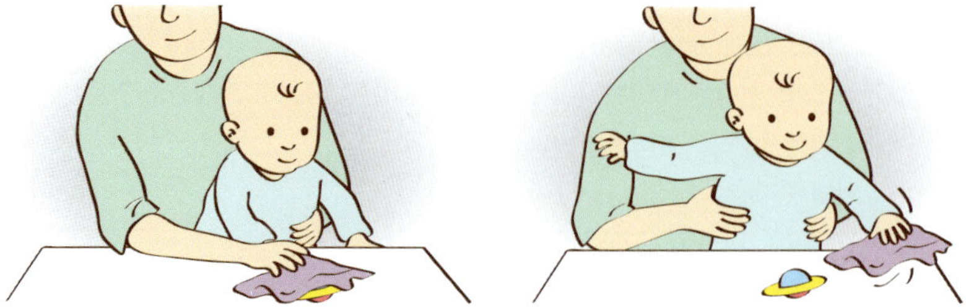

[그림 6-1] 대상영속성

※ [그림 6-1]의 설명

■ **그림**

장난감을 잡을 수 있는 시기의 영아가 지켜보는 중에 장난감을 천으로 가렸다. 영아는 천을 치우고 장난감이 있는지 찾아낸다.

■ **피아제의 딸의 예**

로렌이 성냥갑을 잡으려는 행동을 보이자 피아제는 손으로 가로막았다. 처음에는 로렌이 그것을 무시하려 하거나 넘어서 돌아가려고 애를 썼으나, 며칠 후에는 그녀가 피아제의 손을 치워 성냥갑을 잡는 데 성공했다.

■ **이 실험을 통해 알 수 있는 사실들**

- 이 시기의 영아들은 두 가지의 도식, 즉 치우는 행동과 잡는 행동의 연합이 가능하다는 것
- 이 시기에는 목적을 달성하기 위해 자신이 알고 있는 도식 활용한다는 것
- 공간 관계에 대한 인지 시작: 어떤 대상이 공간적으로 다른 것보다 앞에 위치한다는 사실 이해
- 시간 관계에 대한 인지 시작: 시간적으로 한 사건이 다른 사건보다 앞선다는 사실 이해

⑤ 삼차 순환반응(12~18개월, tertiary circular reactions)

삼차 순환반응에서는 영아는 한 번도 해보지 못했던 새로운 유형의 행동을 발견하는 데 집중한다. 이 시기의 영아는 외부 환경에서 사물의 특성을 발견하는 것을 재미있어 하며, 행동은 하나의 목적을 성취하기 위해 2개 이상의 도식을 활용하는 행동으로 점점 조직화되고 복잡해진다.

이 시기의 영아의 행동을 유심히 살펴보면 특히 인과관계에 대한 탐색적 실험

을 적극적으로 실행하는 것을 관찰할 수 있다. 따라서 이 시기의 영아는 성인의 가르침이 없이도 스스로 학습하며 외부 세계에 대한 선천적인 호기심으로부터 그들의 도식을 발달시킨다. 이 과정에서 영아는 또 한 번의 시행착오를 즐긴다. 이 시기의 시행착오는 앞선 시기에 나타났던 결과에 대한 만족을 획득하기 위해 정확한 행동을 완성하기 위함이 아니라 과학적 탐색을 위한 것이다. 따라서 이 시기의 시행착오는 앞선 시기의 시행착오와는 질적으로 다르다.

삼차 순환반응에서의 모방은 좀 더 체계적이다. 이전에 해보지 못했던 새로운 행동을 모방하는 데 좀 더 익숙해지고, 모방을 위해 자신의 행동을 수정하며 도식을 발달시킨다. 대상 영속성의 개념은 움직이는 대상이 눈에 보일 때는 그 움직임을 정확히 추적하여 대상을 찾으려 하지만, 대상의 움직임이 보이지 않을 때는 추론적 사고가 필요하기 때문에 영아는 대상 찾기를 포기한다.

삼차 순환반응에 있는 영아는 신체적 이동이 자유로워지면서 자신이 접촉하게 되는 모든 환경에 호기심을 가지고 새로운 행동으로 상호작용하려 한다. 이 과정에서 발견하게 되는 새로운 사실을 흥미로워하며 창의적 행동으로 다양한 접근을 시도하는 과학자로서의 면모를 관찰할 수 있다.

⑥ 사고 시작(18~24개월, beginning of thought)

이 시기의 주요 특징은 행동 전에 사고하기, 지연 모방, 감각적 지능이 발달한다는 것이다. 이 시기의 영아에게 나타나는 놀라운 점은 행동하기 전에 긍정적 결과를 이끌어 내기 위하여 내면적 사고를 한 다음에 행동을 한다는 것이다. 영아는 내면적 사고, 즉 내적 표상은 결과에 대한 예측적 사고를 하여 자신의 경험 중 긍정적 결과를 가져온 행동들을 조직하여 새로운 상황에 적응하고 직면한 문제를 성공적으로 해결한다.

이 시기의 지연모방도 내적 표상이 가능해지면서부터 시작된다. 즉, 사라진 모델에 대한 내적 표상으로 지연모방이 나타난다. 이는 이전 모델의 행동이 학습되어 정확한 도식을 만들어 낸 것이다. 이런 과정을 학습전이가 일어났다고 말한다.

이와 같이 사고의 시작 단계에 있는 영아의 행동을 관찰한 피아제는 예리한 통찰력, 개념발달 및 언어발달이 완성되기 이전부터 영아가 지적 행동을 하고 있다고 설명했다. 즉 영아는 우리가 생각하는 것보다 훨씬 일찍부터 필요하거나 문제를 해결해야 할 때 매우 초보적인 수준이긴 하지만 상황에 적응하거나 성공적인 문제해결을 위한 행동을 할 수 있다는 것이다. 따라서 피아제는 이러한 수준의 지능을 감각적 지능이라고 부르고, 이것이 나중에 발달하는 개념적 지능의 기초가 된다고 주장했다(송명자, 2008; 정옥분, 2004).

☞ **여기서 잠깐 좀 더 알아봅시다!**

■ 표상과 전이

- 표상: 현존하지 않는 자극이나 사물을 원래의 자극과 가장 유사하게 시간에 관계없이 재현하는 것
- 전이: 어떤 학습이 그 이후의 다른 학습에 효과를 미치는 것
- 내적 표상: 지각과 기억에 근거하여 의식할 수 있는 것들
  - 물리적 표상: 마음 밖의 물리적 매개물을 통해 대상을 떠 올리는 것
    (예) 일기장, 수학여행, 소풍
  - 정신적 표상: 사람이나 사물에 대한 심리적 관계를 맺는 기본 방법으로 결정하는 마음안의 것
    (예) 사람과 사물을 대하는 행동, 혹은 자세

■ 행동 전 사고하는 피아제의 딸 루시엔느

루시엔느는 피아제가 작은 상자 속에 넣은 구슬을 꺼내려고 애를 쓰기 시작했다. 그녀는 상자를 뒤집거나 구멍으로 손가락을 넣어 보았으나 실패했다. 루시엔느는 갑자기 행동을 멈추었다. 그리고 그녀는 상자를 뚫어지게 바라보고 있다가 자신의 입을 벌렸다 오므렸다를 반복했다. 그리고는 바로 루시엔느는 상자를 열고 그 속의 구슬을 꺼냈다.

■ 지연 모방하는 피아제의 딸 재끄린느

어느 날 재끄린느가 사촌 남자 아이와 함께 놀고 있었다. 그런데 그 아이는 한참 동안 잘 놀다가 갑자기 놀이방에서 나가려고 문을 두드리고 울면서 장난감을 던지며 짜증을 내기 시작했다. 이런 상황을 처음 본 재끄린느는 그 남자 아이의 행동을 신기해 하며 주의깊게 쳐다보았다. 그 후 며칠이 지났다. 재끄린느가 놀이를 싫증내며 장남감을 던지며 울기 시작했다. 그녀의 행동은 며칠 전 사촌 남자 아이가 한 행동과 동일했다.

이상에서 살펴본 바와 같이 감각운동기는 6개의 작은 시기로 구분되어 있고, 시기별로 인지발달 특징에 차이를 보인다는 것을 알 수 있었다. 피아제는 인지발달이 행동에 기초가 되며 개체와 환경 간의 상호작용에 의해서 진행되는 과정이라고 설명했다. 감각운동에 포함된 6시기의 발달적 특징과 모방 및 대상영속성 개념의 확립과정은 〈표 6-3〉에 요약하여 제시한다.

〈표 6-3〉 감각운동기의 6시기 발달적 특징

진행	시기	모방	대상영속성 개념	주요 특징
↓ ↓	반사기			• 무의도적, 본능적 행동 • 기능적 동화 • 동화와 조절의 동시 발생
↓ ↓	일차 순환반응	• 영아 자신이 할 수 있는 행동만 모방	• 전조 행동 출현: 친숙한 사람, 사물에 대한 시각적 응시	• 미미하지만 의도적 행동 • 초보학습 시작 • 감각체계의 조절과 통합 • 일반적 동화
↓ ↓	이차 순환반응	• 모방 빈도 증가 • 내용적으로는 일차 순환반응과 유사	• 대상영속성 개념 습득을 위한 과정적 행동	• 미미하지만 의도적 행동: 이전의 긍정적 결과 행동 재현 • 인식적 동화
↓ ↓	이차 도식 협응	• 다른 사람의 새로운 행동 모방: 손의 움직임, 얼굴 표정 모방	• 습득된 행동 협응으로 사라진 대상 발견	• 복수의 목적적 도식 활용: 도식 1은 수단, 도식 2는 목적으로 2개의 도식 협응
↓ ↓	삼차 순환반응	• 모방을 위해 자신의 도식 수정	• 움직이는 대상 추시 • 움직임이 없는 대상에 대해서는 추시 포기	• 새로운 행동 유형으로 환경 탐색과 적응 • 스스로 학습된 도식 발달 • 조직적이고 복잡한 도식 활용
↓	사고 시작	• 지연 모방 시작	• 대상영속성 개념 완성	• 행동 전 사고 • 감각적 지능

☞ **여기서 잠깐 좀 더 알아봅시다!**

■ 감각운동기의 단계별 행동 특징

- 이차 순환반응: 단일한 결과를 얻기 위한 적절한 단일 행동
  (예) 영아는 장난감 소리를 듣기 위해서 막대 치기를 함
- 이차 도식협응: 하나의 결과를 얻기 위해서 두 가지 분리된 행동의 협응
  (예) 손을 치우고 성냥갑을 잡음 – 치우기와 잡기 협응
- 삼차 순환반응: 다른 결과를 관찰하기 위해 다른 행동, 자발적 행동 시도
- 사고 시작: 사고한 후 행동으로 옮김

(2) 전조작 단계(2~7세, pre-operational stage)

전조작 단계의 아동은 급격한 언어 발달과 상징적 사고와 같은 내적 표상에 의한 사고가 증가하는 시기이다. 그러나 이 단계의 아동은 논리적으로 개념을 조작하는 능력이 아직 충분히 발달하지 못한 상태이다. 이 단계는 전개념기(2~4세)와 직관적 사고기(4~7세)로 구분할 수 있다(김정민, 2011). 전개념기의 아동은 개념 발달을 위해 언어 및 신체를 사용하여 적극적으로 활동한다. 직관적 사고기의 아동은 사물이나 상황에 대한 판단을 직관적으로 한다. 전조작 단계의 아동에게 나타나는 주요 특징은 상징 활동, 직관적 판단, 전이적 추론, 자기중심성, 물활론적 사고, 도덕적 실재론, 꿈의 실재론이다. 이들 각각의 특징에 대해 좀 더 상세히 살펴보기로 한다.

① 상징 활동

전조작 단계에 있는 아동의 놀이를 관찰해 보면 비언어적인 상징행동이 많다. 상징은 구체적 상징과 정신적 상징으로 구분할 수 있다. 구체적 상징은 특정 사물 하나를 다른 사물로 상징화하여 표현하는 것이다. 예를 들어, 아동이 베개를 아기로 생각하여 업고 다니며 어르거나 막대기를 총으로 생각하여 탕탕 소리를 내며 총 쏘는 흉내를 내며 상징놀이를 하는 것이다. 정신적 상징은 시각적 표상

과 청각적 표상으로 구분된다. 시각적 표상의 예를 들자면 거의 대부분의 사람들이 사과를 떠 올리면 동일한 사물로 기억해 내는 것이다. 물론 모든 사람이 떠올린 사과의 모양은 정확하게 일치하지는 않지만 동일한 사물(부사, 홍옥, 핑크레이디 등 사과의 종류는 다를 수 있음)인 사과를 떠올린다. 청각적 표상의 예는 엄마의 목소리나 발소리를 듣고 엄마의 모습을 떠올리는 것이다.

이와 같이 상징적 행동은 전조작기에 급속히 발달하는 언어와 관련이 있으며, 상징 활동의 대부분은 조절에 의해 일어난다. 또한 이 단계의 아동들은 아빠 흉내, 엄마 흉내 등과 같은 역할 놀이를 즐기는데, 이것도 상징 활동에 포함된다. 그러나 이 단계에 있는 아동의 정신은 급속도로 확장되는 과정에 있기 때문에 논리성은 결여되어 있다.

② 전이적 추론

전조작 단계의 아동은 일반적인 유목개념이 아직 발달되어 있지 않다. 그래서 이 시기의 아동은 특정한 사실에서 특정 사실로 이동시키는 전이적 추론을 한다. 예를 들어, 한 아동이 "난 아직 점심밥을 먹지 않았어. 그래서 지금은 오후가 아니야"라고 말했다고 하자. 이 아동에게는 점심밥이라는 사건이 끝나야만 오후가 찾아오는 것이다. 이 아동은 점심밥만이 오후가 되는 기준이 아니라는 것을 아직 알지 못한 것이다.

피아제는 이렇게 나타나는 아동의 발달적 특징 때문에 논리적 사고는 언어발달에 의해 이루어지기보다는 행동에서 비롯된다고 주장한다. 피아제는 인지발달 단계인 감각운동기의 마지막 시기에 있는 유아들은 이미 행동하기 전에 사고한다고 밝히고 있다. 따라서 그는 감각운동기가 아니라 전조작 단계에 들어서면서 언어가 급속하게 발달한다는 사실에서 논리적 사고는 사고 후 행동을 옮기는 감각운동기 말기에 이미 시작되었다고 주장한다.

③ 직관적 판단

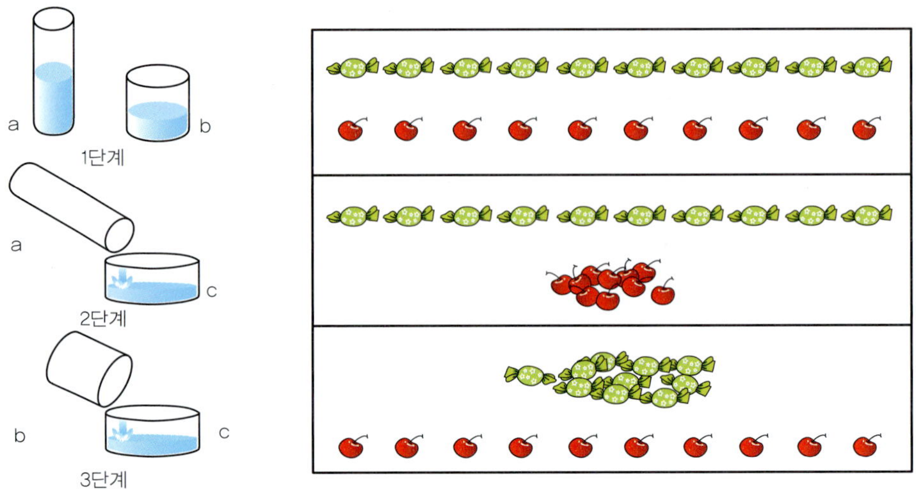

[그림 6-2] 양과 수의 보존 개념

전조작 단계의 아동은 논리적 사고가 아직 발달되지 않아 양이나 수의 보존이나 유목화에 대한 판단을 눈에 보이는 대로 직관적으로 판단한다. [그림 6-2]와 같은 실험에서 이 시기의 아동은 a, b, c 컵에 있는 물의 양과 사탕과 체리의 개수를 비교하도록 하였을 때 자신이 설정한 기준에 따라 많은 양과 개수의 사물을 가르킨다. 이는 무게, 부피에서도 동일하게 나타난다. 이런 실험에 의해 이 시기의 아동은 보존 개념이 아직 확립되지 않아 직관적 판단에 의존하는 것을 알 수 있다.

이 단계에 속한 아동의 직관적 판단은 유목화 실험에서도 알 수 있다. 아동에게 15개가 빨간색이고 2개가 노란색인 총 17개의 레고블록을 제시한다. 아동에게 대부분의 레고블록은 빨간색이고 두 개는 노란색이지만 모든 레고블록은 플락스틱으로 만들어졌음을 알려주었다. 아동에게 충분히 설명한 후에 다음과 같이 질문을 한다. “빨간색 레고가 더 많을까요, 플라스틱 레고가 더 많을까요?” 전조작기 단계의 대부분의 아동은 빨간색 레고가 더 많다고 대답한다. 이 단계의 아동은 색이라는 직관적 판단에 의존하여 레고블록의 다른 성질인 플라스틱이라는 또 다른 성질의 유목화에 대한 사고를 하지 못한 것이다(김정민, 2011).

④ 자기중심성(egocentrism)

전조작 단계에 있는 아동의 특징 중 하나는 자기중심성이 나타난다는 것이다. 이 특징은 피아제의 인지발달에서 자주 인용된다. 자기중심성이란 아동 자신의 조망 및 사고방식을 타인의 것과 구별하지 못하고, 타인도 모두 자신과 동일하게 조망하고 사고한다고 생각하는 것이다. 구체적인 예로는 공간조망에 대한 자기중심성을 들 수 있다. [그림 6-3]에서 아동은 책상 위의 사물을 B 그림처럼 본다. 이 아동에게 마주보고 앉아 있는 사람은 어떻게 보이겠냐고 질문하면 자신과 마찬가지로 B처럼 보인다고 답한다. 그래서 이 단계의 자기중심성은 이기적이라든지 독단적이라는 의미가 아니라는 것을 강조해 둔다.

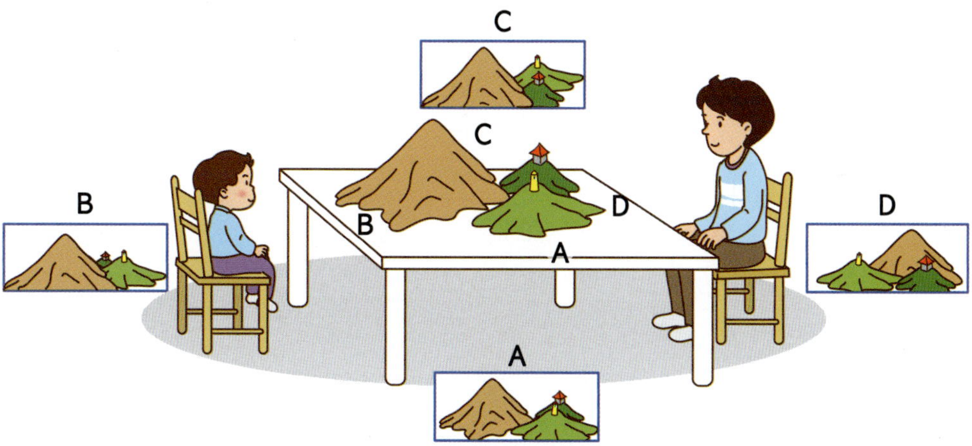

[그림 6-3] 자기중심적 조망

자기중심성은 공간조망과 함께 아동이 사용하는 언어에서도 나타난다. 자기중심성이 보이는 언어에는 반복, 개인적 독백, 집단적 독백으로 그 유형을 구분할 수 있다. 반복은 아동이 들은 말을 모방하여 되풀이하는 것이다. 개인적 독백은 아동 혼자서 중얼거리는 것처럼 계속하여 길게 말하는 것이다. 집단적 독백은 두 명 이상의 아동이 서로 대화를 하는 것처럼 보이는데, 서로 상대 아동의 말을 듣지 않고 자신이 하고 싶은 말하면서 주고 받는 대화라기보다는 각자 대화를 이어간다. 이와 같이 자기중심성은 전조작 단계에 있는 아동의 공간 조망과 언어는 물론 행동과 사고에도 많은 영향을 미친다.

⑤ 물활론적 사고

전조작 단계에 있는 아동의 사고 중 흥미로운 사고는 물활론적 사고이다. 이 단계에 있는 아동은 상징 활동, 자기중심성, 직관적 판단과 같은 사고에 의존하기 때문에 어떤 상황이나 대상에 대한 판단의 오류가 많이 나타난다. 따라서 전조작 단계의 아동은 생물과 무생물 사이의 구별을 성인과 같이 하지 못하고, 활동하는 것은 모두 살아 있는 것으로 여긴다. 물활론적 사고의 변화는 단계별, 그리고 연령에 따라 구분될 수 있다. 그 구분과 특징은 〈표 6-4〉에 있다. 피아제는 물활론적 사고가 전조작 단계에 포함된 4~6세 사이의 아동에게 현저하게 나타난다고 설명했다.

〈표 6-4〉 물활론적 사고의 변화

단계	특징	내용 및 예
1단계 (4~6세)	지배적 사고: '모든 사물은 살아 있다.'	
	물활론 (animism)	• 모든 사물은 살아 있다고 생각 (예) 아동은 사람이 살아 있는 것처럼 태양, 달 등도 살아 있고, 사람이 살아 있다는 것을 아는 것처럼, 태양도 사람이 살아 있다는 것으로 안다고 생각함
	인공론 (artificialism)	• 태양은 자연적 과정으로 생긴 것이 아니라 외부의 대리인이 만들었다고 생각 (예) 아동은 태양을 하나님이 만들었다고 믿음
	관계 (particiration)	• 사람의 활동과 사물의 움직임 간의 관계 지각 (예) 아동은 사람이 살기 때문에 달이 생겨났다고 믿음
2단계 (8~9세)	지배적 사고: '움직이는 것은 모두 살아 있다.'	
	과도기	• 물활론과 인공론은 믿지만 1단계처럼 확고하거나 두드러지지 않음 (예) 태양이 생겨난 것에 대한 설명에 자연 현상을 인용 질문: "태양은 어떻게 생겼을까?" 대답: "당연히 큰 구름이 만들었죠."
3단계 (8~11세)	지배적 사고: '스스로 움직이는 것만 살아 있다.' → '생물만 살아 있다.'	
	사라짐	• 물활론, 인공론, 관계 개념이 없어짐 (예) 태양의 형성을 자연현상의 일부로 설명하거나 학교에서 배운 지식으로 설명하기도 함

출처: 김정민 역(2011).

⑥ 도덕적 실재론과 꿈의 실재론

전조작 단계의 아동은 도덕적 판단과 행동에 대한 규칙이 절대적으로 지켜져야 한다고 믿고 임의적인 변경은 가능하지 않다고 생각한다. 이 시기의 아동에게 규칙이란 지키지 않으면 벌을 받기 때문에 절대적으로 지켜야 하고 변경할 수 없는 것이다. 또한 과실에 대한 정상참작은 고려되지 않고, 과실이 크면 클수록 잘못의 정도가 크다고 판단한다. 즉, 의도보다는 결과에 따른 판단이 지배적이다. 따라서 전조작 단계 아동의 도덕성은 타율적이라 할 수 있다.

전조작 단계의 아동은 자신이 지난 밤에 꾼 꿈이 실제로 일어난 것이라고 생각한다. 그래서 이 시기의 아동에게는 자신의 꿈에 나타났던 사람들도 꿈의 상황을 알고 있다고 확신한다. 그러나 6, 7세경이 된 아동은 꿈의 성질을 이해하게 된다.

(3) 구체적 조작 단계(7~11세, concrete operations stage)

피아제가 제시한 발달단계 중의 하나인 구체적 조작 단계는 세 번째 단계이며, 해당 아동의 연령은 7~11세이다. 이 단계에 속한 아동은 대부분이 초등학교에 입학하여 학령기 시절을 보낸다. 이 단계의 아동은 자기중심성에서 벗어나며 가역성 원리에 의하여 보존개념이 획득된다. 또한 인과관계에 대한 일련의 추리적 사고, 과학적인 사고, 문제해결이 가능하게 된다. 이 단계의 아동에게서 나타나는 특징인 보존개념의 획득, 탈중심성, 자율적 도덕, 연관성의 이해에 대하여 좀 더 자세히 살펴보기로 한다.

① 보존개념의 획득

구체적 조작 단계의 아동은 동일성, 상보성과 보상, 가역성의 원리에 의해 보존개념이 획득된다. 동일성의 원리는 처음의 양(수, 부피, 무게, 길이)에서 어떤 것도 추가하거나 빼지 않으면 그 양(수, 부피, 무게, 길이)은 동일하다는 것이다. 상보성과 보상 원리는 서로 모자란 부분을 보충하는 관계에 있는 성질이다. 가역성의 원리는 한 번 바뀐 상태를 원래 상태로 되돌리면 그 양(수, 부피, 무게, 길이)이 동일하다는 것이다.

② 탈중심성

구체적 조작기의 아동은 성인과의 상호작용, 또래와의 상호작용을 통해 자아중심성에서 벗어나 탈중심성 사고를 한다. 또래와의 관계에서 사람들 간에 나타날 수 있는 서로 다른 관점을 이해하고 예측할 수 있게 된다. 또한, 또래관계에서는 다른 아동들의 권위에 억압당하지 않고, 친구끼리의 갈등상태를 그리 심각하게 생각하지 않는다. 이 단계의 아동은 또래들과의 싸움도 많이 하지만 금방 화해하고, 어떤 문제와 과제를 해결할 때 타협과 협동도 잘 이루어진다.

아동의 탈중심성 획득은 타인의 조망을 수용하는 것이다. 그리고 타인을 향한 언어구사는 물론 대화의 상호성에 의한 의사소통도 가능하게 된다.

③ 자율적 도덕성

구체적 조작 단계의 아동은 규칙이 바뀔 수 있고, 규칙은 사람들이 만들기 때문에 사람들의 합의하에 유지된다는 사실을 알게 된다. 이런 사실을 알게 된 아동은 게임이나 놀이를 하는 동안 서로의 합의하에 규칙을 여러 번 변경하기도 한다.

아동은 성장하면서 부모와의 수직적 관계에서 친구들과의 수평적 관계를 형성하면서 대등한 위치에서 친구들을 바라볼 기회를 얻는다. 이런 경험에 의해 아동은 누군가를 향한 일방적인 존중이 아니라, 서로 상호존중하는 관계를 형성하려 한다. 이 단계의 아동은 더 이상 규칙은 위에서부터 정해서 내려온 절대적인 것이 아니라 서로를 위한 약속이라는 것을 알게 된다.

④ 연관성의 이해

구체적 조작 단계의 아동은 서열 관계를 이해하게 되어 분류 능력과 사물 간의 관계에 대한 이해가 발달한다. 피아제는 서열화란 대상의 크기, 무게, 밝기와 같은 여러 특성의 양적 차원에 따라 차례로 나열하는 능력이라고 설명했다. 그리고 분류는 대상과 대상 간의 공통점과 차이점 및 관계성을 이해하며 발달하는 능력이다.

(4) 형식적 조작 단계(11~15세, formal operational stage)

형식적 조작 단계에서는 사춘기가 시작되면서 신체적 변화와 더불어 사고에도 중요한 변화가 일어난다. 이 단계에 있는 아동은 추상적이고 논리적인 사고가 가능해지고, 새로운 상황에 적응하기 위하여 과거는 물론 현재의 경험을 활용한다. 이 단계의 발달은 사회에 대한 도덕과 정치적 가치를 형성시키고, 철학적 사고를 통한 세상의 많은 문제들을 이해하여 해결하고자 한다. 또한 타인의 사고과정을 좀 더 이해하고 타인의 문제에도 관심을 두어 함께 고민하며 해결방법을 찾으려 노력한다.

① 추상적 사고와 상징적 추론

이 시기의 아동은 현실세계를 넘어 추상적으로 사고할 수 있게 된다. 여기서 추상적이란, 말로 표현하기 힘들고 이유를 설명하기도 힘들며, 구체적 사물을 통한 실제적 증거를 제시할 수 없는 것을 의미한다(예: 의리, 사랑, 우정). 반면에 구체적이란, 사물을 통하여 증거를 제시하기 쉽고 말로 설명하기 쉬운 것들이다(예: 책상, 의자, 연필, 공책 등).

또한 이 단계의 아동은 추상적 사고의 발달과 더불어 상징적 추론이 발달한다. 상징적 추론을 통해 가설이 세워지고, 그 가설을 증명하기 위하여 체계적으로 검증한다. 이런 일련의 과정으로 추상적인 개념을 사용하여 여러 가지 문제나 상황을 일반화할 수 있게 된다.

② 조합적 사고

형식적 조작 단계에 있는 아동은 특정 문제나 상황에서 중요한 사실과 개념을 면밀하게 고려하여 문제 해결을 하고자 하는 조합적 사고 능력이 발달한다. 즉, 이는 어떤 특정 문제에 직면했을 때 아동이 할 수 있는 모든 가능한 해결 방법을 논리적으로 조합하여 결국 문제를 해결할 수 있게 되는 사고를 의미한다.

> ☞ **여기서 잠만 좀 더 알아봅시다!**
>
> **[문제]** 서로 다른 4가지 색의 물감과 특정 색의 물감 ×를 혼합하여 노란색을 만들어 보시오.
>
> **[준비]** 1. a, b, c, d의 번호가 붙은 용기에 4가지의 물감을 담아 두기
> 2. 1과 구별된 다른 용기에 × 물감을 담아 두기
>
> **[결과]** 1. 전조작기 아동: 체계 없이 마구 섞어 보기만 함
> 2. 구체적 조작기 아동: × 용기에 a, b, c, d의 순서로 혼합해 보지만 노란색이 나오지 않자 다른 방법을 사용하지 않은 채 포기함
> ※힌트 주기: 3가지 색을 혼합해 볼 것을 권유 → 이때부터 체계 없이 혼합하다가 포기
> 3. 형식적 조작기 아동: 모든 가능성을 생각하여 체계적으로 물감을 혼합하여 문제를 해결함

위에 제시된 조합적 사고의 예시처럼 이 시기의 아동은 처음에는 ×색의 물감에 4가지 색의 물감 중 한 가지 색을 차례로 섞어 본다. 그래도 노란색이 나오지 않자 다음에는 ×색 물감에 두 가지 물감을, 그리고 그 다음에는 세 가지 물감을 체계적으로 섞는 조합적 방법을 활용하여 문제를 해결하였다. 이 과정에서 아동은 누락된 순열이나 조합이 없는지 면밀히 검토하면서 가능한 모든 조합을 적용하였다. 이와 같이 한 문제에 대해 마치 과학자처럼 모든 가능한 순열과 조합을 활용하여 체계적으로 조작할 수 있는 능력은 조합적 사고에서 비롯된다.

③ 연역적 사고

연역적 사고란 일반적 사실이나 원리에서 출발하여 특정한 사실이나 원리를 이끌어 내는 사고이다. 연역적 사고는 구체적 경험이 없는 사고에서 시작되기 때문에 사고의 근거가 되는 특정 대상의 특징을 찾아내어 결론을 이끌어 낸다. 따라서 연역적 사고는 구체적 사실에서 결론을 내리는 귀납적 사고와는 대립되는 사고이다. 연역적 사고의 대표적인 방법은 '만일에 ~이면 ~이다(A=B, B=C 이면, A=C 이다)'라는 삼단논법이다. 형식적 조작 단계에 있는 아동의 사고는 귀납적 사고에서 연역적 사고로 발달한다. 따라서 이 시기의 아동은 문제해결을 위해 가설을 세우고 가설의 근거가 되는 사실을 발견하여 검증하는 과정을 거쳐 결론

을 내릴 수 있게 된다.

④ 이상향의 개념 및 가설적 사회

형식적 조작 단계의 아동은 자신의 미래에 대한 생각과 더불어 자신과 관련된 많은 것에 대한 이상향을 꿈꾼다. 이러한 과정에서 아동은 새롭게 형성된 인지적 능력에 의해서 한층 더 발전된 이상향의 개념을 갖게 되는 것이다.

또한 이 단계의 아동은 자유, 정의, 사랑과 같은 추상적 이념에 대하여 생각하며 현재의 실제 사회와는 아주 다른 가설적 사회에 대하여 계획하기도 한다. 가설적 사회는 이상향의 발달과 함께 변화한다.

〈표 6-5〉 피아제의 인지 발달 단계의 특징 변화

특징	감각운동기	전조작기	구체적 조작기	형식적 조작기
대상 인지	• 외부 환경의 대상 인지 • 대상영속성 완성	• 내면적 상징 활동에 의한 행동이나 대상 인지 • 전이적 추론	• 추론된 사실 인지	• 상징적 추론
행동 지향	• 활동 지향적 행동 • 결과 지향적 행동 • 반사 기초적 행동	• 결과보다는 인식되는 대상에 관한 지식 그 자체에 집중된 행동 • 현재의 상태에만 주의를 기울인 행동	• 모든 측면의 고려 및 정보에 주의를 기울인 행동 • 원래의 상태와 변화 과정을 함께 고려한 행동	• 이상향과 가설적 사회를 위한 행동
타인과의 관계	• 비소통적	• 언어와 추상적 상징 사용에 의한 의사소통 • 자기 중심적	• 탈중심화	• 상호적 의사소통
사고	• 행동하기 전에 사고 시작	• 직관적 사고	• 상보성과 반전의 논리 중 하나에 의존한 가역적 사고 가능 • 현실성에 기초한 사고 • 경험적, 귀납적 사고 • 명제 내 사고	• 상보성과 반전의 논거를 통합한 가역적 사고 가능 • 가상성에 기초한 사고 • 가설적, 연역적 사고 • 명제적 사고 • 조합적 사고

이상에서 살펴본 바와 같이 피아제의 인지발달의 4단계는 각각의 발달 특징을 보이며 단계에 따라 그 특징이 변화한다는 사실을 알 수 있었다. 각 단계별 특징의 변화는 〈표 6-5〉와 같다.

(5) 피아제의 인지발달 이론의 교육적 시사점

피아제가 인지발달에 대하여 연구했던 당시에는 교육 현장에 큰 관심을 두지 않았다. 피아제의 인지발달에 대한 연구 결과가 발표된 후 많은 교육자들은 피아제의 인지발달이론이 교육현장에서 중요하게 활용될 수 있음을 강조하여 실질적으로 교육현장에 적용하도록 권유하였다(Gross, R. 1966). 이러한 주장은 피아제의 인지발달이론이 교육 현장에 미치는 영향력이 매우 큼을 증명하는 것이다. 피아제의 인지발달이론이 갖는 교육적 시사점은 다음과 같다.

첫째, 교육의 주체로서 과거에는 아동을 수동적으로 보는 입장에서 능동적이고 주체적인 역할을 강조하며 현대 아동중심교육을 시작할 수 있는 사상적 기초가 되었다.

둘째, 아동은 미숙한 존재가 아니라 성인과는 다른 사고체계를 가지고 있음을 밝혀내었다. 즉 아동은 성인과는 다르게 세상을 이해하며, 이런 이해 방식이 성장하면서 변화하는데, 피아제는 그 특징을 인지발달 단계로 나누어 구체적으로 제시하였다. 따라서 피아제의 인지발달이론은 아동의 사고체계를 밝힘으로써 교육적 접근에 있어서 적절한 내용과 방법을 모색하는 데 기초가 되었다.

셋째, 피아제는 후속 연구를 통해 동일 발달단계에 있는 아동일지라도 나타나는 발달 속도의 개인차를 인정하였다. 피아제가 모든 아동이 같은 속도로 발달한다고 주장하지는 않았지만, 그렇다고 발달 속도의 차이를 언급한 적도 없었다. 이 관점은 추후 피아제의 후속 연구를 통해 개인차가 있음을 제시하는 계기가 되었다.

넷째, 아동의 인지 발달은 인지적 갈등을 해결하기 위하여 다양한 환경의 경험을 제공해야 한다고 강조했다. 이는 교육 환경의 재구성에 대한 중요성을 깨닫게 하는 중요한 계기가 되었다.

다섯째, 피아제는 교육의 목표를 유아의 지식에 대한 양적 증가보다는 사고(=이해)의 틀을 확장시키는 데 두어야 한다고 강조하였다. 이는 교육현장의 실천적 입장에서 교육 목적의 방향을 수립하는 데 중요한 영향을 미쳤다고 할 수 있다.

2. 비고츠키의 사회 · 문화적 인지발달

비고츠키는 인지발달에 중요한 영향력을 미치는 요인으로 사회 · 문화적 영향을 강조하였다. 비고츠키는 특히 성인이나 우수한 또래와의 상호작용이 아동의 잠재적 발달 수준을 향상시켜 학습을 유도하고, 아동의 인지를 발달시킨다고 주장하였다.

비고츠키의 사회 · 문화적 인지발달이라는 이론의 틀은 다음과 같다. 첫째, 아동은 능동적이고 자발적으로 지식을 구성한다. 둘째, 아동의 인지발달은 사회 · 문화적 맥락 안에서 형성된다. 셋째, 모든 학습은 발달을 이끌어 낸다. 넷째, 언어적 매개는 인지발달을 촉진하는 핵심적 역할을 담당한다. 비고츠키는 인지발달을 이끌어 내기 위해 활용되는 지원 전략으로 근접발달영역을 제시한다.

비고츠키
(Lev Semenovich Vygotsky, 1896~1934)

- 구소련의 심리학자
- 1925년, 예술 심리학으로 박사학위 취득
- 1924~1934년: 모스크바 실험심리연구소에서 연구 활동
- 비고츠키의 저서는 1953년 스탈린이 사망하기까지 출판이 금지됨
- 1960년대: 비고츠키의 『Thought and Language』가 영어로 번역됨
- 구성주의 측면에서는 비고츠키의 이론은 사회적 구성주의로 불림
- 대표 저서: 『사회 속의 정신-고등심리과정의 발달』, 『사고와 언어, 심리학의 위기』

1) 사회 · 문화적 맥락의 의미

비고츠키는 아동의 인지발달이 아동 자신의 사회 · 문화에서 공유되는 지식이 반영된 것으로 어른, 또래, 교사, 이웃 등과 같은 타인과의 상호작용을 통해 발달한다고 설명하였다. 인간은 원래 사회적 동물이기 때문에 비고츠키가 말하는 사회 · 문화적 맥락은 생각보다 복잡하지 않다. 다만 아동의 인지발달에 사회 · 문화적 맥락의 영향력은 매우 크고 중요하다는 것이 비고츠키의 이론이다.

교육 현장에서의 비고츠키의 사회 · 문화적 맥락의 접근 방법은 학급의 학습자들을 공동체로 조직하는 것이다. 학급 전체, 혹은 학급에서 몇몇 그룹으로 조직하여 공동체를 형성하고 의미 있는 활동에 함께 참여하게 하는 것이다. 이런 과정에서 나타나는 새로운 개념이나 상황, 문제의 이해나 해결을 위해 또래와 교사들의 상호 의존성이 학교 경험의 핵심이 되었다면 비고츠키의 이론을 충분히 적용한 것이라 할 수 있다. 이상에서 살펴본 바와 같이 비고츠키는 인간의 고등정신 기능이 개인의 내부에서 발생하기보다는 사회 · 문화적 맥락 안에서 타인과의 상호작용을 통하여 발달되는 것으로 보았다.

2) 근접발달영역(the zone of proximal development, ZPD)

(1) ZPD의 개념

비고츠키는 표준화된 지능검사와 다양한 성취도 검사의 활용에 의한 발달과 교육에 대한 관점을 거부하며 그 대안으로 ZPD를 제시했다. ZPD는 아동이 혼자서는 해결할 수 없는 문제나 과제를 자신보다 좀 더 능력 있는 사람의 도움을 받아 해결할 수 있는 능력 간의 차이를 나타내는 영역이다. 즉 아동의 실제 발달 수준과 잠재되어 있는 발달 수준 사이의 간격을 의미한다. 그래서 ZPD는 학습과 발달적 측면에서 역동적이면서 민감한 영역이다(김미숙, 오종숙, 2006).

비고츠키의 ZPD에는 두 가지의 특징이 있다. 그 특징 중 하나는 아동 개개인에 따라 ZPD의 범위가 다르다는 것이고, 또 다른 하나의 특징은 아동 개인의 인지 능력에 따라 최상의 수준과 최하의 수준이 다르다는 것이다(김양희, 이영환, 1991). 이런 특징 때문에 개개인에 따른 ZPD의 범위 설정과 아동이 흥미를 가지고 과제를 잘 수행할 수 있는 적절한 수준을 결정해야 한다. 또한 ZPD 범위 안에서 도움의 정도, 간격 등의 결정도 세심하게 계획되어야 한다.

비고츠키의 인지발달이론은 교육이 ZPD 안에서의 경험을 제공하여 아동의 발달을 지원하는 것을 강조한다. 또한 비고츠키는 아동의 발달 정도에 따른 정확한 평가를 위해서 발달 중인 능력에서 아직 발달되지 않았지만 발달과정의 능력, 미래의 발달 능력까지 평가하여 ZPD를 결정하는 것을 권유한다. ZPD 안에서 인지발달을 이끌어 내기 위해 상황 정의(situation definition), 상호 주관성(intersubjectivity), 기호의 매개(semiotic mediation)에 대한 개념을 이해하는 것은 매우 중요하다. ZPD 이해를 위한 3가지 개념의 정의는 〈표 6-6〉에 제시한다.

〈표 6-6〉 ZPD 이해를 위한 3가지 개념

개념	정의
상황 정의	• 특정 상황 혹은 맥락에서 나타나는 표상을 적용하기 위한 공동체를 형성하고 있는 사람들에 의해 내려진 정의
상호 주관성	• 동일한 상황 정의를 공유하는 대화자 간의 주관적 세계의 상호 영향력 • 개개인마다 서로 다르게 구조화된 주관적 경험의 세계들이 상호작용 속에서 새롭게 재구성 • 서로의 존재 인정
기호의 매개	• 상호 주관적 상황 정의 형성에는 기호 매개가 반드시 필요함 • 대표적 기호 매개는 언어

출처: 오종숙(2016).

(2) ZPD의 4단계

비고츠키가 제시한 ZPD는 아동의 현재 수준보다 앞선 수준의 특정 문제나 과제를 해결하기 위해 아동보다 유능한 사람이 도와주는 것으로 아동의 현재 수준과 발달 가능한 잠재 수준의 차이를 나타내는 틈이 벌어진 영역이다. 특정 아동 개인이 어떤 문제 혹은 과제에 대한 수행능력이 발달한다고 하는 것은 자기조절 능력이 증가되는 것으로 다른 사람의 도움은 처음보다 점점 덜 필요로 하게 되는 것이다. ZPD에서 도움이 필요한 수준에서 혼자서 할 수 있는 수준으로 이동하는 단계를 구분해 보면 다음의 네 단계로 설명된다(Gallimore & Tharp, 1990).

첫 번째 단계는, 아동보다 좀 더 유능한 사람의 도움을 전적으로 받아 과제를 해결한다. 이때 아동에게 필요한 타인의 도움의 종류와 양은 주어진 과제의 성격과 아동의 연령에 따라 달라진다. 예를 들면, 교사가 먼저 시범을 보이고 아동이 따라하는 데 도움이 되는 단계이다.

두 번째 단계는, 아동이 자기 스스로 자신의 과제를 해결하기 위해 자신을 도와주는 단계이다. 이 단계의 아동은 주어진 과제에 대한 일반화나 자동화는 완전하게 형성되지 않고, 자기 지시적 말로 자기 조절이 나타나는 단계이다.

세 번째 단계는, 과제 수행에 필요한 능력이 내면화, 자동화, 화석화되어 과제 수행이 원활해지면서 통합화가 이루어진다. 이 단계에서 현재의 ZPD에서 빠져 나오고, 다른 사람이나 자기 자신의 도움이 더 이상 필요하지 않게 된다.

네 번째 단계는, 과제 수행이 탈자동화되어 다음 ZPD로 회귀되는 단계이다.

비고츠키의 사회 · 문화적 맥락에서 발달하는 아동의 정신기능의 변화는 사회적 측면에서 개인적 측면으로, 개인 간에서 개인 내로 사회적 조절(social regulation)에서 자기 조절(self regulation)로 이동되며 고등정신 기능이 발달한다 (Vygotsky, 1978).

3) 비계설정(scaffolding)

비고츠키는 아동의 사회적 그리고 심리적 세계 간의 관련성을 강조한다. 이런 관련성 안에서 활용되는 언어와 같은 기호 매개는 어른과 아동, 유능한 또래 아동과 아동 간의 상호작용에 효과적으로 활용되어 아동의 인지발달을 이끌어 낸다. 즉 우리가 생각하는 것보다 교육을 통한 학습은 아동의 인지 발달을 훨씬 더 앞당길 수 있다는 것이다.

비고츠키는 이런 과정을 위한 구체적인 교수방법으로 ZPD 안에서의 적절한 비계설정을 통해 가능하다고 주장한다. 비계설정은 사실 비고츠키가 제안한 개념이 아니라 우드(Wood) 등에 의해 소개된 용어로 교수-학습을 위해 성인이 아동과 상호작용하는 중에 적절하게 조절된 도움을 제공하는 의미가 포함된 은유적 표현이다(오종숙, 2016). 비계설정의 구성 요소와 목표, 그리고 특징은 〈표 6-7〉과 같다. 교육현장에서 교사는 비계설정에 의해 과제의 난이도는 물론 도움의 양을 조절해야 하고, 질문과 토론, 협동학습과 같은 교수학습전략으로 아동이 자기조절 능력이 증진되도록 노력해야 한다.

☞ **여기서 잠깐 좀 더 알아봅시다!**

■ **비계설정에 포함된 구체적 방법들의 예시**

- 언어적 매개인 대화 활용하기
- 도움의 양이나 내용 결정은 성인이 일방적으로 내리는 것이 아니라 아동과의 상호작용 속에서 결정하기
- 아동이 문제 해결을 수행하는 동안 성인은 아동을 관찰하기
- 공동 활동 동안에 일어나는 교수행동과 아동반응 분류하기
- 공동 활동을 통해 해결했던 과제와 유사한 과제를 완수하는 아동의 행동을 관찰하기
- 아동의 과제 성취와 행동 살펴보기
- 비계구성 요소 중 긍정적, 부정적 아동의 행동이나 성취에 관련된 요소 조사하기
- 모델링과 질문하기
- 사고 과정에서 언어적 표현으로 바꾸어 소리 내면서 사고하기

〈표 6-7〉 비계설정의 구성 요소, 목표, 특징

구성 요소	• 공동의 문제 해결 – 흥미 있고 의미 있는 문화적 공동의 문제를 해결하기 위해 아동이 누군가와 함께 상호작용하며 공동의 문제를 이해하고 해결하고자 노력하는 것 • 상호 주관성 – 특정 문제에 대한 서로의 주관적 관점을 이해하고 공통된 이해 관점을 형성하는 것 • 따뜻함과 반응 – 과제나 문제에 집중하여 해결하려는 아동의 행동에 대한 성인의 따뜻한 반응 • 언어 매개 – 언어를 매개로 한 지원으로 거리 두기 전략 사용
목표	• 아동이 자신의 ZPD 안에서 과제의 해결과 자기조절에 대한 능력 증진
특징	• 아동이 어려워하는 과제에 대하여 이전에 제공했던 도움보다 더 구체적인 도움 제공 • '점차 도움을 주지 않기'와 '최소한의 도움 제공하기'로 이동 (예) 말 대신 시범 보이기 → 언어적 힌트를 제공하고 아동이 언어적 힌트를 이해함 → 아동의 행동을 관찰함 → 아동이 과제 수행을 어려워하지 않음 → 아동이 혼자의 능력으로 과제 수행

4) 정신기능의 변화

비고츠키가 제시하는 인지발달이론에서 제시된 ZPD와 비계설정에서 가장 중요하게 여긴 것은 아동의 잠재능력을 고려한 지원 방법이다. 비고츠키는 어린 아동들에게는 기억, 주의, 지각, 사고와 같은 인지 능력이 초등정신 기능의 형태로 나타나며, 이런 초등정신 기능이 성장하면서 고등정신기능으로 변화하는 과정에 대하여 연구하였다.

비고츠키는 그 연구 결과를 다음과 같이 설명하였다. 자연적 발달인 성숙은 초등정신 기능을 갖게 하며 사회적 · 문화적 맥락은 초등정신 기능을 고등정신 기능으로 발달시킨다고 설명하였다. 비코츠키는 개개인의 고등정신 기능이 어떻게 발달하는가에 대하여 우선 개개인이 속한 사회 · 문화의 역사를 알아야 한다는 기본 가정을 제시했다. 그는 인지의 사회적 차원은 일차적인 것이며, 개인적 차원은 이차적으로 파생한 것으로 고등정신 기능의 사회적 근거를 강조하며 '개인 간 정신 기능'이 '개인 내 정신기능'에 강력한 영향을 준다고 지적했다(한순미, 1999).

이와 같이 비고츠키의 인지발달이론에 의한 정신 기능의 변화를 살펴보면, 아동의 고등정신 기능은 다른 사람과 상호작용으로 발달하는 것으로 고등정신 기능의 내면화는 타인과의 상호작용에서 비롯된다는 것을 알 수 있다(Vygotsky, 1978). 비고츠키의 이런 주장은 인간은 그 누구도 독립적이며 획일적인 존재일 수 없고, 사회 · 문화적 맥락 안에서 관계를 맺음으로써 일어나는 이해를 바탕으로 하는 포스트모더니즘 철학과도 일맥상통한다(김성곤, 1988).

제3부

정보처리

CHAPTER 7

감 각

인간이 마주하는 환경과 상호작용하기 위해서는 무수히 많은 자극을 수용해야 한다. 감각기관은 인간이 환경과의 상호작용을 위해 자극을 처음으로 받아들이는 곳이다. 그래서 감각은 자극을 수용하는 초벌기관이며, 이 기관에는 눈, 코, 귀, 혀, 피부가 있다. 이 장에서는 감각이란 무엇인지에 대하여 먼저 살펴보고, 시각, 청각, 피부감각, 미각, 후각의 순서대로 그 특징을 알아보기로 한다.

1. 감각이란?

인간은 외부 환경에서 오는 자극을 처음으로 보고, 듣고, 만져보고, 맛보고, 냄새 맡기라는 경험으로 수용한다. 인간의 주변에 있는 무수히 많은 다양한 유형의 자극들은 우리가 인지하지 못하는 사이에도 끊임없이 발생하고 사라진다. 그렇다면 인간이 어떻게 이런 경험들을 성공적으로 수용하는 것일까? 환경으로부터의 모든 자극은 그들만의 특성에 적합한 인간의 수용기, 즉 감각기관을 통해 들어온다. 인간의 감각기관은 시각, 청각, 피부감각, 미각, 후각이 있으며 신체 부위로는 눈, 귀, 피부, 혀, 코이다. 눈, 귀, 코, 혀는 인간 신체의 특정한 부분에서 수용되기 때문에 특수감각이라 하고, 피부는 체성감각이라 한다. 감각기관의 주요 특징은 다음과 같다.

첫 번째, 감각기관이 자극을 처음으로 수용하는 초벌기관이다. 감각기관에 문제가 생기면 자극을 수용하는 데 어려움을 겪게 되어 인지, 학습, 기억 등과 같은 또 다른 능력에 중요한 영향을 미치게 된다.

두 번째, 시각, 청각, 피부감각, 미각, 후각의 각각 자극 요소는 물론 자극을 수용하는 방법과 양, 그리고 기능도 다르다. 모든 자극 중 약 80~85%의 자극을 시각에서 수용하며, 10~15%는 청각에서, 나머지는 피부감각, 미각, 후각에서 수용한다. 시각, 청각, 후각은 자극과 감각기관 사이에 일정한 거리를 두고 자극을 수용하며, 피부감각과 미각은 자극이 감각기관에 접촉되어 수용된다.

세 번째, 감각기관은 인간이 환경과 상호작용하여 환경에 적응하면서 진화된다. 감각기관의 진화적 특징은 특히 생존을 위해 잘 사용하는 동물의 감각기관에서 잘 드러난다. 예를 들어, 새는 시각, 야행성 동물은 청각이 다른 감각에 비해 훨씬 더 뛰어나게 발달되어 있다.

네 번째, 감각은 서로 상호보완적 관계이면서 각각 독립적으로 그 능력을 발휘한다. 인간에게 감각은 자극을 수용하는 첫 단계로서, 이들 감각 중 하나라도 장애가 있으면 자극 수용이 어려워진다. 따라서 어떤 감각기관에 장애가 있을 경우 장애가 없는 다른 감각기관을 통한 자극 수용으로 다양한 환경에 적응해야 한다. 그러나 분명한 것은 감각기관의 장애 정도나 두 종류 이상의 감각기관의 손상은 환경과의 상호작용에 직접적인 어려움을 미치는 요인이 될 수 있다는 점이다.

2. 시각

시각은 인간의 다른 모든 감각을 합친 것보다 훨씬 더 많은 자극을 수용한다. 시각의 이런 능력은 정보(자극)를 수용하는 데 수많은 시각적 자료를 활용하고 있음은 물론 시각적 자료를 통하여 많은 정보를 제공한다는 의미가 내포되어 있다. 또한 시각은 다른 감각과는 달리 눈으로 본 자극을 언어로 즉시 표현할 수 있게 한다. 자극을 수용하는 즉시 언어표현이 가능하다는 것은 인간의 사고활동에 직접적인 영향을 미치는 감각이라고 바꾸어 말할 수 있다.

이와 같이 시각의 주요 특징인 일련의 과정에 대한 즉시성은 인체의 구조적 설명으로 이해를 도울 수 있다. 최현석(2009)은 눈의 구조인 망막이 신경계와 직접 연결되어 있는데, 이는 피부의 일부가 변형하여 발달되는 뇌와 연결된 감각과는 다르게 시각은 뇌의 일부가 피부로 돌출되어 형성된 것이라고 구조적으로 잘 설명한다.

1) 시각의 형성 과정

시각의 자극은 빛이다. 빛은 각막을 통해 일련의 시각 기관을 거쳐 망막에서 맺히면서 시각 경험을 하게 된다. 좀 더 구체적으로 설명하면, 빛은 눈의 앞부분에 있는 각막을 통해 동공을 통과하여 투명한 수정체에서 초점을 맞추고, 망막에서 위아래가 바뀐 대상의 영상이 맺히게 된다. 이 영상은 시교차를 거쳐 시각을 담당하는 대뇌피질을 거쳐 해석되고 기억된다.

특정 대상이 빛에 노출되면 그 대상은 일정한 파장의 빛을 흡수하고 나머지는 반사되는데, 인간이 시각에서 경험하는 빛은 반사된 것이다. 시각이 빛에 반응할 수 있는 영역을 가시영역이라고 한다. 가시영역은 인간의 눈에 보이는 전자기파의 영역을 의미한다. 일반적으로 인간의 눈에서 감지되는 가시영역은 대략 380nm에서 770nm 사이이다. 가시영역 내의 서로 다른 파장은 다양한 색깔로 나타나며 빨간색은 700~610nm로 파장이 가장 길고, 보라색은 450~400nm로 파장이 가장 짧다.

빛이 동공을 통과하여 수정체를 거쳐 망막에 맺히면 광수용기에 의해 부호화된다. 시각에는 간상체와 추상체라는 광수용기가 있다. 현미경으로 관찰한 추상체는 원뿔모양으로 약 6백만 개가 있으며, 간상체는 막대 모양으로 약 1억 개 정도가 분포되어 있다. 간상체와 추상체의 역할은 〈표 7-1〉과 같다.

〈표 7-1〉 광수용기의 역할

광수용기	빛 반응 정도	색 감지	집중분포영역	모양
간상체	• 빛에 대한 민감도 매우 높음 • 약한 빛 감지 • 야간 시 담당	• 회색조 감지 • 명암 판단	중심와의 주변부	
추상체	• 많은 양의 빛 감지 • 주간 시 담당	• 유채색 감지 • 파랑, 노랑, 빨강 파장에 민감	중심와	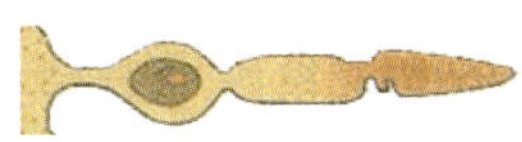

망막에 있는 광수용기의 행동적 증거로 퍼킨제 현상(Purkinje phenomenon)과 암순응 현상을 들 수 있다. 퍼킨제 현상은 빛의 양이 많은 밝은 곳에서는 빨강, 노랑, 주황 등 장파장의 색감이 더 선명하게 보이고, 빛의 양이 적은 어두운 곳에서는 청록, 파랑 등 단파장의 색감이 더 선명하게 보이는 현상이다. 따라서 밝은 곳에서 어두운 곳으로 이동하면 잘 보이던 빨간색이 선명해지지 않고, 청록색이 더 잘 보이는 색이 된다. 이런 현상은 광수용기가 밝은 곳에서는 빨간색에 민감한 추상체가 작용하고, 어두운 곳에서는 청록색에 민감한 간상체가 작용하는 것으로 망막의 이중 광수용기에 대한 기능을 설명해 주는 것이다. 암순응 현상은 어두운 곳, 즉 빛 강도가 낮은 환경에서 망막이 순응하는 현상이다. 예를 들어 영화관 같이 어두운 곳에 들어 갔을 때 처음에는 보이지 않던 사물들이 시간이 지남에 따라 차차 보이기 시작한다. 즉, 이는 어두운 곳에

서는 처음에 추상체가 주로 작용하지만 시간이 흐르면서 점점 어두운 곳에 민감한 간상체의 작용으로 이동하는 것이다(강영희, 2008).

2) 시각의 구조와 시각중추 경로

눈의 해부학적 구조는 공막, 맥락막, 망막의 세 가지의 층을 기준으로 설명할 수 있다. 공막은 각막을 포함하는 가장 바깥쪽에 위치하고 있으며 흰색을 띠고 있고, 눈의 모양을 유지해 준다. 맥락막은 공막과 망막 사이에 위치하고 있으며, 홍채, 섬모체의 조직이 연결되어 있고, 많은 혈관을 통해 영양과 산소를 공급해 준다. 홍채로 동공이 형성되며, 홍채 뒤에는 수정체가 있다. 눈의 가장 안쪽에 있는 망막에는 빛이 맺히는 장소인 중심와가 있다. 망막에는 간상체와 추상체라는 광수용세포가 분포되어 있고, 중심와 부분에는 특히 추상체가 집중되어 있다. 망막에 분포된 광수용 세포는 시신경원판을 거쳐 뇌와 연결된다. 이곳에는 광수용세포가 분포되어 있지 않아 빛을 감지할 수 없어 맹점이라고 부른다(그림 7-1).

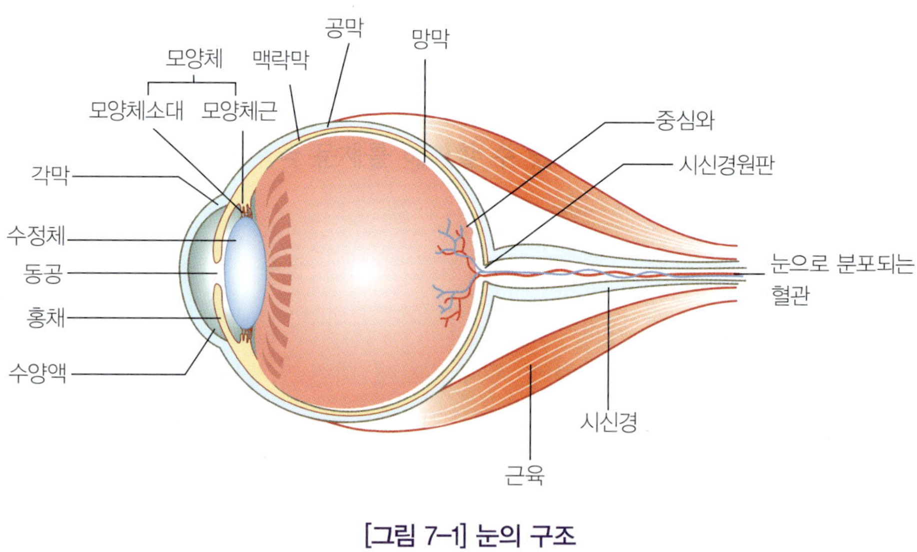

[그림 7-1] 눈의 구조

눈은 앞과 뒤로 구분할 수 있다. 눈의 앞은 밖으로 드러난 각막, 홍채, 동공 수정체로 구성된 눈동자와 섬모체와 공막(흰자위)의 일부분이 있다. 눈의 뒤쪽은 감추어져 있어 보이지 않는 부분으로 망막, 맥락막, 공막, 시신경, 혈관 등이 있다. 눈의 전체에서 앞부분이 1/3, 뒷부분이 2/3를 차지한다.

시각의 중추 경로는 망막에서 대뇌의 시각을 담당하는 피질까지 정보가 전달되는 일련의 과정을 의미한다. 그 경로는 망막에서 시신경을 거친 후 시각 정보의 반은 시교차가 되어 서로 반대쪽의 외측슬상핵에, 그리고 나머지 반은 동측 외측슬상핵을 통해 후두엽의 일차 시각피질에 도달하여 시각 정보를 수용하고 분석한다(그림 7-2).

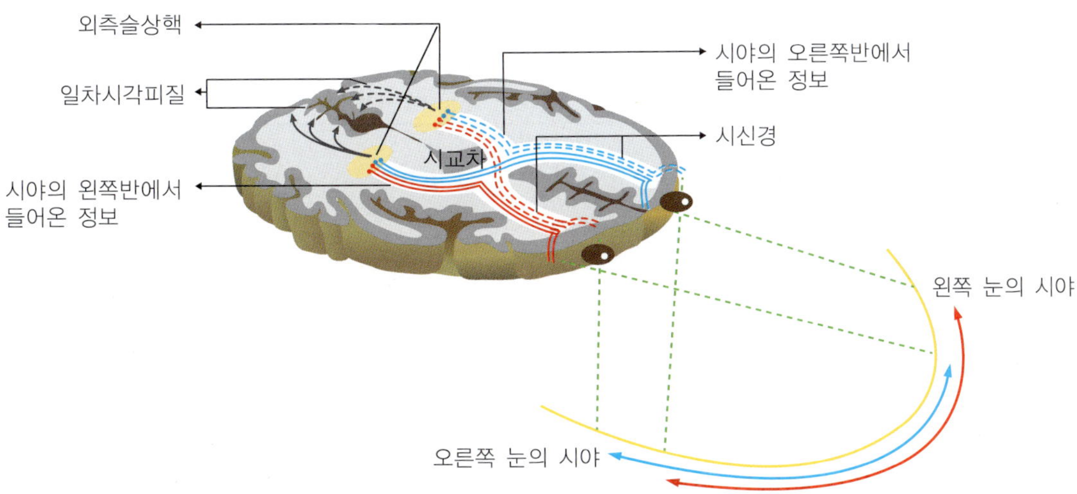

[그림 7-2] 시각의 중추 경로

3) 시각과 색

이 세상의 모든 사물은 빛을 받아 형형색색으로 옷을 갈아입는다. 빛은 세상의 사물에 어떤 방법으로 색을 입혀 놓을까? 인간은 이런 다양한 색을 어떻게 인지하고 구별할까? 이런 의문은 빛을 과학적으로 분석하여 설명하고, 인간의 감각기관인 시각과 중추신경계의 대뇌피질의 작용을 이해하는 것으로 해결된다.

빛은 비교적 파장이 짧은 전자기파로 사물이 이 빛을 흡수하거나 반사하여 색을 나타낸다. 전자기파에는 적외선, 가시광선, 자외선, X선 등이 있다(그림 7-3). 인간은 가시광선으로 색을 인지한다. 가시광선 자체가 색을 나타내지 않지만 프리즘을 통하여 장파장의 빨간색에서부터 단파장인 보라색까지 연속적인 색의 스펙트럼을 만들어 낸다.

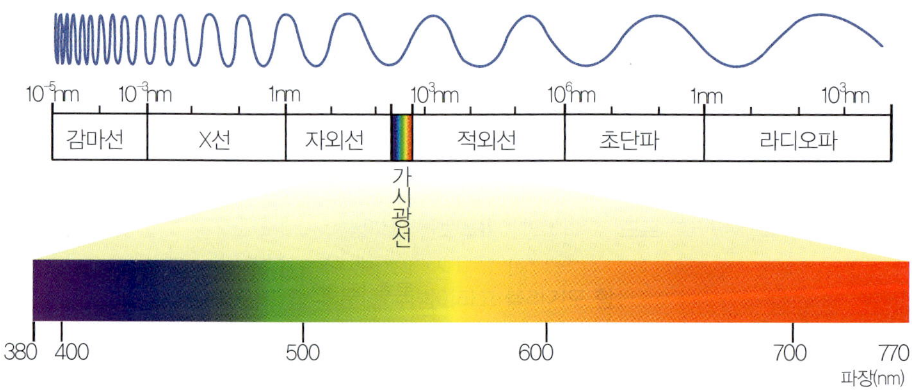

[그림 7-3] 전자기파와 가시광선

인간은 이렇게 빛에 의해 만들어진 색을 눈에서 수용하고 뇌에서 인지한다. 즉, 눈은 사물에서 반사된 빛의 특정 파장을 수용하여 뇌로 전달하고, 뇌는 색으로 인지한다. 따라서 색은 빛과 사물에서의 빛의 반사, 수용할 수 있는 눈, 인지할 수 있는 뇌에 의하여 구별된다(최현석, 2009). 시각적 정보를 분석하는 일차 시각피질에서는 거대세포계와 소세포계라는 두 종류의 세포군이 있는데, 이 중에서 소세포계가 색을 분석하고 인지하는 역할을 담당한다.

빛은 빨강, 초록, 파랑이라는 삼원색으로 구성되어 있고, 색은 진홍색, 하늘색, 노란색의 삼원색으로 구성되어 있다(그림 7-4). 빛의 삼원색, 혹은 색의 삼원색이 겹쳐지면 다양한 색을 만들 수 있다. 빛의 삼원색을 모두 동일한 비율로 혼합하면 할수록 점점 밝아지면서 흰색이 되는데, 이를 가산혼합이라고 한다. 반면에 색의 삼원색을 모두 동일한 비율로 혼합하면 할수록 어두워지면서 검정색이 되는데, 이를 감산혼합이라고 한다.

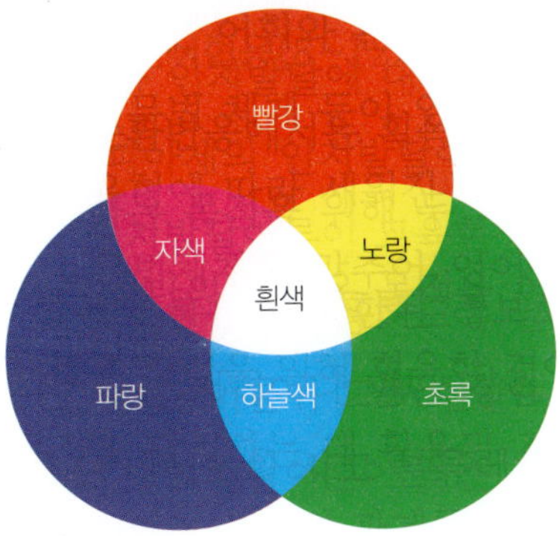

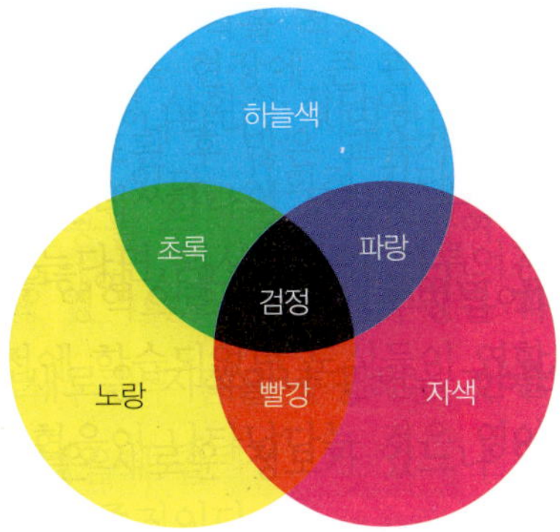

[그림 7-4] 빛과 색의 삼원색

감산혼합과 가산혼합을 직접 경험해 보고 싶다면 다음과 같이 실험을 해 보면 경험할 수 있다. 우선 감산혼합은 [그림 7-4]와 같이 세 개의 원을 겹쳐지게 그리고, 크레파스나 물감으로 색의 삼원색을 칠하면 [그림 7-4]와 같은 색깔이 나타날 것이다. 가산혼합에 대한 실생활의 경험은 텔레비전을 활용하여 확인할 수 있다. 텔레비전 화면은 매우 좁은 간격으로 빛의 삼원색이 빨강, 파랑, 초록이 십자형으로 배열되어 있어, 이 세 가지 색이 동시에 같은 세기로 나타나게 되면 흰색으로 보인다.

색은 색상, 명도, 채도라는 3가지 성질이 있다. 색상은 프리즘을 통하여 나누어진 다양한 색깔을 의미하고, 명도는 색의 밝고 어두운 정도를 의미한다. 색이 밝을수록 명도가 높고, 색이 어두울수록 명도가 낮다(그림 7-5). 명도의 예로 흰색은 명도 10, 검정색은 명도 0이다. 채도는 색의 선명도, 즉 색의 맑고 탁한 정도를 말한다(그림 7-5). 서로 다른 색이 섞이지 않으면 채도가 높아지고, 서로 다른 색이 섞이면 채도가 낮아진다. 채도가 가장 높은 색을 순색이라고 한다.

〔색의 명도〕

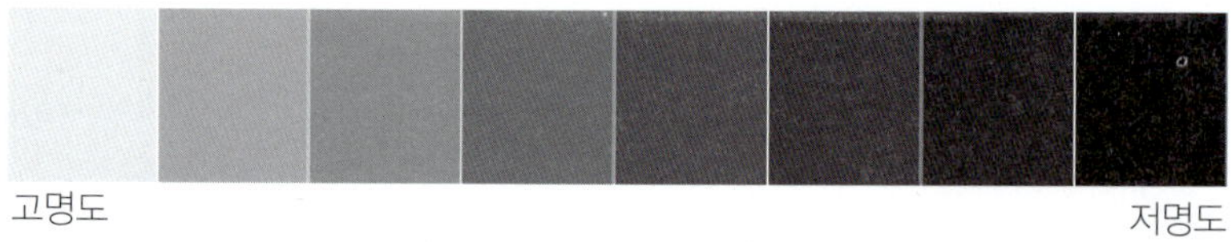

〔색의 채도〕

[그림 7-5] 색의 명도와 채도

인간의 색채 지각에 대한 이론은 영(Youg)-헬름홀츠(Helumholz)의 삼원색론과 헤링(Hering)의 반대색론, 맥니콜(McNichol)의 혼합설이 있다. 영-헬름홀츠의 삼원색론은 기본이 되는 빨강, 파랑, 노랑의 세 가지 색으로 모든 색을 만들어 낼 수 있다는 것이다. 이 이론을 통해 혼합색과 색각 이상을 설명할 수 있지만 잔상과 동시 대비는 설명하지 못했다. 헤링의 반대색론은 빨강과 초록, 파랑과 노랑 등과 같이 대립되는 색의 활동으로 결정된다는 이론이다. 좀 더 구체적으로 설명하면 망막에 빛이 맺힌 어떤 색에는 흥분하고 또 다른 어떤 색에는 억제하여 특정 색을 지각한다는 것이다. 이 이론으로 색의 대비와 잔상효과가 설명된다. 맥니콜 연구팀은 삼원색론과 반대색론을 모두 받아들여 새로운 색채 지각을 제시하였다. 그들은 헬름홀츠의 주장대로 망막의 광수용기에 의한 삼원색설과 헤링의 이론인 대뇌에서 분석되는 반대색론이라는 두 가지의 이론으로 색채 지각 과정을 설명했다(색채용어사전, 2007; 실험심리학용어사전, 2008).

☞ 여기서 잠깐 좀 더 알아봅시다!

■ 색각 이상이란?

– 망막의 추상체가 선천적 혹은 후천적 손상이나 기능 이상으로 색을 정상적으로 구분하지 못하는 현상
– 색약: 적, 녹, 청 세 개의 추상체 중에서 하나의 추상체의 기능이 불완전한 것
– 색맹: 2개의 추상체밖에 없는 것을 색맹이라고 하나, 실제로는 색약과 색맹을 구별하기 곤란하여 아래에 제시된 표의 분류를 많이 사용

이상 삼색형 색각	이색형 색각	단색형 색각
적색약(제일색약)	적색맹(제일색맹)	완전 색맹
녹색약(제이색약)	녹색맹(제이색맹)	단 추상체 완전 색맹
청색약(제삼색약)	청색맹(제삼색맹)	
3가지 추상체는 모두 있지만 그 중 하나의 추상체만 이상	두 가지의 추상체만 존재	추상체가 없거나 하나의 추상체만 존재

출처: 국가건강정보포털 의학정보 http://health.cdc.go.kr/health/Main.do; 용어사전, 2007; 실험심리학용어사전, 2008.

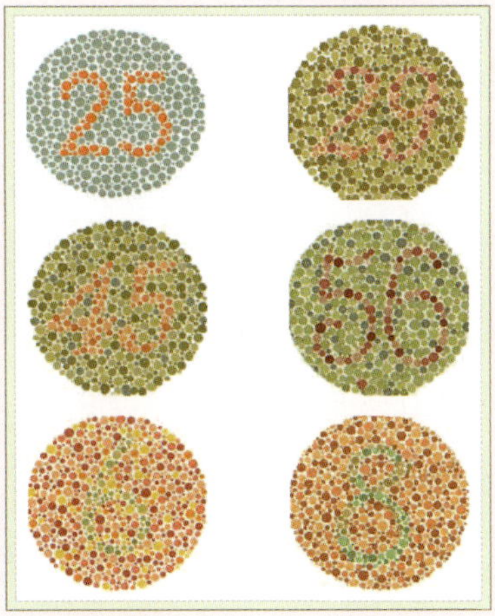

3. 청각

청각은 소리를 수용하는 감각기관으로, 귀에서 담당한다. 청각은 시각 다음으로 두 번째로 많은 자극을 수용하는 감각이고 어두운 곳에서도 자극에 대한 정보를 파악할 수 있는 기관이다. 시각이 정보를 합성하는 감각기관이라면, 청각은 정보를 분석하는 감각기관이다. 청각의 자극은 소리이고, 소리는 공기의 압력으로 생기는 음파가 귀의 고막에 전달되는 진동이다. 이 진동은 내이의 청신경을 거쳐 뇌로 전달되어 인지된다.

1) 청각의 구조와 소리의 전달 경로

귀는 크게 외이, 중이, 내이로 구성된다. 귓바퀴에서 모아진 소리는 외이도를 거쳐 고막을 통과하면 추골, 침골, 등골을 순서대로 지나 난원창을 통과하여 와우관에 도달한다. 와우관에는 청수용기세포인 유모세포가 있는데, 이 유모세포는 청신경과 연결되어 있어 전달된 소리를 뇌로 전달한다. 인간은 이 과정을 통해 소리를 경험하게 된다. 귀의 구조는 [그림 7-6]과 같다. 소리의 전달 경로는 〈표 7-2〉와 같다.

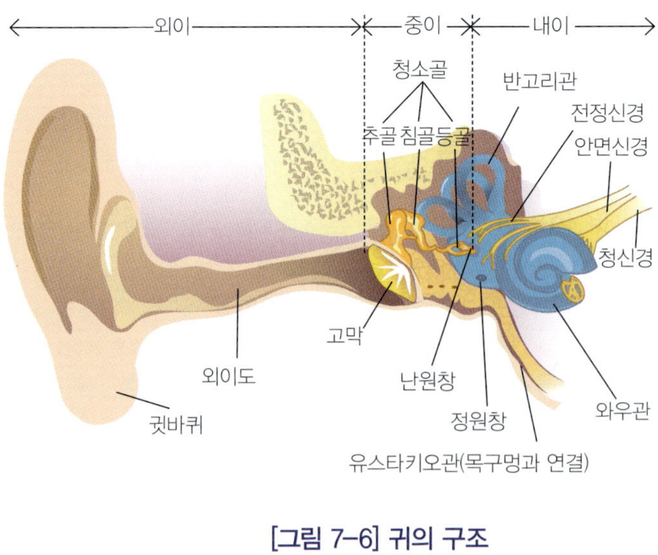

[그림 7-6] 귀의 구조

〈표 7-2〉 귀의 구조, 특징 및 소리 전달 경로

3영역	하위 구조	특징	경로
외이	귀바퀴 (이륜, 이개, 이수)	• 머리 바깥에 보이는 부분 • 소리를 모아 외이도로 전달	↓
	외이도	• 완만한 S자형 관 • 소리 이동 통로 • 이물질이 들어오는 것을 막음	↓ ↓
중이	고막	• 얇은 막 • 소리에 의해 진동 • 외이와 중이의 경계	↓
	침골	• 침골, 추골, 등골을 모두 묶어 청소골(=이소골)이라고 부름 • 진동을 증폭시켜 내이로 전달	↓
	추골		↓
	등골		
내이	난원창	• 중이와 내이의 경계	↓
	와우관	• 림프액이 있음 • 청각세포인 유모세포로 소리 자극을 수용	↓
	청신경	• 와우관에서 전달된 정보를 뇌에 전달	↓
	전정기관	• 구형낭: 수직방향의 움직임 감지 • 난형낭: 수평방향의 움직임 감지 • 세반고리관: 몸의 회전 움직임 감지	↓
	전정신경	• 전정기관에서 전달된 정보를 뇌에 전달	↓

2) 소리의 요소

일반적으로 소리는 음파의 성질에 따라 크기, 높이, 음색이라는 3요소로 구분된다. 소리의 높이를 음고라고 말하고 주파수에 따라 소리의 높고 낮음을 나타내며, 단위는 Hz(헤르츠)를 사용한다. 소리의 크기는 음량이라고 말하고, 음파의 진폭에 따라 소리의 크기가 커지고 작아지며, 단위는 dB(데시벨)로 표시한다. 음색은 파형의 모양에 따라 음이 맑게, 혹은 탁하게 들린다.

dB은 소리의 상대적인 크기를 나타내는 보편적인 단위이다. 생활에서 발생하는 소리는 그 크기에 따라 dB로 측정되는데, 경우에 따라 그 소리가 인간에게 불편함을 느끼게 하는 소음이 되기도 한다. 생활에서 발생하는 소리 크기는 〈표 7-3〉과 같다.

Hz는 진동수를 나타내는 단위로 1Hz는 1초에 한 번, 50Hz는 1초에 50번의 진동이 왕복 운동으로 반복된다. 인간의 가청 주파수는 20Hz에서 20,000Hz 사이이다(최상복, 2004). 인간은 진동수가 20,000Hz가 넘으면 들을 수가 없는데, 이를 초음파라고 한다. 초음파는 박쥐, 쥐, 돌고래와 같은 동물들이 들을 수 있다.

음색은 서로 다른 소리를 구분되는 색깔이다. 익숙한 목소리의 사람이 나를 부르면 그 사람을 보지 않고도 누구인지 알 수 있는데, 이는 음색의 역할 때문이다. 또한 다양한 악기 소리의 구분을 할 수 있는 것은 소리의 음색이 서로 다르기 때문이다.

〈표 7-3〉 생활에서 발생하는 소리의 dB

dB	생활 소리	dB	생활 소리
10	보통의 호흡음	90	소음이 심한 공장 내부
20	시계 초침	100	기차가 지나가는 순간, 지하철 열차 안, 전기톱 소리
30	속삭이는 소리	110	자동차 경적 소리
50	조용한 레스토랑	120	비행기 이착륙 소리, 프로펠러 소리
60	일상 대화	140	총소리
70	전화벨 소리	150	제트기 엔진 소리
80	진공청소기	180	우주 로켓

3) 청각과 구어

인간의 언어는 듣기로 시작하여 말하기, 읽기, 쓰기의 순서로 발달한다. 이 발달단계에서 듣기와 말하기는 구어로 묶을 수 있다. 청각은 인간의 생애주기 중 아주 일찍부터 발달한다. 청각은 출생 후 1개월이 되면 큰소리에 민감하게 반응하고, 4개월이 되면 익숙한 목소리에 웃음으로 반응을 보인다. 그리고 4개월에서 6, 7개월 사이에 모음 소리로 옹알이를 시작한다. 이 시기에는 모든 나라의 소리를 낼 수 있지만, 자신이 속한 환경의 소리에 의해 자신에게 필요한 모국어 체계를 형성하기 시작한다. 이런 구어적 발달 체계에서 소리 자극은 모국어 체계를 형성하게 하는 데 중요한 역할을 담당한다고 할 수 있다.

이와 같이 청각의 발달은 구어체계를 완성하는 데 중요한 역할을 담당한다. 그러나 청각에 문제가 있는 신생아는 소리 자극을 들을 수 없기 때문에 구어발달에 문제가 된다. 청각장애를 가진 신생아도 옹알이를 해야 할 시기에 옹알이가 나타나지만, 그 후 모국어 체계가 형성되지 않는 것을 보면 소리 자극의 수용은 구어발달에 직접적인 관련성이 있음을 알 수 있다.

4) 평형감각

인간의 신체 평형을 담당하는 기관은 전정기관이다. 전정기관은 청각 기관의 내이에 속해 있다. 평균대를 걷거나, 신체의 회전 및 기울기를 감지하는 것은 모두 전정기관에서 담당하고, 전정기관에서 담당하는 감각을 평형감각(equilibrium), 혹은 균형(balance)감각이라고 한다.

평형감각을 담당하는 전정기관은 전정계와 반고리관으로 구별된다. 전정계는 구형낭(둥근주머니)과 난형낭(타원주머니)으로, 반고리관은 세 개의 반고리관으로 구분되어 있다(그림 7-7). 각 기관에서 담당하는 평형감각은 〈표 7-4〉와 같다.

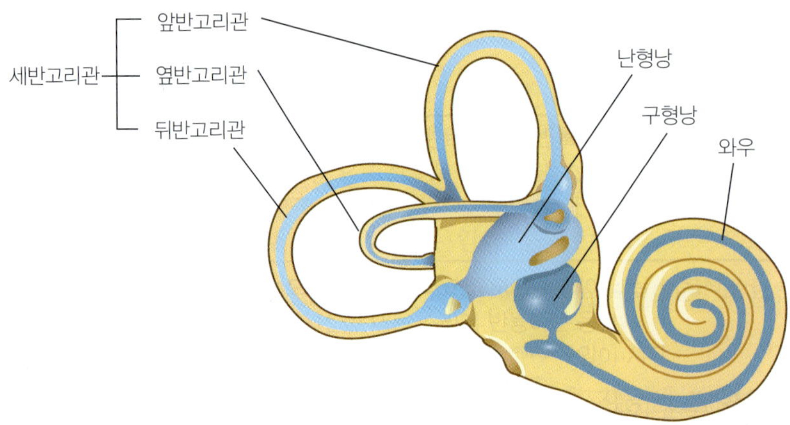

[그림 7-7] 전정기관

〈표 7-4〉 전정기관의 기능

<table>
<tr><th colspan="2">전정기관</th><th colspan="2">기능</th></tr>
<tr><td colspan="2">구형낭</td><td colspan="2">수직 방향의 움직임 감지</td></tr>
<tr><td colspan="2">난형낭</td><td colspan="2">수평 방향의 움직임 감지</td></tr>
<tr><td rowspan="3">세반
고리관</td><td>앞반고리관</td><td>전 · 후 회전</td><td rowspan="3">• 신체의 회전 및 가속 감지
• 3차원 공간의 모든 운동 방향과 가속 감지</td></tr>
<tr><td>뒤반고리관</td><td>상 · 하 회전</td></tr>
<tr><td>옆반고리관</td><td>수평회전</td></tr>
</table>

머리가 움직이면 두 개의 귀에 있는 전정기관에 수용되는 정보의 양은 서로 다르지만 뇌에서 그 차이를 계산하여 움직임의 방향과 속도, 회전 정도를 인지한다(최현석, 2009). 전정기관에서 전달된 평형감각에 대한 정보는 전정신경을 통해 뇌에 전달된다.

4. 피부감각

인간 신체의 모든 부분은 피부로 덮여 있고, 이들 피부에는 다양한 감각수용기가 포함되어 있다. 피부감각은 접촉, 진동, 압력과 같은 물리적 힘에 의해 느낄 수 있는 기계감각, 아프다는 느낌을 통해 생존에 대한 위험의 정도를 뇌로 전달해 주는 통증감각, 차가움과 뜨거움을 구별하는 온도감각으로 구분할 수 있다.

피부는 바깥쪽에 있는 상피와 그 아래에 위치한 진피, 그리고 가장 안쪽에 있는 피하조직으로 구분할 수 있다. 진피는 환경으로부터 오는 무수히 많은 자극과 세균으로부터 우리의 몸을 보호한다. 진피는 피부의 탄력을 유지하고 모세혈관을 통해 영양과 산소를 공급한다. 피하조직은 지방세포로 구성되어 있어 체온 유지와 충격을 완화하는 역할을 담당한다.

피부감각은 다른 감각과 더불어 모든 움직임과 생존에 중요한 역할을 담당한다. 특히 통증과 같은 감각은 생명에 위험을 알려주는 매우 중요한 감각이고, 발바닥을 통한 균형 잡기나 필기도구를 활용하여 쓸 수 있는 기능에도 중요한 영향을 미친다.

1) 피부감각 수용기

피부로부터 전해오는 감각을 수용하려는 세포는 피부 전체에 골고루 퍼져 있다. 피부감각 수용기는 종류에 따라 반응속도나 역할이 서로 다르다. 피부감각수용기 각각의 다양한 역할은 인간에게 다양한 느낌을 전달해 준다(표 7-5).

〈표 7-5〉 피부감각 수용기

종류	자극	수용기	위치
기계감각	접촉	메르켈원판	피부의 가장 바깥쪽, 표피
		마이스너소체	피부의 가장 안쪽, 진피
	압력	파치니소체	피부의 중간, 진피
		마이스너소체	피부의 가장 안쪽, 진피
통증감각	아픔	자유신경종말	피부의 가장 바깥쪽, 표피
온도감각	차가움	크라우제소체	피부의 중간층, 진피
	뜨거움	라피니소체	피부의 중간층, 진피

촉각을 담당하는 기계 감각의 수용기는 메르켈원판, 마이스너소체, 파치니소체, 자유신경종말 등이 있다(그림 7-8). 압력이나 접촉에 의한 기계감각은 각각의 자극에 대한 순응이 빠름과 늦음으로 구별되지만, 이러한 구분이 정확하다고는 말하기는 어렵다(강영희, 2008). 메르켈원판은 손가락 끝, 입술 등과 같은 피부의 가장 바깥층에 분포하며 느리게 적응하기 때문에 동일 자극이 지속하여 반복되어도 동일 반응이 나타난다. 이와는 반대로 파치니소체는 피부의 제일 안쪽에 위치해 있어 적응이 가장 빠르며 변화하는 자극의 강도에 민감하다(최현석, 2009).

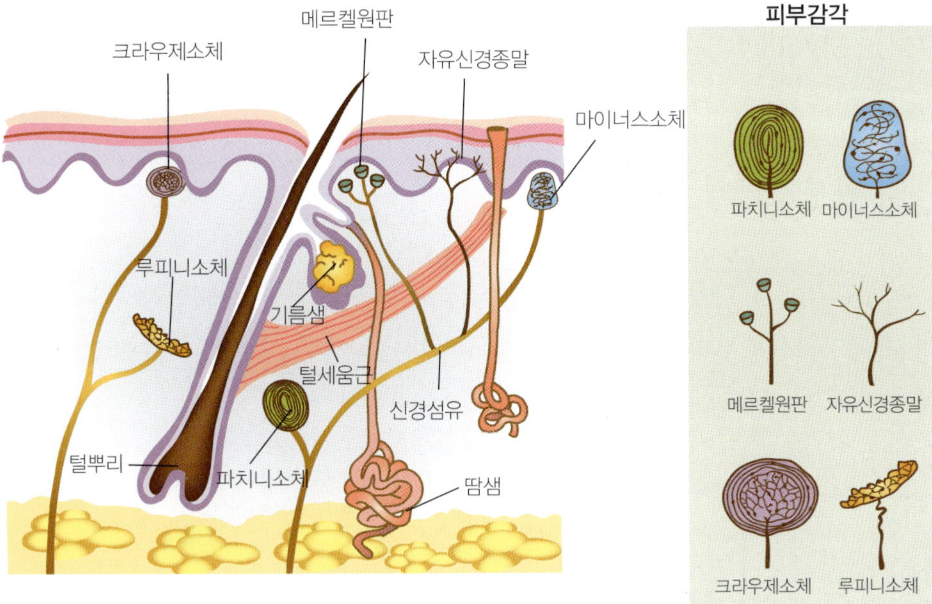

[그림 7-8] 피부감각의 구조와 피부 수용기

통증감각은 신체 내부와 외부에서 아픔을 알려주는 신호역할을 담당한다. 통증은 신체의 모든 부위에서 느낄 수 있으며 아픔이라는 자극이 없어질 때까지 지속된다. 장시간 계속되거나 심한 통증은 일상생활이 힘겨워지고 우울증과 같은 정서적 문제를 동반할 수 있다. 통증감각 수용기는 피부의 모든 곳에 널리 분포하고, 지각신경은 자유종말에서 담당한다. 이런 통증감각 수용기는 피부의 바깥층에 있어 외부의 자극에 따라 서로 다른 순응 정도를 나타낸다. 예를 들어 코카인과 같은 약물은 통증감각을 제일 먼저 사라지게 하지만 산소가 결핍된 경우에는 통증감각이 맨 나중에 없어진다.

온도감각은 뜨거움에 대한 감각수용기로 라피니소체, 차가움에 대한 수용기로 크라우제소체가 있다. 차가움을 느끼는 감각수용기가 뜨거움을 느끼는 감각수용기보다 피부에 더 많이 분포되어 있다. 인간에게 가장 적정한 온도는

28~34℃이고 42℃ 이상이면 뜨거움에 대한 통증을 느끼고, 15℃ 이하이면 차가움에 대한 고통을 느낀다. 따라서 인간의 피부는 15℃에서 42℃ 사이라는 좁은 온도범위에서 고통을 느끼지 않고 살아갈 수 있다.

2) 피부감각의 특이성

피부감각에서 나타나는 특이한 성질은 신체의 내외자극에 민감하게 반응하여 유해자극으로부터 신체를 보호해 준다는 것이다. 피부감각에 대한 특이성을 정리하면 다음과 같다.

첫째, 자극과 수용기와의 관계이다. 뜨거운 바늘로 차가움을 느끼는 수용기를 자극하면 어떻게 느낄까? 이 경우에는 뜨거움보다는 차가움을 느끼는 수용기가 우선 반응하여 차가움을 느끼게 된다. 이런 결과는 자극이 받아들이는 감각수용기에 의해 결정됨을 알 수 있게 해주는 증거라고 할 수 있다.

둘째, 통증감각은 중추신경계에 의해 통제된다. 아이들이 즐겁게 놀고 있는 놀이터를 상상해 보자. 한 아이가 신나게 놀다가 넘어져서 무릎을 다쳤다. 그 아이는 분명히 아플텐데 신기하게도 다친 무릎을 한번 쓱 보고 다시 친구들과 놀이에 집중한다. 친구들과의 즐거운 놀이를 다 끝내고 집으로 돌아가 현관문을 여는 순간 무릎에 통증을 느낀 그 아이는 "엄마, 나 여기 다쳤어요! 매우 아파요!"라고 외친다. 그 아이는 즐거운 놀이 중에는 다친 상처로 인한 통증을 지각하지 못하다가 즐거운 놀이가 끝나자마자 그 통증을 지각한 것이다. 이 아이는 놀이 중에는 왜 다친 무릎이 아프지 않았을까? 놀이 중에는 중추신경계에서 즐거움을 담당하는 엔돌핀이 많이 생성되어 통증감각을 완화시키는 일종의 진정제 역할을 담당한 것이다.

셋째, 가려움과 간지러움이 서로 다른 피부감각에서 지각된다. 가려움은 일반적으로 통증감각에 의해 지각되고, 간지럼은 기계감각 중 압력에 의해 느끼게 된다. 가려움이 일시적이지 않고 만성화되면 통증을 넘어서 고통스러워진다. 반면에 간지러움은 기계감각 중 연속적으로 반복되는 압력의 자극에 의해 느껴지는 것이다. 인간이 간지러움을 잘 느끼는 곳은 발바닥과 겨드랑이이다.

5. 미각

인간에게 먹는 즐거움은 살아가는 중요한 이유가 되기도 한다. 먹는 즐거움은 배부름에서 오는 편안함과 더불어 맛을 느낄 수 있는 미각에 의해 한층 더 고조된다. 미각은 고체나 액체로 된 화학물질이 미각수용기에 접촉되어 느끼게 된다.

1) 미각의 종류와 수용기

미각에서 수용되는 자극은 단맛, 짠맛, 신맛, 쓴맛으로 그 종류를 구분한다. 미각의 이런 구분은 아리스토텔레스의 『영혼론』이라는 책에서 기술되면서 시작되었다. 이렇게 구분된 4가지의 맛은 각각의 미뢰수용기에서 받아들인다. 미각 수용기인 미뢰는 혀의 유두와 구강 안의 피부에 분포되어 있다. 일반적으로 혀의 끝부분에서 단맛, 혀의 양쪽 옆 부분에서는 신맛, 혀의 안쪽 부분은 쓴맛, 혀 전체에서는 짠맛에 민감하게 반응하는 미뢰가 있다.

미각은 음식이 혀에 닿는 순간 반응하여 느끼는 것으로, 음식을 다 먹은 후에도 맛의 여운이 한참 동안 지속된다. 맛에 대한 반응은 순간적이고 매우 짧고, 지속 시간은 짠맛, 단맛, 신맛, 쓴맛의 순으로 길다. 또한 맛의 여운을 느끼는 잔상의 지속시간은 쓴맛이 다른 맛에 비해 길고, 시각의 잔상시간과는 비슷하나 청각 혹은 촉각의 잔상시간보다는 짧은 편이다(최현석, 2009). "달면 삼키고 쓰면 뱉는다."라는 속담이 있는데, 이는 미각의 생리학적 기능에 근거한 속담일 것이다.

2) 미각과 인지

미각은 약물, 입 안의 온도, 호르몬, 유전적 특징 등과 관련된 말초신경이나 중추신경에서 인지한다. 이러한 요인들은 일시적으로 미각수용기를 방해하여 맛을 느끼지 못하게 하고, 때로는 미각수용기를 파괴하기도 한다. 맛을 전혀 느끼지 못하는 것을 미각장애라고 한다.

미각장애는 미각수용기인 미뢰의 문제와 신경계의 문제 때문에 발생한다. 미각장애는 미각과민(hypergeusia), 미각감퇴(hypogeusia), 미각소실(ageusia), 이상미각(dysgeusia)으로 구분된다. 미각장애의 종류 및 특징은 〈표 7-6〉과 같다.

〈표 7-6〉 미각장애의 종류 및 특징

장애	특징
미각과민	• 맛을 느끼는 신경이 정상보다 증가된 상태 • 본래의 맛보다 더 강하게 맛을 느낌
미각감퇴	• 맛을 인지하는 기능의 예민성이 저하된 상태 • 단맛, 쓴맛, 신맛, 짠맛 중 일부를 구별하지 못함 • 맛의 강도를 인지하지 못함
미각소실	• 미각이 완전히 소실된 상태 • 맛을 전혀 느끼지 못함
이상미각	• 본래의 맛과 다르게 이상한 맛으로 느낌
오미증	• 역겨운 맛을 느낌
해리성 미각장애	• 단맛만 느끼는 상태

6. 후각

후각은 냄새를 맡는 기관으로 자극과 직접적으로 접촉하지 않고 일정한 거리를 두고 지각하며, 자극체가 가려져 있어도 인지할 수 있는 감각기관이다. 후각은 신생아부터 잘 발달되어 있어 엄마의 젖 냄새를 구별할 수 있다.

1) 후각수용기

사람의 후각수용기는 후상피라고 하여 콧구멍(비강)의 윗부분에 있는 점막에 위치하고 있는 상피세포이다(그림 7-9). 일반적으로 공기는 비강의 아래로 들어와 후상피에 직접 접촉되지 않는다. 후각을 일으키는 물질은 모두 휘발성이지만 어느 정도 물에 녹기도 하고, 특히 리포이드(복합지방)에는 쉽게 녹는다. 후각은 휘발된 가스 상태의 물질이 공기 중에 섞여 코 점막에 접촉되고, 이는 다시 점막 표면으로 흡수되어 후세포를 자극시킨다.

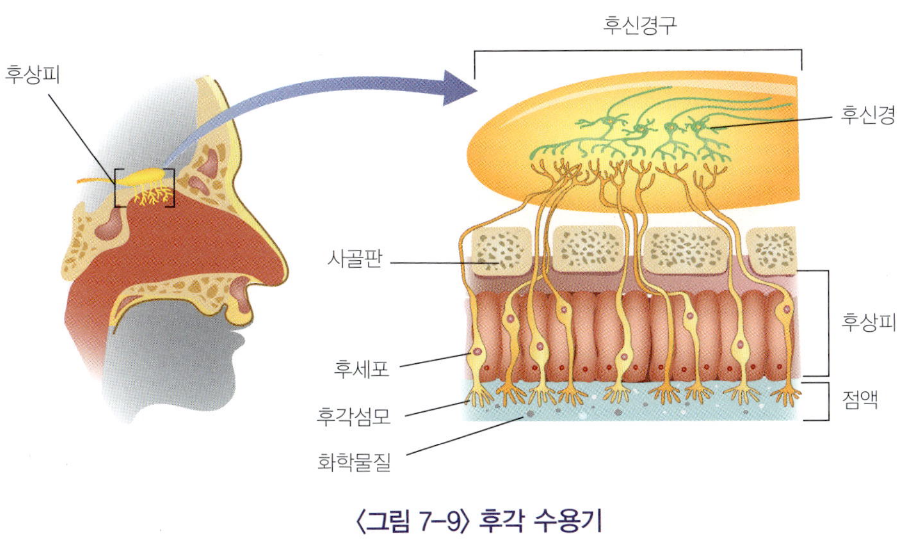

〈그림 7-9〉 후각 수용기

후각은 냄새를 발산하는 물질의 농도와 후상피로 흐르는 속도에 비례하여 냄새의 강도를 결정한다. 후각은 특정 냄새 자극이 오랫동안 계속되면 순응(adaptation)되어 없어지지만, 다른 냄새에 대해서는 또 다시 반응이 일어날 수 있다.

2) 후각의 특이성

후각의 정보가 뇌로 전달되는 방식은 다른 감각과 다르다. 후각을 제외한 감각들의 정보는 시상을 통과하여 뇌의 해당 전문 영역으로 전달되어 인지된다. 그러나 후각의 정보는 시상이라는 중간 단계를 거치지 않고 후각 해당 영역의 뇌로 정보가 직접 전달된다. 후각은 뇌로 전달하는 경로뿐만 아니라 깊은 수면 동안에는 냄새를 맡지 못하고, 훈련을 통해 후각을 발달시킬 수 있는 특징도 있다. 특히 후각이 기억과 정서에 미치는 직접적인 영향력은 흥미롭다.

우선 후각과 기억은 어떤 관계가 있을까? 어떤 냄새로 인해 잊고 있었던 옛 추억이나 사람이 떠올랐던 경험이 있을 것이다. 냄새는 과거의 기억을 소환하는 단서가 된다. 후각수용기는 냄새를 구별할 수 있고, 뇌는 후각수용기에서 직접 전달받은 냄새를 기억해 둔다. 이런 정보 전달과정으로 인간은 자신이 경험했던 비슷한 냄새가 나면 기억을 되살려 냄새를 구분하기도 하고 냄새와 관련된 추억을 회상하기도 한다. 인간의 후각 수용기 세포는 겨우 1,000개 정도이나 인지하고 구별할 수 있는 냄새는 적게는 2,000 종류에서 많게는 4,000 종류이다.

다음으로 후각과 정서는 어떻게 서로 영향을 미치는지 알아보기로 한다. 악취로 인하여 불쾌감을 느낀 적이 있는가? 혹은 향기로운 냄새로 기분이 좋아진 적이 있는가? 이런 경험은 냄새에 따라 인간의 정서가 변화한다는 증거이다. 후각과 정서를 변화시키는 특이성은 기업에서 잘 활용되는 마케팅 중 하나이다. 예를 들어 마트에서의 시식코너는 후각을 이용한 마케팅 중 하나이다. 미각으로 맛을 보기 전에 후각이 인간의 마음을 움직여 시식코너로 발걸음을 움직이게 한다. 소비자는 후각으로 유혹당해 맛을 보게 되고, 맛을 보는 동안 판매자는 상품의 장점을 강조하여 전달한다. 그리고 마음이 움직인 소비자는 그 상품을 구입하게 된다. 이런 결과까지 이어지게 하는 과정의 첫 시작은 후각에서 비롯되는 것이다.

CHAPTER 8

지 각

감각기관을 통해서 들어온 정보는 아직 가공이 덜 된 초벌재료이다. 이런 초벌 재료들을 가공하여 구체적으로 의미 있는 형태로 해석하는 일련의 과정은 지각에서 담당한다. 즉, 지각은 감각기관에 포착된 초벌재료를 해석하고 그것이 무엇인지 파악하는 과정이다.

인간은 정보를 수용하기 위하여 감각기관을 활용하고, 환경에 적응하기 위해 정보를 인지하는 과정은 지각을 활용한다. 지각은 각각의 감각기관에 따라 고유의 지각 능력이 있다. 고유의 지각 능력은 각각 지각이 개별적으로 분석하거나, 혹은 두 개 이상의 지각이 통합적으로 작용하여 환경에서 오는 정보를 파악하고 해석하여 인지한다. 인간은 이런 일련의 과정을 통해 환경에 적절하게 적응하며 직면하는 익숙한 문제와 새로운 문제들을 해결한다.

지각의 대표적 유형은 시지각이다. 시각은 정보수용이 가장 많은 감각기관인데, 지각에서도 역시 시지각을 활용하여 많은 정보를 인지한다. 시지각에는 형태지각, 깊이지각, 운동지각, 착시와 항등성이 포함된다. 이처럼 시지각은 지각에서 대표적인 유형이다(표 8-1). 물론 시각 이 외의 다른 중요한 감각기관에서 수용되는 지각으로 청지각, 촉지각 등도 인간이 환경에 적응하는 데 중요한 역할을 담당한다. 예를 들어 시각장애가 있는 사람인 경우 시지각을 활용할 수 없기 때문에 시각을 제외한 다른 감각인 청지각이나 촉지각으로 들어오는 정보를 분석하고 해석한다.

〈표 8-1〉 시지각의 유형

유형	특징
형태지각	• 눈에 보이는 어떤 대상의 모양이 무엇인지에 대한 파악, 해석, 인지하는 지각 • what에 대한 물음에 대한 답을 할 수 있는 지작
깊이지각	• 눈에 보이는 대상이 어디에 있는지를 파악하고 인지하는 지각 • where에 대한 물음에 대한 답을 할 수 있는 지각
운동지각	• 눈에 보이는 대상이 무엇을 하고 있는지를 파악, 해석, 인지하는 지각 • what(how)~doing에 대한 물음에 대한 답을 할 수 있는 지각
항등성	• 환경 조건 혹은 제시 방법이 달라도 대상의 속성을 동일하게 지각하는 현상
착시	• 대상의 크기, 형태, 색깔 등의 객관적인 성질과 눈으로 본 성질 사이에 차이가 발생하는 현상

따라서 지각이 인간의 일상생활에 미치는지 영향에 대하여 살펴보는 것은 매우 중요하다. 이 장에서는 80% 넘게 정보를 수용하는 시각을 통한 지각이 어떻게 형성되고 활용되는지에 대하여 중점적으로 살펴보기로 한다.

1. 형태지각

시각을 통해 수용된 정보를 인식하는 최초의 수단은 모양, 즉 형태를 알아보는 것이다. 환경에서 전달되는 수많은 자극으로부터 어떻게 특정 자극을 선택하고, 그 자극을 다른 자극들과 분리하여 무엇인지 파악하는 과정은 시지각을 통해 이루어진다. 지각에서 제일 처음 해야 하는 과정은 보고자 하는 자극을 주위의 다른 자극과 분리하는 일이다. 인간은 신기하게도 이 과정을 즉각적이고 무의식적으로 수행한다. 이런 자동성 때문에 지각의 과정을 복잡하지 않고 단순한 과정으로 여기기 쉽다. 그러나 이런 모든 과정은 매우 정교한 해석 과정을 거친 결과로 획득되는 것이다.

이와 같이 일련의 지각 과정을 거쳐 환경에서 전달되는 자극 대상의 모양 파악은 형태지각을 통해 이루어진다. 형태지각은 전경과 배경의 분리, 자극의 집단화, 형태재인, 지각적 해석으로 설명할 수 있다.

1) 전경과 배경의 분리

형태지각을 위한 첫 시작은 대상을 배경에서 분리하는 작업이다. 주의를 받고 있는 특정 자극인 대상은 전경이 되고 그 외의 나머지 자극은 배경이 된다. 전경의 특징은 대개 배경보다는 작고, 응집적이며, 선명한 윤곽을 가지며, 전체적으로 움직이고 동질적인 경향이 있다. 배경의 특징은 전경에 비해 크고, 흐트러져 있어 응집적이지 못하며, 형태가 뚜렷하지 않고 전경 뒤에 이어져 있는 것처럼 지각된다. 다음에 제시된 [그림 8-1]의 그림에서 전경과 배경을 분리하여 보이는 대상을 파악해 보라.

루빈의 컵(Rubins's Vase)

[그림 8-1] 전경과 배경의 분리

[그림 8-1]에서 보는 바와 같이 전경과 배경의 분리는 우리가 주의를 어디에 두는가에 따라 보이는 대상이 달라짐을 알 수 있다. 이는 전경과 배경의 속성이 주의와 상호작용하면서 분리되는 과정이다. 전경과 배경의 분리에서 주의 역할에 대한 또 다른 일상의 예를 들어보기로 한다. 수업이 진행되고 있는 교실을 상상해 보자. 수업에 주의를 집중해서 듣고 있는 학생에게는 선생님이 교실의 벽, 칠판, 심지어 앞에 앉아 있는 친구보다 훨씬 더 선명하고 뚜렷하게 지각될 것이다.

2) 자극의 집단화

형태지각의 주요한 원리 중 하나는 자극의 집단화이다. 자극의 집단화는 형태주의 심리학자에 의해서 설명되었다. 그들은 특정 자극을 인지할 때 단순히 자극과 자극의 합에 의해서가 아니라 제시된 자극들을 전체적인 맥락 안에서 인지해야 한다고 강조한다. 자극들의 전체적 맥락은 제시된 자극의 속성, 경험 등이 응집성 있게 체제화되어 형태지각에 영향을 미친다. 따라서 동일한 자극들도 전체적 맥락에서 어떻게 집단화를 하느냐에 따라 지각된 형태가 달라진다.

다양한 자극들을 체제화시키는 자극의 집단화에는 유사성, 근접성, 연속성, 완결성이라는 4가지 원리가 있다.

유사성은 형태나 속성이 비슷한 것끼리는 한데 묶고 그렇지 않은 것끼리는 분리시킴으로써 자극을 응집적이게 만든다. 이런 특징 등이 유사한 자극을 특정 대상에 대한 구성 요소로 지각하게 만드는 것이다(그림 8-2).

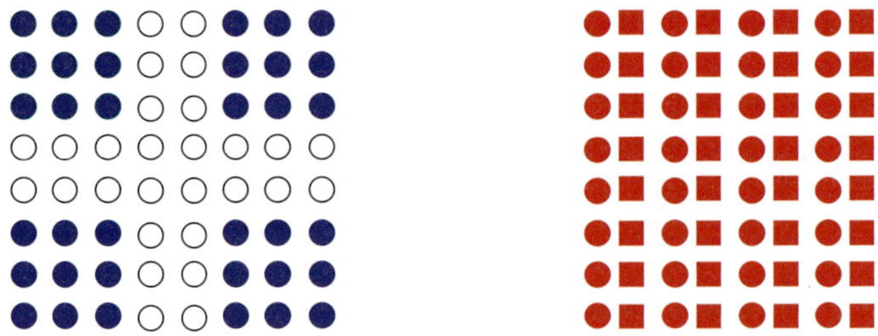

[그림 8-2] 유사성

근접성은 시공간적으로 가까이 있는 자극을 서로 묶어 하나로 지각하는 경향이다. 그래서 가까이 있는 것은 더 가까이 잡아당기고, 멀리 있는 것은 더 멀리 밀어냄으로써 경계를 보다 분명하게 만든다(그림 8-3).

연속성은 원만하고 부드럽게 이어지는 자극으로 사물을 보려는 경향이다. 자극의 연속성의 성질을 이용한 숨은 그림 찾기는 더 숨은 그림 찾기를 어렵게 한다.

완결성은 완벽한 윤곽(자극)이 제시되지 않았지만 결손된 윤곽(자극)을 주관적 윤곽에 의해 완성하여 지각하는 것이다. 완결성은 가능한 한 단순하고 완전한 형태의 사물을 보고자 하는 경향으로, 비어 있는 사이나 가려진 부분을 보완하여 완전한 형태로 지각한다.

[그림 8-3] 근접성과 완결성

3) 형태재인

형태지각은 전경을 배경으로부터 분리하고 자극의 집단화 원리에 의해 전체적인 모습으로 자극을 조직화하여 인지한다. 이때 인지된 대상을 뇌에 기억된 형태와 맞추어 그것이 무엇인지 파악한다. 이 과정을 형태재인이라고 한다. 뇌에 기억된 형태와 맞추는 과정은 형판이론으로, 형판이 형성되는 과정은 세부특징이론으로 설명할 수 있다.

형판이론은 시각을 통해 전달된 대상이 각각의 형판을 가지며, 이 형판은 장기기억에 저장되고, 어떤 자극이 전달되면 이미 저장된 형판과 비교하여 그 자극이 무엇인지 확인하는 과정을 설명하는 이론이다. 형판이론은 재인이라는 복잡한 과정을 단순히 설명하지만, 환경에서 들어오는 자극은 항상 동일하지 않고 약간씩 변화된 자극으로 수용된다. 이런 변화는 형태재인에 영향을 미치는 결정적인 요인으로 작용한다. 이때 변화된 자극이 형판과 일치하지 않는 부분이 많다면 형태재인은 실패하게 된다.

그러나 약간의 변화가 있지만 대부분의 세부 특징이 기존의 형판과 일치한다면 형태재인은 쉽게 이루어진다. 대상의 세부특징, 즉 예를 들어 수직, 수평, 곡선, 각도, 기울기 등과 같은 요소들을 먼저 분석하고, 이 요소들 간의 관계를 파악한 후 형태재인을 해낸다. 만약에 우리가 매번 조금씩 바뀌는 자극의 모든 형태를 기억하였다가 재인한다면 이는 매우 비효율적인 방법이고 타당성도 떨어질 것이다. 이런 이유 때문에 형태재인에 대한 보다 효율적이 방법은 최소한의 기본적인 요소를 기억하고, 이 요소들의 조합으로 형태를 재인하는 것인데, 이를 세부 특징이라고 한다. 캐리커쳐나 다양하게 디자인된 간판 등은 형판이론과 세부 특징이 잘 반영된 예이다.

☞ **여기서 잠깐 좀 더 알아봅시다!**

■ **형태재인의 예시**

– 위에 제시된 자극은 글자의 모양, 크기, 구성 요소가 달라도 'ㄴ' 글자로 인식한다. 이는 세부 특징이 보완된 형판이론을 적용하며 형판재인이 일어난 것이다. 제시된 8개의 'ㄴ' 글자를 전부 기억한다는 것은 비효율적이다. 그래서, 우리는 'ㄴ'자의 세로선과 가로선이 왼쪽 아래에서 만나 각도를 만들어 낸다는 세부 특징만으로 'ㄴ'자로 지각할 수 있는 것이다.

– 세부 특징의 심한 변형은 저장되어 있던 형판 맞추기에 실패할 가능성이 많다.

4) 지각적 해석

시각을 통해 보는 것과 지각하는 것은 다르다. 그 이유는 지각적 해석과정으로 설명할 수 있다. 지각적 해석과정은 지각하는 주체와 입력시키고자 하는 대상 간의 상호작용으로 일어난다. 지각적 해석은 즉각적으로 이루어지기도 하지만, 동기나 기대가 해석에 작용되기도 한다. 지각적 해석과정에 작용하는 방법으로는 자료 주도적 처리, 개념 주도적 처리, 맥락 효과, 주의 역할, 중추적 선택이 있다.

(1) 자료 주도적 처리(data-driven processing)

자료 주도적 처리는 전달된 자극의 속성 및 특징에 기초하여 정보가 지각적으로 해석되는 방법이다. 자료 주도적 처리는 상향 처리(bottom-up processing)라고도 한다. 정보는 감각기관에서 수용되어 일련의 처리과정을 거쳐 장기기억에 저장된다. 이런 일련의 정보처리 과정에서 수용된 자극에 대한 기본적인 속성, 요소, 특징 등을 분석한 후 큰 단위로 구성해가며 처리된다. 이런 과정을 거치는 자료 주도적 처리는 낯선 자극의 상황에서 이루어지기 쉽다. 그리고 자료 주도적 처리의 감각 정보의 자극 자료는 정보처리를 하는 데 기초가 되지만 그 자료가 완벽하지 않을 수도 있다. 즉 전달되는 감각 정보의 자료는 이차원적일 수도 있고 거리, 방향, 자극의 모양 등 매우 다양할 수 있다.

(2) 개념 주도적 처리(conceptually-driven processing)

개념 주도적 처리는 개개인의 기대, 가치, 지식, 동기, 개념 등과 같은, 즉 정보를 처리하고자 하는 주체자의 경험이 정보처리에 영향을 미치는 지각적 해석 방법이다(그림 8-4). 개념 주도적 처리는 하향 처리(top-down processing)라고도 한다. 정보를 처리하는 주체자에게 익숙한 자극이 전달되었을 때 많이 사용하는 지각 해석 방법이다.

바람이 심하게 불던 겨울 밤의 사진이다. 무엇이 보이는가?

[그림 8-4] 개념 주도적 처리

(3) 맥락 효과(context effect)

정보로 전달되는 자극이 다양하기 때문에 지각을 통한 정확한 해석이 필요하다. 이런 해석과정은 물리적 특성, 즉 자극의 속성, 요소, 특징이 같음에도 불구하고 해석이 달라지는 경우가 많다. 다시 말하면, 정보 처리의 주체자의 사전 경험이나 외부의 상황적 맥락에 따라 지각적 해석이 달라지는데, 이를 맥락 효과라고 한다. 맥락 효과는 제시되는 자극을 해석하기 애매할 때 중요한 역할을 한다.

(4) 지각적 선택에서 주의의 역할

지각으로 해석하고자 하는 주체는 자극 대상과 상호 작용하면서 자극을 수용한다. 이때 어떤 자극은 사라지고 특정 자극은 지각하게 된다. 감각기관은 무수히 많은 자극을 모두 수용하지 않고 그중에 특정 자극만을 선택한다. 이런 선택은 주위의 역할에 의해 결정된다. 지각적 해석에서 주의가 집중된 자극일 때 그 자극의 대부분은 지각된다. 또한 주의를 어디에 두었느냐에 따라 자극의 해석이 달라지기도 한다. 주의가 집중된 자극은 전경이 되고, 반대로 주의가 집중되지 않은 자극은 배경이 된다. 주의는 자극의 크기, 색상, 소리, 움직임 등에 의해 영향을 받는다. 따라서 지각적 선택에서 주의 역할은 매우 많은 부분에 영향을 미치며 자극을 선택하고 해석을 결정하는 데 중요하게 작용된다.

☞ **여기서 잠깐 좀 더 알아봅시다!**

■ **주의에 영향을 미치는 자극의 속성들**

- 소리: 주의를 끄는 데 중요한 요소로 자극적인 특정 종류의 소리는 공포를 야기시키기도 함
- 색상: 알록달록한 색은 주의를 끌기 위한 자극으로, 특히 자연 환경 중 식물(꽃, 과일 등)의 전략
- 움직임: 움직이는 것은 움직이지 않는 것보다 훨씬 더 주의가 집중되며, 움직임은 위험에 대한 가장 기본적인 신호

  (예) 야생의 초식동물은 변화나 움직임에 민감해야 생존에 보다 유리하며, 대인정보에 얼굴의 변화, 특히 눈의 움직임을 통해 정보를 가장 많이 파악하며, 눈 다음으로 정보가 많은 곳은 입이다.

(5) 지각에서의 중추적 선택

지각적 선택은 오로지 외부에서 수용되는 자극에 의해서만 전적으로 결정되는 것은 아니다. 지각적 선택에 결정적으로 많은 영향을 미치는 요소들은 지각하는 사람의 내부, 즉 중추적 선택이다. 지각에서의 중추적 선택은 동기적 요인에 의해 작용받기도 한다. 중추적 선택에 의한 지각이 일어나는 대표적인 예로는 선택적 듣기를 들 수 있다. 시끌시끌한 파티 장면을 상상해 보자. 파티에서 친구가 자신의 이름을 부르는 소리를 들은 경험이 있는가? 음악소리, 말소리, 그 밖의 다양한 소리가 섞여 있는 파티에서 자신의 이름이 들리면, 그쪽으로 몸을 돌려, 자신의 이름을 부른 사람이 누구인지 찾았을 것이다. 이를 칵테일 파티효과라고 한다. 이 효과는 주변 환경이 아무리 혼잡해도 원하는 자극을 중추적으로 선택할 수 있다는 것을 증명해 주는 것이다.

☞ 여기서 잠깐 좀 더 알아봅시다!

■ 지각의 중추적 선택에 영향을 미치는 심리적 에너지

– 심리적 에너지인 동기와 집중력이 지각의 중추적 선택에 엄청난 영향을 미친다.

(예 1) 후쿠시마에서 지진이 일어났던 당시, 어디선가 들려오는 아들의 신음소리에 집중한 한 어머니는 구조대를 설득해서 무너진 건물에서 아들을 구했다. 이 사실에서 지각의 중추적 선택을 위해 사용한 심리적 에너지인 동기와 집중력을 확인할 수 있다.

(예 2) 콜린 체리(Colin Cherry)의 실험 결과: 인간은 수많은 대화 중에서도 자신이 원하는 정보에만 집중하기 위해서 필요 없는 소리는 필터로 걸러내고 필요한 소리에만 집중한다.

출처: 정성훈(2011).

2. 깊이지각

깊이지각은 인간의 생애 초기에 형성된다. 시각 정보 중에 깊이 지각이 비교적 빨리 발달되는 이유는 생존에 중요한 역할을 담당하기 때문이다. 깊이 지각은 본래 가지고 있는 능력인 유전적 정보와 외부 환경에서 오는 자극들과의 상호작용으로 발달한다.

깊이지각은 인간이 삼차원 환경에 적응하며 살아가는 데 꼭 필요한 능력 중 하나이다. 인간은 깊이지각 능력의 발달로 계단을 오르내릴 수 있고, 높은 곳에서 뛰는 행동을 조절할 수도 있고, 멀리서 날아오는 야구공의 거리를 예측하여 피할 수도 있다.

깁슨(Gibson)과 워크(Walk, 1960)는 시각 절벽(그림 8-5)이라는 실험을 통해 인간의 깊이지각 능력에 대하여 연구하였다. 그들은 인간이 생후 6개월 이후부터 깊이지각 능력이 나타나는 것으로 보고하였다. 그들은 이동 능력이 있는 생후 6개월 된 영아를 엄마가 건너편에서 불러도 유리가 깔린 시각적 절벽의 깊은 부분으로 기어가지 않는 것을 관찰하였다. 이런 연구 결과에 의하면 인간의 깊이지각은 선천적으로 가지고 태어나는 생물학적 성숙과 외부 환경에 대한 다양한 경험에 의해 발달된다는 것을 알 수 있다.

일반적으로 깊이와 거리가 포함된 입체시는 두 눈의 망막의 차이에 의해 가능하다. 즉 두 눈의 망막의 차이를 뇌에서 서로 융합하여 3차원 입체시의 깊이와 거리를 지각하는 것이다. 따라서 입체시를 위해서는 양안 단일시 기능이 잘 발휘되어야 한다.

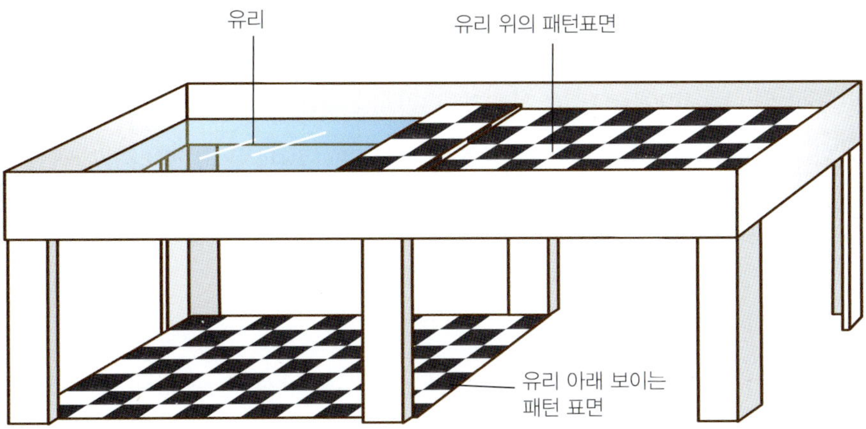

[그림 8-5] 시각 절벽

☞ **여기서 잠깐 좀 더 알아봅시다!**

■ **양안 단일시와 양안 불일치**

- 양안 단일시: 두 눈에서 보는 상의 차이를 하나로 인식하기 위해 눈과 뇌의 기능이 서로 협력하여 3차원의 이미지로 지각
- 양안 불일치: 두 눈의 시선이 일치하지 않는 것으로 사시, 복시, 어지러움, 입체시 기능 저하 등의 문제 발생

깊이나 거리를 지각하는 데는 한쪽 눈만 활용하는 단안단서와 양쪽 눈을 모두 활용하는 양안 단서가 있다.

1) 단안단서

단안단서는 한쪽 눈으로 전달되는 자극에 대한 깊이, 혹은 거리를 지각할 수 있게 한다. 일반적으로 그림을 그리는 데 원근감을 나타내는 단서로 활용되기 때문에 회화단서라고도 부른다. 이런 단서들은 환경 속에 있는 깊이지각을 가

능하도록 도와준다. 단안단서는 설명이 필요 없을 만큼 아주 분명하며 자동적으로 즉시 반영된다. 만약 이런 반영에 문제가 있다면 지각체계는 매우 혼란스러울 것이다. 단안단서에는 중첩, 결의 밀도, 상대적 크기, 상대적 높이, 상대적 명확성, 직선 원근, 운동시차, 수평선에서의 높이 등이 있다. 구체적인 몇 가지 예를 들어보면 다음과 같다.

(1) 중첩

어떤 사물이 다른 사물에 의하여 부분적으로 가려서 보이지 않을 경우, 가려진 사물을 거리상 더 멀리 있다고 지각한다(그림 8–6).

(2) 결의 밀도

사물 간의 간격이 넓고, 크기와 모양이 구별되는 밀도는 멀리 있을수록 결이 더 촘촘해 보인다(그림 8–6).

[그림 8–6] 중첩과 결의 밀도

(3) 상대적 크기

사물 두 개의 크기가 동일할 때 망막에 맺힌 상이 크기가 크면 가까이, 작을수록 멀리 있다고 지각한다(그림 8–7).

(4) 상대적 높이

사물 두 개 중 하나는 지평선에, 다른 하나는 지평선에서 떨어져서 위쪽에 있다면, 지평선에 있는 사물은 가까이, 지평선에서 떨어져서 위쪽에 있는 사물은 멀게 지각한다(그림 8-7).

[그림 8-7] 상대적 크기와 상대적 높이

(5) 상대적 명확성

사물의 윤곽이 분명한 것은 가까이, 사물의 윤곽이 흐린 것은 더 멀리 있다고 지각한다(그림 8-8).

[그림 8-8] 상대적 명확성

(6) 직선 원근(선형조망)

사다리와 같이 평행한 선들은 거리가 멀어질수록 두 선의 간격이 좁게 지각한다. 즉 평행선의 간격이 넓을수록 가깝게, 그 간격이 좁을수록 멀게 지각한다(그림 8-9).

[그림 8-9] 직선 원근

(7) 운동 시차(상대적 운동)

우리가 이동 수단을 타고 이동할 때 고정된 물체들이 움직이는 것처럼 지각한다. 예를 들어 기차를 타고 가다 창밖을 보면 가까이 있는 나무는 더 빨리 뒤로 움직이는 것 같고, 상대적으로 멀리 있는 산들은 움직이지 않고 정지해 있는 것처럼 지각된다.

> ☞ **여기서 잠깐 좀 더 알아봅시다!**
>
> **■ 심리적 거리**
>
> (실험) 10원짜리 동전과 500원짜리 동전의 크기가 같게 만들어 동일한 거리에서 아동들에게 보여 준다. 그리고 10원짜리와 500원짜리 중 어느 동전이 더 가깝게 있는지 질문해 봅시다.
>
> (결과) 500원 짜리 동전이 더 가깝다고 말한다.
>
> (설명) 동일한 특정 사물의 크기는 물론 거리도 상황에 따라 변화하지 않는다. 그러나 이 경우에는 500원짜리 동전을 자신에게 가깝게 지각한다. 그 이유는 심리적으로 500원 동전의 가치를 10원짜리 동전보다 높게 평가하기 때문이다. 이와 같은 지각적 해석은 심리적 거리가 작용한 것이다.

2) 양안단서

인간의 두 눈은 약 6~7cm 정도 떨어져 있고, 앞으로 나란히 있다. 두 눈을 통해 들어오는 자극이 각각의 망막에 맺힌 시야의 상에는 미세한 차이가 있다. 이 차이는 뇌에서 합쳐져 하나의 상으로 지각된다. 다시 설명하자면 오른쪽 눈의 망막의 상과 왼쪽 눈의 망막의 상이 서로 다르다는 것이다. 이를 양안단서라고 하고, 양안단서는 양안부등(binocular disparity)과 양안수렴(binocular convergence)으로 구분할 수 있다.

양안부등은 두 눈에 맺힌 망막의 상이 조금 다른 것으로, 두 눈에서 보이는 상의 차이를 비교하여 얻는 양안단서이다. 양안부등으로 사물의 3차원적 깊이나 거리를 지각적으로 해석한다. 양안부등을 직접 경험해 보도록 하자. 볼펜은 오른손으로 잡고, 그 손이 있는 팔을 쭉 뻗어 코와 일직선이 되도록 한다. 자, 이제 두 눈 중 한쪽 눈을 번갈아 가면서 감았다가 떠 보라. 차이가 보이는가. 한쪽 눈을 감았다 뜨는 것을 번갈아 할 때마다 볼펜이 왼쪽, 오른쪽으로 약간씩 이동되어 보일 것이다.

양안수렴은 가까운 대상을 볼 때 눈동자가 코 쪽으로 모아지면서 깊이지각을 할 수 있게 한다. 양안부등은 비교적 거리가 멀리 있는 대상에 대한 깊이지각을 가능하게 하지만 양안수렴은 대상이 가까운 거리에 있을 때의 깊이지각에 유용하다. 눈 앞에서 30cm 정도의 거리에서 연필의 끝을 주시하고, 연필 끝을 점점 미간 쪽으로 이동해 보라. 연필이 멀리 있을 때에는 두 눈동자가 평행을 유지하다가, 연필이 미간 쪽으로 가까이 다가오면 두 눈동자가 코쪽 방향으로 모아지는 것을 알 수 있을 것이다.

3. 운동지각

운동지각은 진화적으로 중요한 의미가 있다. 동물의 운동지각은 생존에 중요하게 작용하며 독립적으로 진화되었다. 운동지각은 외부 환경으로부터 전달되는 자극과 생물학적 기제 간의 상호작용에 의하여 결정된다.

운동지각은 다양한 형태의 운동착시를 경험한다. 대표적인 예로 영화나 네온사인 광고판 등을 들 수 있다. 영화와 네온사인 광고판은 실제로는 움직이지 않는 대상들인데 우리 눈에는 움직이 있는 대상으로 지각된다. 이와 같이 대상의 움직임이 없는데 움직임이는 것처럼 경험하는 것을 가현운동이라고 한다.

가현운동은 자극의 위치를 다르게 배치하고 짧은 시간 차이로 교대하여 자극을 제시할 때, 우리의 눈에는 하나의 자극이 위치를 이동한 것으로 지각한다. [그림 8-10]에 제시된 노란색 원모양의 전구에 화살표 방향의 순서대로 시간 차이를 두고 짧게 전원 켜기와 끄기를 교대하면 제일 위에 있는 원이 아래로 움직였다고 지각한다. 원모양의 전구 3개는 제자리에서 시간 차이를 두고 점멸한 것에 불과하지만 우리 눈은 한 전구가 움직인 것처럼 지각한다. 만약에 그 시간 차이가 길면 우리는 서로 다른 자극이라는 것을 금방 알아차릴 것이다.

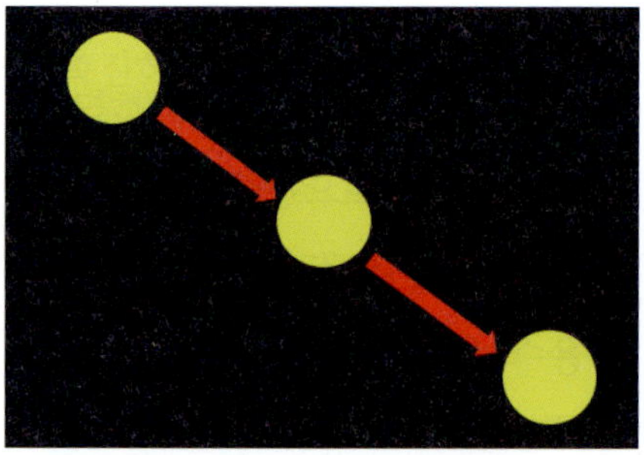

[그림 8-10] 가현 운동

우리 눈에서 일어나는 가현운동에 또 따른 운동착시는 잔상의 작용 때문이다. 잔상은 자극(빛)이 우리 눈에 수용되지 않았음에도 불구하고 잠깐 동안 자극에 의해 흥분된 시신경이 유지되는 현상이다. 이런 시각적 잔상으로 인해 정지된 자극이 마치 움직인 것처럼 보이는 것이다. 가현운동을 파이현상(ø−phenomenon), 스트로보스코픽 움직임(stroboscopic movement)이라고 부르기도 한다.

운동지각은 유도운동으로도 설명할 수 있다. 유도운동은 움직이지 않고 있는 대상이 주변 대상의 움직임에 의해 반대방향으로 움직이는 것처럼 보이는 현상을 말한다. 유도운동의 예를 들자면 지나가는 구름으로 달은 구름과 반대 방향으로 움직이는 것처럼 지각되는 것이다.

4. 항등성과 착시

감각기관을 통해 수용되는 대부분의 자극은 상황에 따라 계속 변화하지만 지각은 안정되게 해석한다. 이를 지각의 항등성이라고 한다. 항등성은 망막에 맺힌 상은 틀려도 우리가 사물을 안정적으로 지각하는 현상이다. 이와는 반대로 착시는 망막 상과 사물지각 간의 괴리를 나타내는 현상이다. 착시는 망막에 맺힌 상이 같은데도 불구하고 다르게 해석하는 지각이다.

1) 항등성

항등성은 대상 자극에 대한 감각정보가 달라도 대상을 비교적 안정되게 지각한다. 만약 항상 변하는 자극, 예를 들어 벽에 걸린 액자 테두리, 문의 모양 등이 방향과 각도에 따라 늘 새롭게 해석되어 지각되어야 한다면, 인간의 일상생활은 혼란의 연속일 것이다. 지각에 있어 항등성은 모양, 크기, 밝기, 색채,

위치에서 나타난다. 이와 같이 지각의 항등성은 변화하는 자극의 조건에도 대상의 속성은 일정하기 때문에 인간이 환경에 잘 적응할 수 있도록 한다.

(1) 모양 항등성

모양 항등성은 외부에서 수용되는 시각적 대상이 망막에 맺힌 상은 달라도 그 대상의 모양이 동일하다고 지각하는 것이다. 즉 감각자극이 수용되어 망막에 맺힌 모양은 달라도 실질적으로 모양이 변한 것이 아니라는 것을 알고 있는 것이다. 예를 들어 교실문이 열리는 각도에 따라 직사각형이 모양이 달라지지만, 우리는 항상 문이 직사각형인 것을 지각하고 환경에 적절하게 행동한다(그림 8-11).

[그림 8-11] 모양의 항등성

(2) 크기 항등성

크기의 항등성은 어떤 대상이 거리에 따라 크기가 다르게 망막에 맺히지만 그 대상의 크기를 동일하게 지각하는 것이다. 즉, 거리의 변화에도 특정 대상의 크기는 일정하게 지각한다. 예를 들어, 내 앞에 있던 코끼리가 멀리 있을 때와 가까이 있을 때, 그 코끼리의 크기는 거리에 따라 변하지 않고 일정하게 지각한다.

(3) 밝기 항등성

밝기 항등성은 빛이나 조명의 밝기 정도에 상관없이 특정 대상의 밝기를 동일하게 지각하는 것이다. 즉, 강도가 다른 빛을 사물에 비춰도 사물의 밝기가 일정하게 유지되는 것으로 지각한다. 이는 사물에 비춰지는 빛의 반사율이 비교적 일정하기 때문이다. 밝기 항등성은 명도 항등성으로 불리기도 한다.

(4) 색채 항등성

색채 항등성은 빛이나 조명의 차이에 따라 사물의 색상이 달라져도 항상 같은 색으로 지각하는 것이다. 예를 들어 흰색 종이는 밝기의 변화에도 불구하고 언제나 흰색으로, 빨간 글자는 명도의 변화에도 동일하게 빨간 글자로 지각한다.

(5) 위치 항등성

위치의 항등성은 우리의 움직임에도 불구하고 대상의 위치는 변하지 않게 지각하는 것이다. 예를 들어, 우리가 서울 시청 앞 광장 중심에서 시계방향으로 돌면서 주변을 보고 있다면 망막에 나타나는 주변 건물들이 다른 위치에 있는 것처럼 보인다. 그러나 대상의 위치는 바뀌지 않고 동일한 자리에 있다고 지각한다.

2) 착시

착시는 망막에 맺힌 상은 같은데도 불구하고 다르게 지각하는 것이다. 즉, 감각기관을 통해 수용된 자극을 본래의 자극과는 다르게 조직화하고 해석하는 현상이다. 착시에는 기하학적 착시, 원근의 착시, 길이와 넓이의 착시, 선의 착시, 운동착시 등 다양하다. [그림 8-12]는 착시현상이 일어나는 그림들이다.

뮐러-리어(Müller-Lyer) 착시

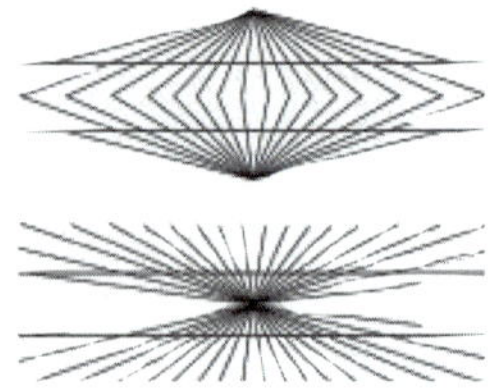

헤링(Hering) 착시

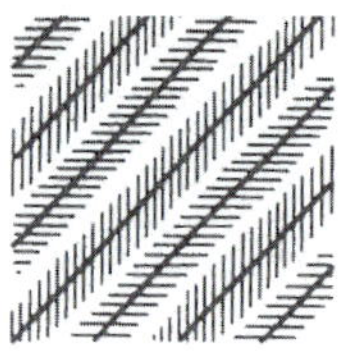

죌너(Zöllner) 착시

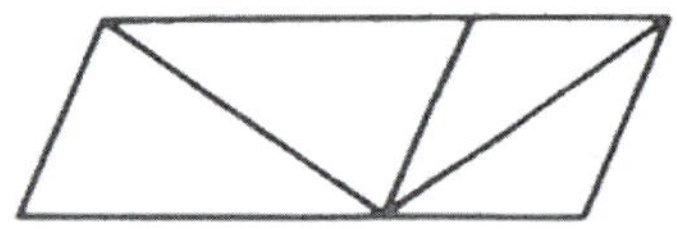

샌더(Sander) 착시

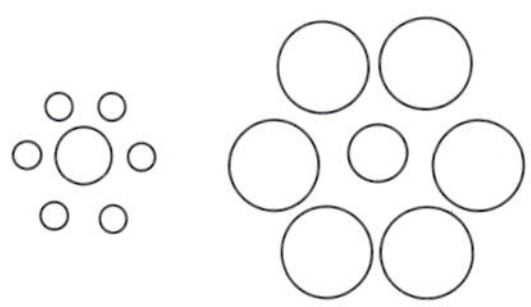

티치너(Titchener) 착시

뮌스터버그(Münsterberg) 착시

[그림 8-12] 착시현상

CHAPTER 9

학 습

인간의 모든 행동은 학습의 결과로 형성되고 수정 · 보완된다. 인간의 학습은 세상을 살아가는 데 매우 중요한 능력이다. 이런 중요성 때문에 심리학자들은 학습의 형성 과정과 결과, 학습이 일어나는 동기, 요인, 영향 등 다양한 주제로 연구를 진행하고 있다.

특히 행동주의 심리학자들은 대부분의 인간 행동이 학습에 의해 형성된다는 이론적 배경아래 과학적 연구 대상이 되는 자극과 반응과의 관계로 학습의 과정과 결과를 설명한다. 이와 같은 학습에 대한 관심은 다양한 학습이론을 전개시키는 계기가 되었고, 학습에 대한 이론적 발달도 이끌어 내었다고 할 수 있다. 따라서 이 장에서는 학습의 정의, 학습의 유형, 학습이론에 대하여 알아보기로 한다.

1. 학습의 정의

학습이란 무엇일까에 대한 물음에는 학습의 정의로 답하는 것이 가장 적절할 것이다. 학습은 '경험이나 연습 및 훈련의 결과로 나타나는 비교적 영속적인 행동의 변화 과정'이라고 정의할 수 있다. 이 정의에 따르면 학습은 교실에서 수행되는 수업을 통한 공부는 물론 일상생활에서 배우게 되는 다양한 행동, 예를 들어 걷기, 말하기 등과 같은 인간의 전반적 생애에 나타나는 모든 행동이 포함된다.

학습의 정의에는 중요한 4가지 요소가 포함되어 있다(그림 9-1). 이 4가지 요소는 학습이 일어나는 일련의 과정이기도 하다.

첫째, 학습에서의 경험, 연습, 훈련으로, 이는 외부로부터의 자극, 정보 등에 노출되어 경험하고 반복을 통한 연습과 훈련이 필요하다.

둘째, 학습은 경험, 연습, 훈련의 결과라는 것이다. 학습의 결과로 나타나는 구체적 내용은 세 번째와 네 번째 요소이다.

셋째, 학습의 결과가 비교적 영속적인 특징을 가진다. 학습의 결과는 지금까지의 행동들은 물론 이후의 행동들이 나선형 혹은 단계적으로 이어진다. 새로운 행동을 학습한다는 것은 과거에 했던 행동은 물론 잠재되어 있는 능력과 관계되어 있다.

넷째, 학습은 모든 행동의 변화과정을 포함한다. 학습이 일어나고 있다는 것은 행동의 변화가 일어나고 있다는 것과 동일하다. 무엇인가를 경험하고 연습하면 이전의 행동과 동일한 행동이 아니라 질적, 양적인 변화, 익숙함, 능숙함이 증가되는 등 끊임없는 변화가 일어나는 것이다. 이런 행동의 변화는 심리학적으로는 긍정적, 혹은 부정적의 두 가지 방향을 의미하지만 교육적 관점에서는 긍정적 변화만을 학습의 결과로 본다.

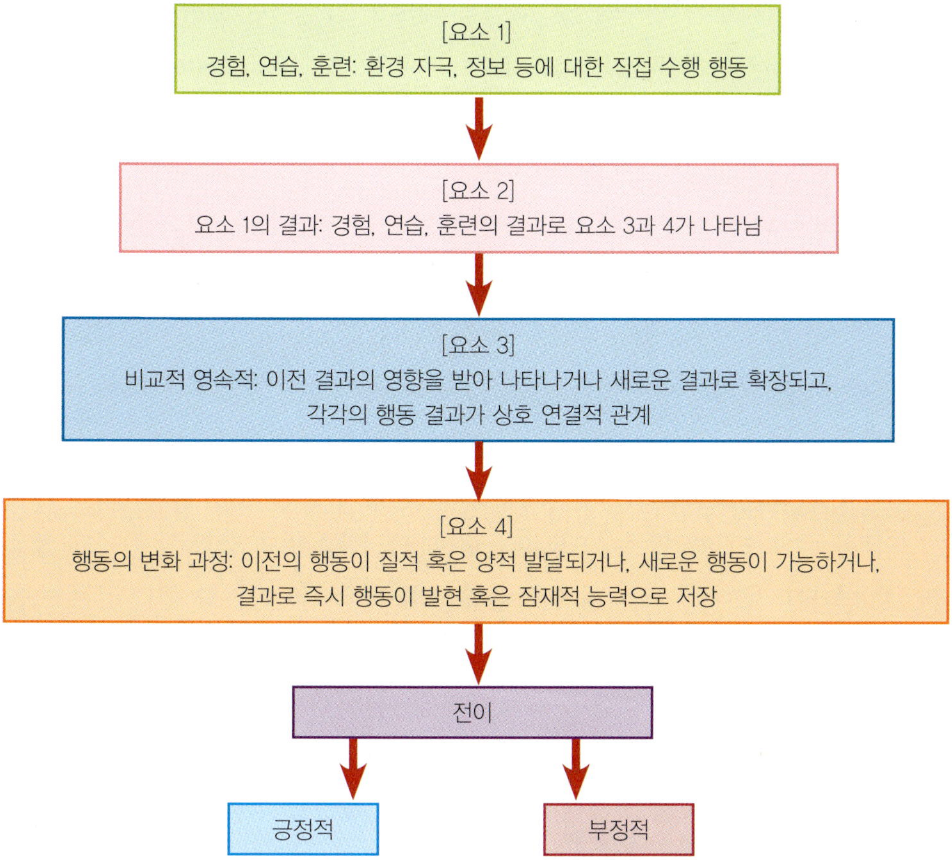

[그림 9-1] 학습의 정의

행동주의 심리학자들은 학습되었다는 것은 경험의 결과이고, 이는 행동 변화에 앞서 나타나는 것이라고 설명하였다. 학습은 반드시 행동을 통해 나타나는데, 이런 행동의 출현 방법은 즉시, 직접적, 간접적으로 일어난다. 즉시 출현은 시간적으로 즉시 행동이 나타나 학습되었음을 확인할 수 있다. 직접적 출현은 시간상 즉시 나타나지 않아도 학습이 행동 변화에 직접 영향을 미쳤다는 것을 알 수 있다. 간접적 출현은 학습된 내용과는 다른 행동이나, 잠재능력으로 저장되었다가 적절한 상황이나 환경에 적응된 행동으로 나타나는 것이다.

학습에 대한 다양한 연구들 중 핵심적 역할을 담당했던 행동주의학파의 연구자 계보는 러시아의 파블로브(Pavlov), 미국의 손다이크(Thorndike), 미국의 왓슨(Watson)과 스키너(Skinner)를 거치면서, 이후 반두라(Bandura)의 인지학습까지 이어진다.

이상에서 살펴본 바와 같이 학습은 환경 적응을 위한 행동 변화를 이끌어 내려는 일련의 과정이다. 학습 과정은 행동 변화와 같은 기능적 측면은 물론 성숙이 미치는 영향력도 매우 중요하다. 또한 학습은 습득하는 과정, 기억하고 숙달하는 과정, 인출하는 과정이 연결되어 있기 때문에 다양한 측면을 고려해야 한다.

2. 학습의 유형

학습은 환경에 적응하고 습득하는 방법에 따라 다양한 유형으로 구별된다. 학습은 지각에 의한 인지활동을 중점적으로 활용한다. 학습의 유형을 지각과 인지를 활용한 학습 형성 과정에 관련된 방법과 학습을 위한 시간계획, 정보구성, 대상 활용 등과 같은 실질적 방법으로 구분하여 살펴보기로 한다.

1) 지각 및 인지 중심의 학습 형성 방법

(1) 변별학습(discrimination learning)

변별학습은 특정 대상의 형태, 크기, 소리, 무게, 색깔, 촉감 등과 같은 특징이나 속성을 적어도 한 가지 이상의 관점에서 다른 대상과 구별할 수 있게 하는 것이다(교육심리학회, 2000). 변별학습은 개념학습을 위해 선행되어야 한다.

(2) 개념학습(conceptual learning)

개념학습은 여러 가지 사고나 사물의 공통 요소를 종합하여 추상화된 개념을 습득하게 한다. 개념 형성 방법에는 구체적 사물을 직접 경험하여 획득된 경험적(구체적) 개념과 구체적 사물에 대한 경험 없이 언어와 사고 과정을 통해 획득되는 추상적 개념으로 구분된다. 개념학습은 나이가 어릴 때에는 구체적 사물을 통한 경험적 개념의 활용이 효과적이며 언어 기호는 추상적 개념을 형성하는 데 매우 중요한 매개 역할을 담당한다.

(3) 원리학습(principle leaning)

원리학습은 규칙이나 원리를 습득하여 행동에 반영하는 것이다. 이때 규칙이나 원리가 습득되었다는 것은 내적 상태의 형성을 의미한다(서울대학교 교육연구소, 1995). 특정 문제해결을 위해 하나의 원리가 적용되기도 하지만 두 개 이상의 원리가 적용되기도 한다. 이러한 원리 학습을 위해서는 개념학습으로 원리에 필요한 개념들이 미리 형성되어 있어야 한다.

(4) 문제해결학습(problem-solving learning)

문제해결학습은 습득된 원리나 규칙 등을 제시된 문제를 해결하는 데 적용하는 능력을 향상시키고자 하는 학습 방법 중 하나이다. 지각학습 중에서 가장 상위의 수준인 문제해결학습을 위해서는 앞에서 설명한 모든 학습이 전제되어 있어야 한다. 또한 문제해결학습 과정에서는 반성적 사고에 의한 새로운 지식 형성은 물론, 문제해결을 위한 능력이나 학습 태도를 신장시킬 수 있다. 문제해결의 과정으로는 일반적으로 [그림 9-2]와 같이 4단계 과정을 거친다. 문제해결학습과정에서 오류가 발생할 경우에는 단계 1로 돌아가 처음부터 시작하는 것보다 역순서인 단계 4에서 단계 3, 단계 2, 단계 1의 순서로 거슬러 올라가면서 오류원인을 찾은 것이 좀 더 시간과 노력을 줄일 수 있다.

[그림 9-2] 문제해결학습에 의한 문제해결 단계

2) 학습을 위한 실질적 방법

(1) 분산학습(distributed learning)

분산학습은 학습할 것을 일정량으로 나누어 중간중간 적절한 휴식을 가지면서 학습하는 방법이다. 분산학습은 내용의 난이도, 학습 능력, 학습량, 쉬는 시간의 길이 등에 따라 학습 효과가 다르게 나타난다. 분산학습은 학습 기간이 길고 학습량이 많을 때 특히 효과적이다. 또한 분산학습은 학습 간의 시간 간격을 점점 늘리면서 기억에 오래 저장될 수 있도록 해야 한다.

(2) 집중학습(massed practice)

집중학습은 학습할 것을 쉬는 시간 없이 한꺼번에 지속하는 학습방법이다. 집중학습은 분산학습보다 학습의 효과 면에서는 그리 긍정적이지 못하다. 집중학습으로 인한 피로나 실증과 같은 정서적 반응은 학습을 방해하는 요소로 작용한다. 집중학습은 학습의 처음 시작이나 준비학습을 위한 단계에 활용하면 효과적이다.

(3) 발견학습(discovery learning)

발견학습은 학습자가 학습의 주체가가 되어 제시된 정보나 지식을 재구성하여 통합하는 가운데 새로운 지식을 창조하는 학습 방법이다. 발견학습에서 학습자는 능동적이고 역동적인 존재로 지식을 발견하는 기쁨으로 자신의 학습 과정을 지속하며 탐구적인 사고능력을 향상시킨다(김춘경 외, 2016). 발견학습을 활용할 때 교사는 안내자이자 촉매자의 역할로 학습자를 지원한다.

(4) 연합학습(associative learning)

연합학습은 학습자가 자극과 반응을 연결하는 방법으로 고안한 학습이다. 연합학습의 방법은 크게 두 가지로 구분할 수 있다. 첫 번째 방법은 잘 연결된 자극과 반응에 또 다른 자극으로 이미 형성된 반응을 이끌어 내기 위해 기초자극에 새로운 자극을 연합하는 방법이다. 이런 연합학습을 고전적 조건형성이라고 한다. 두 번째 방법은 반응적 행동과 그 뒤에 따르는 결과와의 관계를 연합시키는 방법이다. 이때 뒤따르는 결과는 반응적 행동에 보상을 주는 것으로, 이를 조작적 조건 형성이라고 한다. 연합학습에 포함된 두 가지 방법은 이어지는 학습이론에서 좀 더 구체적으로 살펴볼 것이다.

(5) 자기주도적 학습(self-directed learning)

자기주도적 학습은 학습자가 학습의 주체자로 모든 학습 활동의 과정에 능동적으로 참여하는 학습 방법이다. 이 학습 방법에서 교수자는 학습자와 수평적 관계를 형성한다. 특히 자기주도적 학습이 효과적이기 위해서는 학습자가 학습의 필요성과 자신의 학습 욕구를 정확하게 알고 있어야 하며, 자율적이면서 적극적인 참여와 구체적인 학습 목표가 분명하게 수립되어야 한다. 또한 학습을 위한 일련의 과정이 결정되고, 학습 결과를 객관적으로 평가할 수 있어야 한다. 자기주도적 학습은 학습자를 수동적이라는 고정관념과 수직적인 관계에서 벗어난 학습방법으로서, 학습자가 학습주체자로서의 역할을 잘 담당할 수 있다면 다른 어떤 학습 방법보다 효과적인 학습방법이다.

(6) 관찰학습(observational learning)

관찰학습은 타인의 행동을 관찰하여 학습하는 방법이다. 관찰학습은 타인의 행동을 관찰하거나 모방하는 방법이 대표적이다. 이 방법들 모두 관찰된 타인의 행동에 대한 보상과 처벌로 인하여 타인의 행동을 모방하여 자신의 행동을 형성하거나 수정한다. 관찰학습은 반두라(Bandura)의 사회학습이론(social learning theory)에 기초한다. 관찰학습은 학습자가 모델이 되는 타인의 행동에 주의를 집중하고, 그 행동을 기억하고 모방하는 과정을 거치며, 그 과정에 강화를 받아 모방된 행동이 학습되어 형성되는 것이다(국립특수교육원, 2009).

3. 학습이론

학습이론은 학습이 가능하게 하는 요인이 무엇인가에 대하여 연구한 결과를 통해 설명한 것이다. 학습이론은 학습을 통해 새로운 행동이 형성된 이유 혹은 형성이 실패한 이유, 습득된 행동이 유지되는 이유, 혹은 유지가 어려운 이유, 유지되던 행동이 중단되거나 없어진 이유 등과 같은 학습에 대한 다양한 측면을 설명해 준다. 또한 학습이론은 학습의 과정을 설명하는 데 환경 적응과 학습과의 관련성, 연합에 대한 법칙성, 인지과정의 이해 틀, 인지 과정과 생리학적 기능의 연관성이라는 4가지 측면을 적용한다(한국교육심리학회, 2000).

학습이론은 고전적 조건형성, 조작적 조건형성, 인지적 학습, 사회적 학습으로 구분된다. 고전적 조건형성과 조작적 조건형성은 행동주의 관점에서, 인지적 학습과 사회적 학습은 인지주의 관점에서 제시된 학습 이론이다.

고전적 조건형성(classical conditioning)은 인간 행동의 수동적 측면을 강조하여, 인간은 환경으로부터의 자극에 반응 행동이 형성된다고 설명한다. 반면에 조작적 조건형성(operant conditioning)은 인간 행동의 능동적, 그리고 자발적 측면을 강조하여, 인간은 환경으로부터의 자극에 능동적이고 자발적으로 반응 행동이 형성된다고 설명한다. 특히 조작적 조건형성에서는 반응 행동에 뒤따르는 강화의 중요성을 강조한다.

행동주의 관점에 의한 학습이론의 제한점을 보완하고자 인지적 학습이론은 사고과정, 태도, 동기, 가치, 기억 등의 인지적 요인들이 인간행동에 어떤 영향력을 미치는지에 대한 연구를 통해 설명한다. 사회적 학습이론은 외현적으로 출현하는 행동에만 집중된 행동주의 관점과는 달리, 인간의 내재적 인지과정을 중시하며 타인의 행동이나 상황을 관찰하고 모방한 결과에 대한 이론을 제시한다.

이상에서 살펴본 바와 같이 서로 다른 입장에서 행동의 형성과 유지에 영향을 미치는 학습이론들이 제시된 것을 알 수 있었다. 이런 학습이론들에 대하여 지금부터 좀 더 구체적으로 살펴보기로 한다.

1) 고전적 조건형성(classical conditioning)

고전적 조건형성은 조건자극에 조건반응을 이끌어 내기 위한 학습방법이다. 그 과정은 다음과 같다. 무조건 반응 행동을 유발시키는 무조건 자극에 중성자극(특정 반응을 유발시키지 못하는 자극)의 연합을 반복하여 무조건반응과 동일한 반응 행동을 학습시킨다. 고전적 조건형성을 통한 학습은 중성자극이 조건자극이 되고, 조건자극으로 유발되는 반응 행동은 조건반응이 된다. 학습 과제는 조건자극과 무조건자극의 관계를 습득한 것이다.

고전적 조건형성에 관한 연구는 러시아의 생리학자인 파블로프(Pavlov)가 개의 타액분비 실험을 하면서 시작되었다. 그의 실험은 [그림 9-3]과 같이 개에게 종소리를 들려주고 타액분비 반응행동이 나타나게 하는 것이었다. 개의 타액분비에 직접적인 영향을 주는 자극은 먹이이다. 이때 먹이는 무조건자극, 타액분비는 무조건반응이다. 파블로프는 조건자극에서 타액분비라는 반응행동을 유도하기 위해 먹이와 아직은 타액분비를 유도하지 못하는 종소리를 연합시킨다. 이때 종소리를 중성자극이라 한다. 그는 개에게 중성자극인 종소리와 무조건자극인 먹이와 연합시켜 두 자극을 적당한 시간 간격을 두고 반복하며 제시하여 타액분비의 반응을 유도하였다. 이때 종소리인 중성자극에 의해 개가 타액분비를 하게 된다. 그 결과 중성자극인 종소리는 조건자극이 되고, 타액분비는 조건자극으로 나타나는 조건반응이 된다(그림 9-4).

파블로프
(Ivan Petrovich Pavlov, 1849~1936)

- 러시아의 생리학자
- 군의학교 교수
- 조건반사에 관한 연구
- 1904년: 소화액 분비의 신경지배에 관한 연구로 노벨의학상
- 수면, 본능, 신경증에 관한 연구

[그림 9-3] 파블로프의 고전적 조건형성을 위한 개 실험 장치

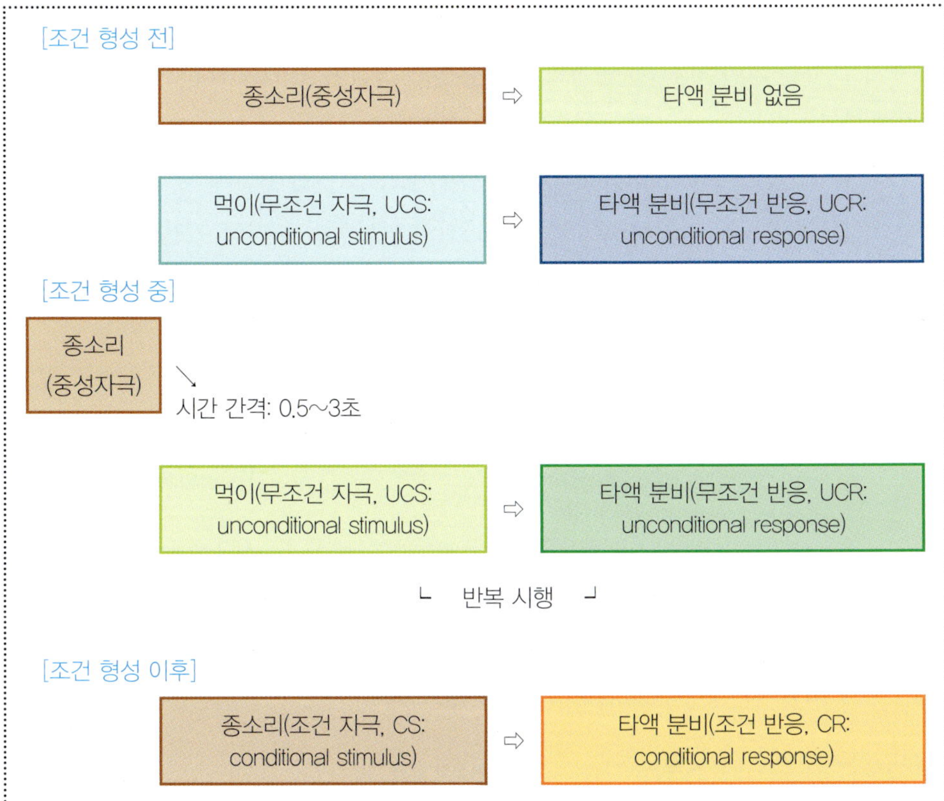

[그림 9-4] 고전적 조건 형성 단계

(1) 고전적 조건형성의 필요 조건

고전적 조건형성으로 학습이 잘 되기 위해서는 반드시 필요한 조건이 있다. 그 필요조건은 다음과 같다.

첫째, 조건자극은 주의집중이 쉽도록 강력하고 충분해야 한다. 또한 새로운 자극에 대한 각성 반응도 나타나야 한다. 각성 반응이란 자극에 의해 의식 수준이 높아지는 것이다, 예를 들어 자극에 의해 뇌파가 변화한다든지, 자율신경계의 변화, 신체 증상의 변화 등이 일어나는 것이다.

둘째, 조건자극과 무조건자극의 연합방법이다. 즉, 이는 조건자극과 무조건자극의 제시 순서를 의미한다. 이 연합방법에는 흔적 조건형성(trace conditioning), 지연 조건형성(delayed conditioning), 동시 조건형성(simultaneous conditioning), 역방향 조건형성(backward conditioning)이 있다. 4가지 연합방법에 대한 설명은 〈표 9-1〉과 같다. 고전적 조건형성에 가장 효과적인 연합방법은 지연 조건형성이다.

〈표 9-1〉 고전적 조건형성의 연합 방법

연합	방법
흔적 조건형성	• 조건 자극이 완전히 사라진 후에 무조건 자극 제시 • 조건 자극에 대한 기억에서 사라지고 반응에 강력한 무조건 자극의 제시는 조건 자극 자체를 잊게 할 위험이 큼 • 반복경험이 많아지면 점점 조건 자극과 무조건 자극을 연합시킬 수 있음 • 지연 조건 형성보다 연합학습에 시간이 더 많이 필요함 (예) 종소리가 완전히 없어진 후 먹이 제시
지연 조건형성	• 조건 자극이 먼저 제시되고, 조건자극이 사라지기 전에 무조건 자극 제시 • 조건 자극에 주의를 집중하는 동안 무조건 자극이 제시되기 때문에 두 자극 모두에 주의집중이 가능 • 조건 자극과 무조건 자극의 연합 학습에 효과적 (예) 종소리가 끝나기 전에 먹이 제공하는 상황이 반복되면 종소리에 타액 분비가 가능하게 되는데, 이는 종소리 뒤에 먹이가 제공된다는 사실을 예측하기 때문
동시 조건형성	• 조건 자극과 무조건 자극을 함께 제시 • 반응을 유도하기에 강력한 무조건 자극에만 반응하고 조건 자극은 무시됨 • 조건 자극과 무조건 자극의 연합이 어려움 (예) 종소리와 먹이를 동시에 제공
역방향 조건형성	• 무조건 자극이 먼저 제시된 후 조건 자극이 나중에 제시 • 무조건 자극으로 욕구 충족이 되어 조건 자극에 주의를 할애하지 않을 확률이 큼 (예) 먹이가 제공된 후에 종소리 제시

셋째, 조건자극이 무조건자극에 앞에 제시될 때 시간간격이다. 조건자극을 제시하고 0.5~3초 뒤에 무조건자극이 제시되는 것이 좋다. 조건자극과 무조건자극의 제시 시간간격이 너무 길게 되면 조건자극의 흔적이 사라질 수 있으니 주의해야 한다.

넷째, 조건자극과 무조건자극의 연합이 잘 학습되기 위해서는 충분한 반복 시행이 요구된다. 반복은 처음 학습할 때에는 시간간격을 짧게, 반복시행이 거듭되면서 점차적으로 시간간격을 늘려 준다. 그리고 학습초기에는 일정한 시간간격과 빈도로, 학습된 후에는 변동 시간간격, 간헐적 빈도로 반복하는 것이 효과적이다.

(2) 고전적 조건형성의 구성 요소

고전적 조건형성에 의한 학습을 위해서는 어떤 구성 요소가 있고 그 개념은 무엇인지 알고 있어야 한다. 구성요소와 그 개념은 다음과 같다.

① 무조건 자극(unconditioned stimulus, UCS)

무조건 자극은 유기체가 특별한 훈련이 없어도 자연스럽게 자동적으로 반응을 유발시키는 자극이다. 파블로프의 고전적 조건형성을 위한 실험에서는 먹이가 타액분비를 유발시키는 무조건 자극이다.

② 무조건 반응(unconditioned response, UCR)

무조건 반응은 유기체에게 무조건 자극을 제시했을 때 유도되어 나타나는 자연스럽고 즉시 일어나는 자동적 반응 행동이다. 파블로프의 고전적 조건형성을 위한 실험에서 개에게 먹이를 제시하였을 때 나타나는 타액분비가 무조건 반응이다. 이때 무조건 반응은 특별한 훈련 없이도 나타난다. 인간에게 나타나는 반사적 행동도 무조건 반응에 포함된다. 인간의 반사적 행동은 학습과는 상관없이 생득적으로 형성된 것으로, 무릎반사, 눈 깜박거림 반사 등이 있다.

③ 조건 자극(conditioned stimulus, CS)

조건 자극은 무조건 자극과의 짝짓기 연합으로 조건 반응을 유발시키는 자극이다. 고전적 조건 형성에서 조건 자극과 무조건 자극의 연합에 의한 조건 반응의 출현은 흥분의 법칙이 작용된다. 조건자극은 무조건 자극과의 연합에 대한 훈련, 연습이 요구된다. 조건 자극은 유기체에게 정향반응을 일으키기 충분하여

야 한다. 정향반응이란 자극이나 상황을 제공했을 때 나타나는 각성 반응이다. 또한, 짝짓기의 순서와 시간 간격도 중요하다. 파블로프의 고전적 조건형성을 위한 실험에서 개에게 먹이를 제시할 때 들려주는 종소리가 조건 자극이다.

④ 조건 반응(conditioned response, CR)

조건 반응은 유기체가 조건 자극을 제시했을 때 나타나는 반응 행동이다. 조건 반응의 출현은 고전적 조건형성에서 조건 자극과 무조건 자극의 연합이 학습되었다는 것을 의미한다. 파블로프의 고전적 조건형성에서 조건 반응은 종소리에 유발되는 타액분비이다. 조건 자극에 조건 반응을 유발시키기 위해서는 조건 자극과 무조건자극의 연합으로 제시되는 반복 횟수, 조건자극과 무조건 자극이 제시되는 순서 및 시간 간격 등을 고려해야 한다.

⑤ 자극의 일반화(stimulus generalization)

자극의 일반화는 조건 자극에 조건 반응이 유발되어 조건 형성이 이루어지면 조건 자극과 유사한 다른 자극에도 조건 반응을 보이는 현상이다. 파블로프의 조건형성 실험에서 종소리에 타액분비가 유발된 개에게 실험에서 사용된 종소리와 유사한 종소리를 들려 줘도 조건 반응인 타액을 분비한다.

⑥ 변별(discrimination)

제시된 자극들 간의 차이를 구별하는 것을 변별이라고 한다. 자극을 변별하는 것에 의해 유기체는 자극에 따라 서로 다른 반응을 보인다. 파블로프의 조건형성 실험에서 조건자극인 종소리와 유사한 종소리에 먹이를 제시하지 않고 특정 종소리에만 먹이를 제시하였다고 하자. 이때, 개는 특정 종소리에는 타액분비 반응을 보이지만 유사한 다른 종소리에는 타액분비 반응이 나타나지 않는다. 즉, 특정 종소리와 다른 종소리를 구별하여 다른 반응행동이 나타난 것으로, 이를 변별이라고 한다.

⑦ 소거(extinction)

소거는 고전적 조건 형성에서 조건 자극이 제시된 뒤에 무조건 자극이 제시되지 않으면 조건 반응이 보이지 않는 것이다. 그리고, 조작적 조건형성에서는 행동 후 강화가 제거되면 유기체의 반응 행동이 나타나지 않는 현상을 말한다. 소거는 무조건 자극이 제공되지 않고 조건 자극만 제시되거나 강화가 제공되지 않았을 때 이미 확립된 반응행동이 나타나지 않는데, 이는 내부 억제의 법칙이 적용된 것이다. 파블로프의 조건형성 실험에서는 조건 자극과 무조건 자극과의 연합학습이 형성되어 조건 반응이 나타났는데 무조건 자극인 먹이가 반복적으로 수차례 제거되면 개는 더 이상 조건 자극에 타액을 분비하지 않는다. 이런 현상을 소거되었다고 한다. 소거는 부정적인 반응 행동을 수정하고 개선할 때 효과적이다.

⑧ 자발적 회복(spontaneous recovery)

자발적 회복은 소거가 나타난 후에 조건 자극에 무조건 자극을 연합하여 다시 제시하면 소거 후에 없어졌던 조건 반응 행동이 다시 나타나는 현상을 말한다. 자발적 회복은 처음 조건 자극과 무조건 자극의 연합학습이 형성될 때보다 그 기간이 훨씬 짧다. 파블로프의 조건형성 실험에서는 종소리를 제시한 후에 먹이 제시하기를 몇 번 반복하면 소거로 사라졌던 타액분비가 다시 회복되어 나타난다.

⑨ 고차적 조건화(higher order conditioning)

고차적 조건화는 조건 자극에 조건 반응이 형성된 후에 조건 반응을 유발시키는 또 다른 조건 자극을 제시하는 것이다. 파블로프의 조건형성 실험에서 종소리에 타액분비가 나타난 후에 종소리가 제시되기 전에 불빛을 제시하여 연합하면 불빛에도 타액분비가 나타난다. 이때 종소리는 일차적 조건 자극, 불빛은 이차적 조건 자극이라 한다. 이차적 조건 자극 앞에 또 다른 조건 자극을 연합시킬 수 있는데, 이는 삼차적 조건자극이 된다. 이렇게 조건 자극이 순차적으로 앞서 제시될 때 고차적 조건자극이라고 한다. 고차적 조건 자극은 삼차적 조건 자극까지는 조건 반응이 나타날 수 있으나 그 이상의 고차적 조건 자극은 조건 반응을 유발시키기 어렵다.

☞ **여기서 잠깐 좀 더 알아봅시다!**

■ **인간의 일상에서 발견할 수 있는 고전적 조건 형성의 사례들**

– 심리학의 연구 대상을 과학적으로 증명 가능한 외현적 행동만을 중심으로 연구했던 학파는 행동주의이다. 고전적 조건형성은 행동주의 관점에서 행동의 원인이 되는 자극들을 밝혀내면서 인간의 일상생활에도 깊이 관여하였다. 대표적인 사례로 행동치료, 광고를 들 수 있다.

– 행동치료: 공포, 두려움, 불안과 같은 행동치료에 고전적 조건 형성은 매우 효과적이고, 체계적 둔감법, 노출법, 혐오치료 방법은 고전적 조건형성의 대표적인 행동치료 방법이다.

행동치료	방법
체계적 둔감법	• 근육 긴장을 이완시킨 상태에서 약한 부정적 정서 자극으로 시작하여 점진적으로 강한 부정적 정서 자극을 제시하는 과정으로 부정적 정서 자극에 대한 긴장을 감소시키는 방법 • 공포나 불안장애에 효과적 • 진행 단계: 불안에 대치할 이완 훈련 → 부정적 정서 문제에 대한 단계 결정 → 점직적으로 강하게 부정적 정서 자극 제시
노출법	• 두려워하는 자극이나 상황에 의도적으로 노출을 반복적으로 직면시키는 방법 • 두려워하는 자극이나 상황에 지속적인 노출로 익숙해짐으로써 부정적 정서 반응이 서서히 사라진다는 원리에 기초 • 점진적 노출법, 급진적 노출법, 실제상황 노출법 등이 있음
혐오치료	• 부정적 행동(조건 자극)에 혐오적 반응을 일으키는 무조건 자극과 연합시켜 부정적 행동을 감소시키는 치료 방법 • 약물중독이나 성도착증 치료에 많이 사용 • 윤리적, 인간적인 면의 부작용으로 주의해서 사용해 함

– 광고: 대중에게 인기 있는 연예인을 상품과 짝지어 제시하여 그 연예인에 대한 호감과 광고하는 상품을 연합시킨다.

2) 조작적 조건형성(operant conditioning)

조작적 조건형성은 인간의 행동이 행동 후의 자극(결과)에 의해 지속되거나 중단시키는 학습방법이다. 좀 더 설명하면 행동을 유발시키기 위해 행동 후에 제시되는 자극을 조정하는 것으로, 자발적이며 긍정적 행동으로 후속자극인 강화를 획득하여 행동이 학습된다는 것이다.

조작적 조건형성의 학습 원리는 유기체의 특정 행동을 보상(강화)하면 그 행동을 지속되고, 반대로 보상(강화)이 없거나 처벌을 하면 그 행동을 중단시킬 수 있다는 것이다. 조작적 조건형성의 학습 원리에 의해 행동이 반복되면 최종 목표에 도달시킬 수 있다는 점에서 순치이론이라고도 한다.

조작적 조건형성의 대표학자는 스키너(Skinner)로, 그는 손다이크(Thorndike)의 연구가 확립된 이후 자신의 이론을 확장시켰다. 손다이크는 고양이 문제 상자로, 스키너는 쥐 문제 상자로 실험을 하여 조작적 조건형성의 결과를 제시하였다.

우선 스키너에게 영향을 미친 손다이크의 연구를 살펴본 후, 스키너의 연구에 대해 알아보기로 한다.

(1) 손다이크 학습이론

손다이크의 조건형성은 결과를 획득하기 위해 반응행동을 도구적으로 사용한다는 의미를 포함하고 있다. 손다이크의 조건형성은 시행착오학습과 효과의 법칙에 의해 이루어진다는 것이 핵심이다. 손다이크의 이론을 좀 더 잘 이해하기 위해 고양이 문제상자의 실험과정을 살펴보자(그림 9-5).

손다이크
(Edward Lee
Thorndike, 1874~1949)

- 미국의 심리학자
- 행동연구와 학습이론에 많은 영향을 미침
- 「효과의 법칙 제창」
- 대표저서: 동물의 지능, 교육심리학

[그림 9-5] 손다이크의 고양이 상자

손다이크의 고양이 문제상자는 발판을 누르거나 고리를 잡아당기면 문이 열리고, 고양이가 상자 밖으로 나가서 먹이를 먹을 수 있도록 만들었다. 이 문제상자에 배가 고픈 고양이를 넣고 문을 닫는다. 고양이가 문 밖에 있는 먹이를 먹기 위하여 이리저리 돌아다니고 상자를 긁어보기도 하면서 몸부림치다가 우연히 발판을 누르게 된다. 발판을 누르자 문이 열렸고, 고양이는 밖으로 나와 먹이를 먹는다. 고양이가 이런 과정을 몇 번 반복하면 배가 고플 때 의도적으로 발판을 밟아 문을 열고 밖을 나갈 수 있게 된다. 결과적으로 고양이는 발판을 누르는 것이 먹이를 얻기 위한 도구적 역할을 한다는 것을 학습하게 된다(그림 9-6).

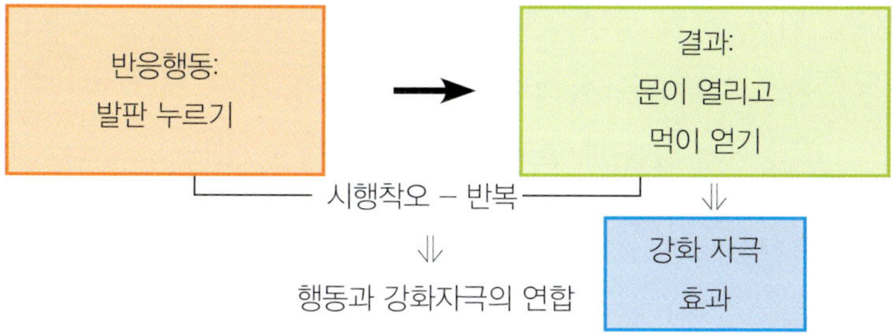

[그림 9-6] 손다이크의 시행착오 학습과 효과의 법칙

손다이크의 학습은 효과의 법칙, 연습의 법칙, 준비성의 법칙이라는 원리에 근거하고 있다.

첫 번째 학습 원리인 효과의 법칙은 결과(강화자극, 보상)가 만족스러울 때 자극과 반응의 결합이 더 잘 이루어진다는 것이다. 즉 특정 행동 결과가 만족스러울 때 훨씬 더 그 행동이 강화된다는 원리이다.

두 번째 학습 원리는 연습의 법칙이다. 고양이는 단 한 번에 발판을 누르고 밖으로 나가 먹이를 얻지 못했다. 우연이 발판을 누르고, 그 우연한 행동이 반복되어 '발판을 누르면 문이 열린다'는 사실을 알게 된 것이다. 이처럼 고양이는 시행착오와 우연한 성공을 거쳐 정반응행동을 학습하는데, 이를 시행착오학습이라고 한다. 연습의 횟수가 많으면 많을수록 학습은 강화된다. 따라서 특정 행동이 완성되는 학습에는 반복 연습이 필요하다.

세 번째 학습 원리는 준비성의 법칙이다. 고양이가 발판을 누르고 밖에 있는 먹이를 먹고 싶어야 한다는 것이다. 고양이가 배가 고프지 않고 상자에 있는 것을 편안해 한다면, 고양이는 먹이를 먹기 위해 밖으로 나가려는 시도를 하지 않을 것이다. 이처럼 준비성의 법칙은 학습자가 신체적, 정서적으로 새로운 사실과 지식을 학습하고 받아들일 준비가 되어 있어야 한다. 즉, 학습자의 지능, 성숙 정도, 자세와 태도, 동기, 의지, 노력 등의 준비성은 효과적인 학습에 매우 중요한 요인으로 작용한다. 결론적으로 학습은 학습자가 학습할 준비 혹은 목표 지향적 행동을 할 준비가 충분히 갖추어져 있을 때 효과적으로 진행될 수 있다.

손다이크의 학습이론을 교육에 적용했을 때 효과의 법칙, 연습의 법칙, 준비성의 법칙은 다음과 같이 활용되어야 한다. 효과의 법칙과 연습의 법칙을 적용하기 위해서는 반복되는 학습과정에서 학습자가 정반응행동을 보일 때 교사는 반드시 강화를 제공해야 한다. 준비성의 법칙은 교사가 학습자의 특정 과제에 대한 수행 능력의 정도를 사전에 평가하여 학습 목표를 계획하고 수립하는 것이다. 효과의 법칙은 학습자가 학습과정에서 정반응을 보일 때 즉시 강화를 제공하는데, 강화물은 학습자가 좋아하는 것을 제공해야 한다. 손다이크의 학습이론의 단점은 학습자의 내적 과정을 완벽하게 고려하지 못했다는 것, 학습 목표와 흥미, 이해와 통찰에 의한 학습을 간과했다는 것이다.

(2) 스키너의 학습이론

조작적 조건형성은 미국의 행동주의 심리학자 왓슨의 연구에서 시작되었다. 왓슨은 유기체의 행동이 결과로 획득되는 보상에 의해 영향을 받는다고 주장하였는데, 스키너는 왓슨의 이런 주장을 쥐 상자 실험을 통해 입증하여 그 이론을 체계화했다.

스키너에 의해 이루어진 쥐 상자 실험은 지렛대와 먹이접시를 설치한 상자 속에 쥐를 넣고 먹이를 획득하는 과정을 관찰하였다. 스키너의 쥐 상자는 쥐가 지렛대를 누를 때만 먹이가 제공되도록 설계되었다(그림 9-7).

* 먹이(강화)가 필요할 때 지렛대 누르기 실험 진행 절차: 1. 배고픈 쥐를 상자 안에 넣기 → 2. 쥐가 상자 안을 돌다가 우연히 지렛대를 누르면, 먹이가 제공됨 → 3. 2의 반복 → 4. 지렛대 누르기와 먹이 제공이 연합되어 있음을 학습 → 5. 배고플 때마다 지렛대를 눌러 먹이 획득

[그림 9-7] 스키너의 쥐 상자

스키너
(Burrhus Frederick Skinner, 1904~1990)

- 미국의 행동주의 심리학자
- 1926년 해밀턴대학교, 영어 전공으로 졸업 후, 하버드대학교 대학원 심리학 전공으로 진학
- 1931년 박사학위 취득
- 1958~1974년 하버드대학교 심리학과 교수
- 스키너의 상자로 급진적 행동주의 학습이론 확장
- 과학적 실험을 통한 심리학 연구
- 강화이론 주창
- 대표 저서: 『Science and Human Behavior』, 『About Behaviorism』, 『자유와 존엄을 넘어서』

쥐가 지렛대 누르면 먹이를 제공받는데, 스키너는 지렛대 누르는 행동을 조작반응, 먹이를 강화물이라고 했다. 스키너의 조작적 조건형성에서 강화물은 만족스러운 결과를 가져오는 반응행동을 강화시키는 매우 중요한 요인이다. 그는 강화와 강화물이라는 용어 제시와 함께 조작적 조건형성에서 강화 계획의 중요성을 강조했다.

강화에는 바람직한 행동을 증가시키는 정적강화와 부적강화가 있다. 정적 강화는 유기체가 좋아하는 강화물을 정반응 뒤에 제공하여 정반응의 빈도를 증가시키는 것이다. 스키너의 쥐 상자 실험에서는 쥐가 지렛대를 누르는 정반응에 먹이라는 강화물이 제공되었다. 부적강화란 유기체가 싫어하는 자극이 정반응 뒤에 제거되어 정반응의 빈도가 증가되는 것이다. 예를 들어 화장실 청소를 싫어하는 학습자는 숙제를 하지 않으면 벌칙인 화장실 청소를 해야 하기 때문에 숙제를 하는 빈도가 증가된다면 이때 부적강화인 화장실 청소는 정반응을 증가시키는 데 효과적이라고 말할 수 있다. 즉, 싫어하는 화장실 청소를 피하기 위해 숙제를 하는 것이다.

반면에 바람직하지 못한 행동을 감소시키는 방법은 처벌이다. 처벌은 바람직하지 못한 행동, 즉 잘못된 행동을 약화시키는 방법이다. 처벌은 원래의 목적과는 다르게 위협적이고 공포감과 불안을 조성할 수 있고, 처벌 행위를 모델링하여 공격성을 유발시킬 수 있다는 부작용이 있다. 이런 부작용이 일어나지 않기 위하여 처벌의 주의점 3가지는 반드시 지켜져야 한다. 첫째, 처벌은 잘못된 반응이 나타날 때 즉시 주어져야 한다. 시간적 지연은 처벌의 의미가 사라지기 때문이다. 둘째, 주어지는 처벌은 잘못된 행동을 감소시킬 만큼 엄격하고 충분해야 한다. 감당할 수 있는 처벌은 그 의미가 상실된다. 셋째, 처벌이 주어지는 상황은 늘 일관되어야 한다. 동일하게 잘못된 행동에 어떤 경우는 처벌이 주어지고, 어떤 경우에 처벌이 주어지지 않는다면 처벌을 받는 사람은 그 행동이 잘못되었다는 인식을 하는 데 혼란을 겪을 수 있다.

이상에서 살펴본 바와 같이 스키너의 조작적 조건형성은 인간이 그저 외부 자극에 대해 반응하는 수동적 인간이 아니라 스스로 환경을 조작하여 반응하는 능동적 인간이라는 것을 강조한다. 스키너의 상자 안의 쥐는 우연히 발판을 눌러 먹이를 얻을 수 있게 되지만 그 결과, 쥐는 배가 고플 때 능동적으로 발판을 눌러 먹이를 얻을 수 있게 된다. 이런 결과는 인간도 학습에서 특정 행동에 만족할

만한 결과가 획득되었을 때 자발적으로 그 행동의 수행 여부를 결정할 수 있다는 것을 알 수 있게 한다. 따라서 스키너의 학습이론은 강화계획을 통해 학습자들에게 바람직한 행동을 증가시키고 바람직하지 못한 행동을 개선하는 데 많이 적용된다.

(3) 강화물의 종류

강화의 종류에는 일차적(물리적) 강화물과 이차적(사회적) 강화물이 있다. 일차적 강화물은 인간의 후천적 경험과 학습에 의해서가 아니라 출생 때부터 선천적으로 필요한 생리적 요구를 만족시킬 수 있는 것들이다. 예를 들어, 음식, 공기, 물 등이 일차적 강화물에 포함된다. 일차적 강화물은 일반적으로 연령이 낮은 아동들에게 주로 사용하고, 강화물에 대한 요구가 간절할 때 사용하는 것이 효과적이다. 이차적 강화물은 후천적인 경험이나 학습에 의해 획득되는 강화물이다. 일반적으로 일차적 강화물과 연합되어 제공되는 경우가 많다. 예를 들면 칭찬, 인정, 상장, 토큰, 권한 부여 등이 이차적 강화물에 포함된다.

학습에서 강화물로 그 효과를 극대화하려면 수반성, 즉시성, 크기, 박탈이라는 요인들이 고려되어야 한다(Miller, 2006). 강화물의 수반성은 목표행동을 한 후에 뒤따라 제공되어야 한다. 강화물의 즉시성은 목표 행동이 유발된 즉시 강화물을 제공해야 한다. 강화물의 크기는 목표 행동을 위한 학습자의 노력과 시간에 적절한 양이어야 한다. 강화물의 박탈은 학습자의 간절함, 절실함이라는 요구에서 강화물이 제거되어야 효과가 있다. 이 외에도 효과적인 강화물을 선택할 때 주의사항은 학습자가 강화물을 선택하여 결정하도록 해야 한다는 것이다. 그래서 교사나 부모는 학생이나 자녀가 어떤 강화물을 선호하는지에 대한 조사를 미리 해야 할 필요가 있다(Graff & Liddy, 1999; Green et al., 1988).

(4) 강화계획(reinforcement schedules)

강화계획은 목표 행동의 형성, 속도, 유형을 결정하는 데 중요하게 작용한다. 우선, 강화계획은 정적강화, 부적강화, 처벌 중 어떤 유형으로 제시할 것인가를 결정한다(표 9-2). 그 다음으로 전체 강화(total reinforcement)와 부분 강화(partial reinforcement) 중 어떤 방법을 사용할 것인가를 선택한다. 전체 강화는 연속 강화(continuous reinforcement)로, 부분 강화는 간헐 강화(intermittent reinforcement)로 불리기도 한다. 마지막으로 부분 강화계획을 선택했을 경우 고정(fixed)과 변동(variable), 간격(interval)과 비율(ratio) 중에 어떤 강화계획을 적용할지를 결정해야 한다(표 9-3).

〈표 9-2〉 강화계획에 따른 정적 자극과 부적 자극의 제시

정적 자극		부적 자극	
보상, 댓가를 제공하기 (예) 초코렛, 사탕 등을 주기, 칭찬하기	정적 강화	학습자가 좋아하는 것을 제거하거나 빼앗기 (예) 장난감, 스마트 폰 없애기	부적 벌
벌 주기 (예) 화장실 청소시키기	정적 벌	학습자가 싫어하는 것을 없애주기 (예) 화장실 청소시키지 않기	부적 강화

〈표 9-3〉 강화계획

강화계획	간격	비율	효과
고정	고정 간격 강화	고정 비율 강화	새로운 반응행동 형성
변동	변동 간격 강화	변동 비율 강화	형성된 반응행동 유지

전체 강화계획은 아동이 목표행동을 할 때마다 강화물을 매번 제공하는 것이다. 반면에 부분 강화계획은 아동의 목표행동에 매번 강화물이 제공되는 것이 아니라 간헐적으로 강화물을 제공하는 것이다.

전체 강화계획의 장단점은 다음과 같다. 장점으로는 새로운 행동을 형성시키고자 할 때, 또는 반응행동을 빨리 유도하고 싶을 때 효과적이다. 단점으로는 강화물에 실증을 느껴 더 이상 필요하지 않을 때 반응행동이 일어나지 않을 수 있다는 것이다. 또한, 강화물이 제시되지 않으면 반응행동이 일어나지 않는다.

부분 강화계획의 장단점은 다음과 같다. 장점으로는 형성된 행동을 유지시킬 때와 강화물을 실생활의 사물로 대치할 때 효과적이다. 그리고 강화물이 제시되지 않을 때 반응행동이 사라지는 속도를 늦출 수 있다. 단점으로는 학습속도가 느리며, 새로운 행동을 형성시킬 때에는 그 효과가 매우 늦게 나타난다.

따라서 반응행동을 학습시키고자 하는 초기에는 전체 강화, 그리고 반응행동이 형성되어 완성시키거나 유지시키고자 할 때에는 부분 강화를 계획하여 적용하는 것이 효과적이다.

〈표 9-4〉 부분 강화계획

강화계획	방법
고정간격 강화계획	• 일정한 시간간격 뒤, 혹은 일정한 시간간격 동안에 반응행동이 보일 때마다 강화물 제공 • 강화물이 제공되는 시간에 근접하여 집중적으로 반응행동을 수행할 가능성 높음 (예) 5분 동안 의자에 잘 앉아 있으면 초콜릿 제공, 매주 보는 쪽지 시험, 한 달에 한 번 받는 월급
고정비율 강화계획	• 일정한 횟수로 반응행동을 보이면 강화물 제공 • 강화물이 필요할 때 집중적으로 횟수를 달성하여 반응행동을 수행할 가능성 높음 • 강화물을 받기 위해 짧은 시간 안에 반응행동의 횟수를 달성하는 데 유리 (예) '사과'라는 글자를 10번 쓰면 초콜릿 제공, 봉투를 100개를 접으면 1,000원 지급
변동간격 강화계획	• 일정하지 않은 시간간격으로 강화물을 제공하지만 평균적 시간은 일정함 • 강화물이 언제 제공될지 모르기 때문에 반응행동을 꾸준히 할 가능성이 높음 (예) 2분, 6분, 3분, 12분, 7분에 강화물을 제공하였고 평균 간격은 6분. 예고 없이 수업에 대한 복습으로 마인드 맵 작성 여부 검사(강의계획서-기술: 평균 5주에 한 번 마인드맵 작성 여부 검사, 의미: 15주 동안의 3회 마인드 맵 작성 여부 검사를 하지만 언제 할지 모름)
변동비율 강화계획	• 일정하지 않은 반응행동의 횟수에 강화물이 제공되지만 평균적 반응행동의 횟수는 일정함 (예) 2회, 6회, 3회, 12회, 7회에 강화물을 제공하였고 평균 6회의 반응행동마다 강화물 제공. 변동비율 강화계획의 대표적 예로는 도박, 경마, 복권 등을 들 수 있음

부분 강화계획은 시간이나 반응행동의 횟수를 일정하게 할 것인가, 아니면 일정하지 않게 할 것인가에 따라 계획하는 방법이 달라진다. 이런 기준에 의해 계획된 부분 강화계획에는 고정간격 강화계획, 고정비율 강화계획, 변동간격 강화계획, 변동비율 강화계획이 있다. 자세한 설명은 〈표 9-4〉에 제시한다.

3) 고전적 조건형성과 조작적 조건형성의 차이점

고전적 조건형성과 조작적 조건형성이 자극과 반응을 근거로 한 학습이란 점과 행동주의 이론을 기초한 이론이라는 점에서는 차이점이 없다. 그러나 이 두 학습이론은 반응행동을 유발하는 원인과 보상의 역할에서 차이가 크다. 고전적 조건형성은 조건자극이 무조건자극과 연합되어 자극의 변화에 따른 반응행동이 유발되는 것인 반면에, 조작적 조건형성은 정확한 반응행동에 뒤따르는 보상에 대한 경험으로 자발적 반응행동을 유도하는 것이다. 이런 차이점은 손다이크와 스키너의 실험 결과에서도 잘 나타난다. 개의 타액분비 실험에서는 종소리가 먹이 앞에 제시되어 연합학습이 이루어진 후, 개는 종소리에 타액분비라는 반응행동을 보였다. 반면에 쥐 상자 실험에서는 쥐가 발판을 누르자 먹이가 제공되었는데, 이는 자발적 행동에 먹이라는 보상이 뒤따른 것이다.

이와 같은 두 조건형성 이론의 차이점 때문에 고전적 조건형성은 자극에 의한 반응행동 유발이라는 인간의 수동적 측면을, 조작적 조건형성은 자발적인 조작 행동에 뒤따르는 보상인 강화물 제공에 의한 인간의 능동적 측면을 강조한다(그림 9-8).

고전적 조건형성	=	반응행동	=	S형 조건반사: S(stimulus) – R(response) *S = 자극(종소리)
조작적 조건형성	=	조작행동	=	R형 조건반사: R(response) – S(stimulus = reinforcer) *S = 강화물(먹이)

* 반응행동: 무조건반응과 같이 조건자극에 대한 반응
** 조작행동: 외부의 자극 없이 일어나는 자발적 반응

[그림 9-8] 고전적 조건형성과 조작적 조건형성의 차이점

☞ **여기서 잠깐 좀 더 알아봅시다!**

■ **프리맥 원리(Premack Principle)란?**

– 강화물로 사용하여 좋아하는 행동을 촉진하는 방법
– 1965년 데이비드 프리맥(David Premack)에 의해 소개된 개념
(예) 숙제를 하지 않는 아동에게 숙제를 하면 게임을 1시간 동안 할 수 있도록 허락하는 것

숙제를 하지 않는 아동에게

⇧

숙제하기 / 증가시킬 행동	×	게임 1시간하기 / 선호하는 행동

[게임의 가치] 아동에게 중요한 것으로 하기 싫은 숙제를 수행한 보상, 즉 강화물

– 프리맥 원리의 핵심은 행위들 사이의 상대적인 가치를 잘 파악하여 목표행동을 강화하는 것으로, 상대적으로 더 중요하고 가치 있는 행동을 보상해야 더 효과가 있는 것. 이런 의미에서 이 원리를 상대적 가치 이론(Relative Value Theory)이라고도 부름(한국교육심리학회, 2000)

4) 인지적 학습이론

인지적 학습이론은 고전적 조건형성과 조작적 조건형성의 학습이론만으로 해결할 수 없는 많은 복잡한 학습 과정을 설명한다. 조건형성은 외현적으로 관찰되는 행동에 대한 자극과 반응의 연합으로 학습 과정의 이론을 제시하였다. 그러나 인지적 학습이론은 직접적으로 관찰할 수 없는 내적 과정에서 일어나는 학습을 제시하였다.

인지적 학습이론은 인간 개개인이 직면하는 환경을 인지하는 방법과 그들 각자의 기대, 동기, 성격, 추구하는 목표에 따라 거치게 되는 서로 다른 학습과정을 강조한다. 대표적인 인지적 학습이론에는 잠재학습과 통찰학습이 있다.

(1) 잠재학습

잠재학습은 자극과 반응의 연합에 의해 이루어지는 학습이 아니라 인지과정을 통해 학습되는 것을 말한다. 이는 톨먼(Tolman)과 혼직(Hornzik)에 의해 주장되었다. 톨만과 혼직은 강화물을 제공하지 않고 미로상자 안의 쥐를 관찰하였다. 강화물의 제공방법에 따라 쥐들을 세 집단으로 구분하였다. 집단 1의 쥐에게는 미로학습에 강화물을 제공하지 않았고, 집단2의 쥐에게는 미로학습과정에 매번 강화물을 제공하였고, 집단 3의 쥐에게는 실험시작 후 11일째부터 강화물을 제공하였다. 실험 결과는 지속적으로 강화물을 제공한 집단 2의 쥐와 11일째부터 강화물을 제공했던 집단 3의 쥐의 미로학습의 결과가 유사하게 나타났다. 톨만과 혼직은 집단 3의 쥐들이 강화물을 주기 전 10일 동안 미로의 경험을 통한 학습으로 인지과정을 형성한 것이라고 설명했고, 이를 잠재학습이라고 말했다.

잠재학습에서 강화물의 의미는 보상이 주어지면 그동안 축적되었던 인지가 학습하는 데 변인으로 작용한다는 것이다. 이와 같이 잠재학습의 이론적 근거는 인간의 조건형성이 자극과 반응의 연합에 의한 수행으로 학습되는 것이 아니라 그동안 경험하면서 획득한 지식이나 정보를 통한 인지과정으로 학습된다는 데 둔다.

(2) 통찰학습

통찰학습은 형태주의이론에 근거하여 퀼러(Köhler)에 의해 제시되었다. 형태주의는 인간이 환경으로부터 오는 자극, 즉 정보를 수용하는 데 능동적으로 조직한다고 생각했다. 이런 관점에 기초한 퀼러는 행동주의의 자극과 반응의 연합학습보다는 인지적 재구성을 통해 형성되는 통찰학습을 주장한다.

통찰학습은 자극와 반응의 연합학습에서 설명한 시행착오를 거쳐 우연한 성공으로 학습되는 것과는 다른 학습이다. 통찰학습은 제시된 문제를 완벽하게 파악하는 중에 주어진 문제의 요소들 사이의 관계를 이해하여 재구성되는 인지를 통한 학습 과정이다. 즉 제시된 문제의 요소마다 각각 반응하는 것이 아니라 문제에 포함된 요소들을 통합적으로 이해하고 분석하는 인지과정을 통해 문제를 해결하고 학습하는 것이다. 따라서 통찰학습은 인간의 내적 과정과 예측 능력과 같은 인지 능력을 중요하게 여긴다.

통찰학습의 영향력과 효과는 다음과 같다. 첫째, 제시된 문제 해결에 축적된 경험이 필요하지만 그 경험으로만 문제해결에 성공할 것이라고는 확신할 수 없다. 과거 경험을 적용하기 전에 제시된 문제요소에 대한 내용, 성격, 특징 등을 정리하여 요소들 간의 관계로 재구성하여 지각할 때 통찰학습이 형성된다. 둘째, 통찰학습을 통해 획득된 문제해결방법은 즉시 수행되고 반복된다. 시행착오를 거치지 않은 갑작스러운 문제해결은 통찰학습에 있어서 중요한 원리이다. 셋째, 통찰학습을 통해 획득한 성공적인 문제해결 방법은 유사한 다른 문제에도 쉽게 적용할 수 있다. 따라서 통찰학습은 자극과 반응의 연합이 아니라 목적을 달성하고자 수단과 방법을 활용하는 인지적 재구성으로 이루어지는 것이다.

☞ **여기서 잠깐 좀 더 알아봅시다!**

■ **퀼러의 침팬지 실험**

퀼러
(Wolfgang Köhler,
1887~1967)

침팬지를 우리에 가두고, 우리 밖에 바나나와 막대를 두었다. 우리 밖에 있는 바나나는 팔을 뻗어 잡을 수 없는 위치에 있었다. 침팬지는 바나나를 잡으려 애를 썼으나 번번이 실패했다. 관찰자에게 도와달라는 몸짓도 해보고, 불만과 절망의 표현으로 바닥을 치기도 했다. 이런 행동으로 시간이 흐르던 중 침팬지는 우리 밖에 있는 막대를 보는 것 같았다. 그리고 몇 분 후 손을 우리 밖으로 뻗어 막대를 잡고 바나나를 침팬지의 팔을 뻗어 잡을 수 있을 거리까지 끌어당겼다.

이 실험을 한 후 다시 동일한 상황에 침팬지를 놓으면 침팬지가 처음보다 바나나를 획득하는 시간이 단축되었다. 퀼러는 막대기를 이용하여 바나나 획득하는 실험 이 외에도 우리 안에 상자를 두고 천장에 바나나를 매달아 침팬지가 바나나를 획득하는 과정을 관찰하였는데, 침팬지는 막대를 활용할 때와 동일한 과정으로 바나나를 획득했다.

이와 같이 통찰학습은 유기체가 주변 상황의 요소들 간의 관계를 파악하여 문제를 해결하는 것이다. 관계가 없어 보이던 요소들이 전체적으로 통합되어 갑작스럽게 파악되면서 문제가 해결되는 것이다. 그래서 통찰학습을 통해 '아하 효과'를 경험하게 된다.

5) 사회적 학습이론

사회적 학습이론은 인간의 행동이 직접 경험에서만 학습되는 것이 아니라 다른 사람의 행동을 관찰하여 모방행동을 하는 것에 의해서도 학습된다는 이론이다. 사회적 학습이론의 이런 관점은 강화로 행동을 형성하고 유지시킨다는 조건형성이론과는 차이가 있다. 특히, 대인관계에서 이루어지는 학습은 개개인의 사회적 행동, 성격, 가치관, 인지, 동기, 정서 등에 타인과의 사회적 상호작용이 더해져 영향을 받으며 형성된다. 즉, 사회적 학습은 타인의 행동, 외부 환경적 요인, 개인의 인지요소 및 과정이라는 3가지 영역이 밀접한 상호 영향적 관계에 놓이면서 형성되는 것이다(그림 9-9).

[그림 9-9] 사회적 학습이론의 3영역의 상호 영향적 관계

사회적 학습이론의 대표 연구자는 반두라(Bandura)이다. 그는 사회적 학습이론의 대표적 예로 관찰학습, 대리학습, 모방학습을 제시하였다.

관찰학습(observational learning)은 타인의 행동을 관찰하여 행동을 학습한다. 반두라는 관찰학습의 과정으로 주의, 파지, 재생산, 동기화를 제시하였다(곽호완 외, 2008). 즉 관찰학습은 타인의 행동에 주의를 집중하고, 어떤 행동을 하는지 이해하여 기억하고, 관찰된 행동을 실제로 해보면서 행동을 습득하거나 수정하기도 하고, 보상이나 기대감 등으로 동기화하는 과정을 포함한다.

대리학습(vicarious learning)은 관찰하는 학습자가 타인의 행동을 관찰하는 간접 경험에 의해 이루어지는 사회적 학습 방법이다. 모방학습과의 차이점은 모방학습은 긍정적, 부정적 행동 모두 따라할 수 있지만 대리학습은 학습자의 인지적 결정에 따라 수행할 모방행동과 수행하지 않을 모방행동이 선택된다는 것이다.

모방학습(modeling learning)은 타인의 행동을 모델로 삼아 따라하는 학습방법이다. 모방학습에서 모델이 되는 자는 학습자와 또래일 때 더 효과적이고, 자기모방도 모방학습에서 잘 활용되는 방법이다.

관찰학습, 대리학습, 모방학습은 타인의 행동을 관찰한다는 점에서 공통적 요소이고, 대리학습과 모방학습은 모든 행동을 따라 모방할 것인가, 혹은 선택한 행동만 모방할 것인가에 따라 구분된다. 이 세 가지 학습의 포함관계를 살펴보면 관찰학습에 대리학습과 모방학습을 포함시킬 수 있다. 이런 포함관계 때문에 관찰학습이 모방학습, 혹은 대리학습으로 불리기도 한다(그림 9-10).

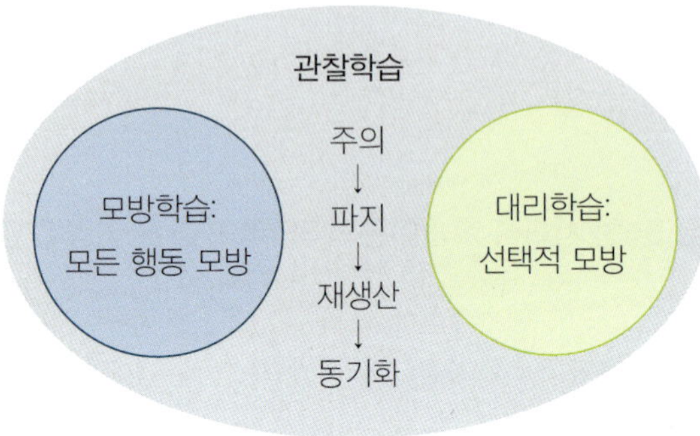

[그림 9-10] 관찰학습, 모방학습, 대리학습의 관계도

이와 같이 사회적 학습은 개인 간의 사회적 상호 관계를 토대로 타인의 행동을 모방하여 자신의 행동을 습득하거나 개선시킨다. 사회적 학습이론에는 4가지 측면의 핵심원리가 있는데, 그 원리는 다음과 같다(서울대학교 교육연구소, 1995).

첫째, 강화와의 관계로 관찰되는 행동에 대한 보상이 있느냐 없느냐에 따라 사회적 학습을 설명한다.

둘째, 타인의 행동을 관찰하고 모방하는 관찰학습과 모방학습으로 설명한다.

셋째, 보상과 처벌의 사회적 상호작용의 연관성에 대한 이해를 통해 설명한다.

넷째, 인지적 과정으로서 사회적 학습을 설명한다. 인지적 과정은 개인의 내적 과정을 의미하는데, 인지에는 지각, 태도, 성격, 가치, 기대, 기억, 정서 등과 같은 일련의 모든 과정을 포함한다.

반두라
(Albert Bandura,
1925 ~)

- 캐나다 출신의 미국 심리학자
- 사회인지학습이론의 창시자
- 미국심리학회 우수과학공헌상(1980), 손다이크상(1999), 미국심리학회 심리학상(2004), 그라베마이어상(2008) 등을 수상
- 환경에 대한 인간의 반응으로서 자기조절 기제와 반응에 영향을 주는 동기에 관심 가짐
- 인간의 경험에 대한 상징화 능력을 주장
- 성격심리학, 인지심리학, 교육학, 심리치료 등에 영향을 미침
- 대표 저서: 『사회학습이론』, 『공격:사회학습 분석』, 『변화하는 사회 속에서의 자기 효능』

CHAPTER 10

기 억

인간은 시간을 거슬러 올라가 어느 시점까지의 기억을 소환해 낼 수 있을까? 왜 사람 이름은 잘 기억하는 데 장소나 지명은 잘 기억하지 못하는 것일까? 언어 표현에서 자신이 경험했던 사실과는 왜 다르게 표현되는 것일까? 이런 질문들은 기억이 무엇인지, 어떤 기억의 과정을 거치는지에 대한 답을 묻는 것들이다.

인간은 일상생활을 하면서 다양한 경험에 의해 학습된 많은 사실, 내용, 방법들을 기억해 두고, 필요할 때마다 인출하여 적절히 활용한다. 기억의 일련의 과정은 인간의 삶에 반드시 요구되는 중요한 능력이다. 또한, 기억은 학습과 밀접한 관계가 있다. 기억에서 인출된 많은 것들은 이미 이전에 학습된 것들이다. 따라서 이 장에서는 기억이란 무엇인지를 먼저 살펴보고, 그 다음으로 기억의 과정에 대하여 이해하고, 마지막으로 기억의 종류에 대해서 알아볼 것이다.

1. 기억이란?

인간의 기억에 대하여 학습하는 것은 기억이 어떤 일련의 과정을 통해 실행되고 형성되는지에 대한 이해와 학습, 감각, 지각, 지식과 같은 실제적 인지 과정에 미치는 영향을 파악하는 데 중요하다. 기억은 인지에 대하여 연구하는 심리학에서는 물론 정보처리적 기제에 관한 연구에서도 매우 흥미로운 주제이다. 특히 컴퓨터는 인간의 정보처리체계로 비유되면서 기억이라는 연구 주제는 점점 더 관심의 대상이 되고 있다. 따라서 여기서는 기억이란 무엇인지 살펴보기 위해 기억의 정의, 기억과 뇌 및 학습과의 관계, 기억의 재구성에 대하여 알아보기로 한다.

1) 기억의 정의

기억은 일반적으로 과거의 사건, 사물, 경험 등을 의식 속에 저장해두었다가 필요할 때 다시 생각해서 꺼내는 것이다. 일반적인 기억의 의미를 인지심리학 측면에서 정의하면 다음과 같다. 기억이란 외부로부터 들어오는 정보를 수용하고 저장하고 인출하는 일련의 정신과정이다.

외부로부터 들어오는 정보수용을 담당하는 인간의 신체는 감각기관이고, 수용된 정보를 전달하여 해석하고 분석하는 지각의 과정을 거쳐 저장하는 곳은 뇌이다. 그리고 인출은 특정단서에 의해 뇌에 저장되어 있던 적절한 정보를 꺼내어 활용하는 것이다. 인간에게 기억 능력이 없다면 인지 능력의 발달은 물론 환경 적응에도 많은 어려움을 겪을 것은 당연한 일이다.

기억은 부호화 과정, 저장, 인출, 망각이라는 4단계를 거쳐 진행된다(그림 10-1). 첫 번째 단계인 부호화(encoding)는 정보가 수용되면서 기억정보를 선택하고 저장하기 위한 단계이다. 두 번째 단계인 저장(storage)은 부호화를 거쳐 저장된 정보들이 유지된다. 세 번째 단계는 인출(retrieval)로 기억된 정보들을 꺼내는 과정이다. 정보의 인출은 의식적이며 회상과 재인이 포함된다. 기억의 네 번째 단계인 망각(forgetting)은 기억된 정보를 잊어버리는 것이다.

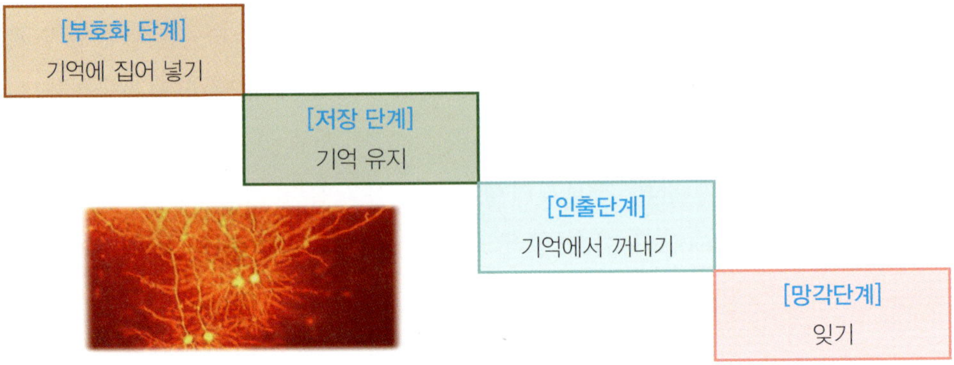

[그림 10-1] 기억의 흐름

☞ **여기서 잠깐 좀 더 알아봅시다!**

■ **기억과 관련된 용어들**

- 감각: 정보의 초기 입력 과정
- 지각: 전에 몰랐던 사상 간의 관계를 이해하여 정보가 해석되는 과정
- 지식: 정보를 획득하고 저장하여 활용하는 것
- 학습: 지각된 사물을 머리 속에 저장하는 처음의 과정
- 기억: 정보의 저장과 인출까지의 일련의 과정

2) 기억과 뇌 및 학습과의 관계

인간의 감각기관을 통해 수용된 정보들은 각각 해당 신경세포를 거쳐 뇌에 도달한다. 기억은 외부로부터 수용되는 정보들 중 필요한 정보만 기억한다. 수용된 정보는 개인적인 경험과 지식의 영향에 의해 해석된 정보이다. 이 정보가 기억되는 것이다. 기억을 담당하는 대표적인 뇌의 영역은 해마(hippocampus),

편도체(amygdala), 대뇌피질(cerebrum cortex)이고, 그 밖에 뇌의 여러 영역에서 기억과 관계된 역할을 담당하고 있다. 뇌의 각 영역들은 신경세포의 조직망에 의해 연결된다.

신경세포의 조직망 형성을 연접이라고 한다. 인간의 연접은 생후 12개월에서 36개월까지 새로운 경험 자극에 의해 재배열되면서 가지치기를 형성해간다. 그래서, 인간은 생후 초기 3년 동안 연접 가지치기로 인하여 경험된 자극에서 많은 정보들이 사라진다. 즉, 생후 3년 동안의 대부분의 기억은 상실된다. 이와 같이 신경세포가 조직적으로 연결되어 완성되는 것은 기억에 매우 중요한 교량적 역할을 담당한다.

정보수용에서 대뇌피질에 기억되기까지의 과정을 살펴봄으로써 뇌와 기억과의 관계를 이해하기로 해본다. 정보를 수용하는 감각기관에는 뇌로 전달하기 위한 각각의 신경세포가 있고, 이 세포들은 해당 뇌신경을 통해 대뇌피질로 정보를 전달한다. 예를 들면, 시각정보를 수용하는 감각기관은 눈이고, 눈 안에 있는 추상체와 간상체라는 시세포가 시신경으로 시각정보를 전달한다. 시신경에서 출발한 정보는 뇌의 여러 기관을 통과하여 대뇌피질의 후두엽까지 전달된다. 후두엽에서는 정보를 분석하고 해석하여 부호화된 정보를 장기기억에 저장시킨다. 이런 일련의 과정중에 어느 일부 영역에 문제가 있다면 정보의 흐름을 방해할 뿐만 아니라 기억의 과정에도 중요한 영향을 미치게 된다.

기억을 담당하는 중요한 뇌의 영역인 해마는 변연계에 포함되어 있고, 해마 주변에는 측뇌실이 있으며, 측두엽의 안쪽에 위치하고 있다. 외부로부터 수용되는 정보를 처리하는 방법은 개념주도적이고 내용은 의미적이다. 이와 같이 정보를 의식적으로 인지하고 사실과 경험에 관한 전반적인 기억을 담당하는 곳은 해마이다. 그래서 해마는 모든 기억 작업의 출발점이라 할 수 있다. 만약에 바이러스 감염이나 질병으로 인하여 해마의 신경세포가 손상되면 새로운 자극을 저장할 수 없는 단기기억 상실증이 나타날 확률이 높다. 해마는 명시적 기억은 물론 최근 기억을 담당하는 중요한 뇌의 영역이다. 해마는 한 번 손상

되면 회복시킬 방법이 없다(그림 10-2).

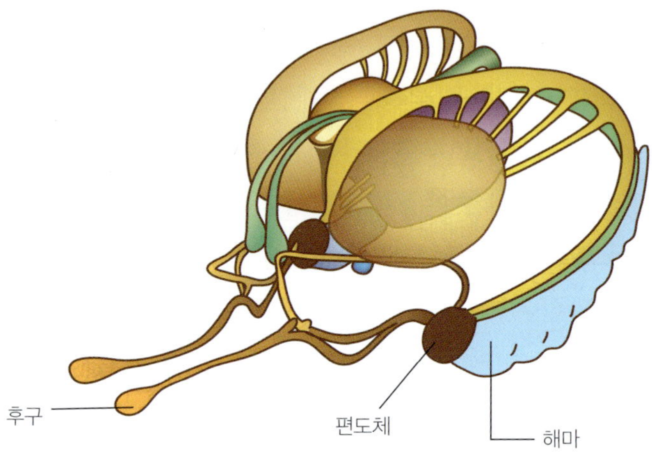

[그림 10-2] 해마

☞ **여기서 잠깐 좀 더 알아봅시다!**

■ **명시적 기억(explicit memory)**

- 언어로 서술할 수 있는 기억으로 직접적 기억, 의도적 기억이라고도 함
- 명시적 기억은 주로 측두엽과 해마에서 담당
- 의미 기억(semantic memory), 일화 기억(episodic memory)이 있음
- 명시적 기억의 반대는 암묵적 기억(implicit memory)

기억에 중요한 또 다른 뇌의 영역으로 편도체가 있는데, 이 영역도 변연계의 구조 중 하나이다(그림 10-2). 편도체도 해마와 동일하게 측두엽 아래쪽에, 그리고 해마와 가까운 곳에 위치하고 있다. 편도체는 견과류인 아몬드 모양을 하고 있고, 공포, 분노, 두려움과 같은 위험 정서에 관계된 기억과 학습을 주로 담당한다. 그래서, 편도체는 일상생활에서 느끼는 다양한 감정들 중에 특히 위험

정서에 빠르게 반응한다. 인간의 편도체가 손상되면 공포, 분노, 두려움와 같은 위험 정서에 관련된 얼굴 표정을 잘 인지하지 못하지만, 기쁨, 행복, 슬픔 등 위험정서와 관련 없는 얼굴표정은 인지할 수 있다(Bear, Connors, & Paradiso, 2007). 이런 결과로 편도체가 위험정서의 기억과 관련된 뇌 영역임을 확인할 수 있는 것이다.

기억과 관계된 뇌 영역 중 마지막으로 중요한 곳은 대뇌피질이다. 대뇌피질은 좌우반구가 뇌량으로 연결되어 있고, 각각의 반구는 전두엽, 두정엽, 후두엽, 측두엽이라는 4개의 엽으로 구분된다. 기능적으로 감각을 담당하는 대뇌피질의 영역은 후두엽, 측두엽, 두정엽이고, 운동을 담당하는 영역은 전두엽이다. 이들 영역이 감각기관에서 수용된 정보들을 분석하고 해석하여 장기기억에 저장한다. 일반적으로 단기기억은 주로 해마에서, 장기기억의 대부분은 대뇌피질에서 담당한다.

그렇다면 기억과 학습은 어떤 관계일까? 이 질문에는 기억과 학습이 서로 상호 의존적인 관계라고 답할 수 있다. 기억이 학습에 많은 영향을 미치지만 학습된 것이 모두 기억되는 것은 아니다. 기억은 필터라는 장치로 저장고에 입력시키고자 하는 정보들을 걸러낸다.

암묵기억은 기억과 학습과의 관계를 이해하기 쉽게 하는 기억의 종류 중 하나이다. 암묵기억은 의식하거나 지각하지 못했지만 학습에 영향을 주는 기억을 의미한다. 암묵기억은 언어적 설명에 의하여 의식적으로 기억시키기보다는 자연스럽게 보여지는 행동의 절차나 변화를 보고 기억한다. 암묵기억의 대표적 기억으로는 절차기억을 들 수 있다. 절차기억에 의한 학습의 예로는 단추 끼우기, 자전거 타기, 신발끈 묶기 등이 있다. 영유아기 동안 일어나는 학습들은 암묵기억과 밀접하게 관계되어 있다(한국교육심리학회, 2000).

이상에서 살펴본 바와 같이 기억과 학습은 밀접한 관계를 가지고 있으며, 학습에서 기억의 역할이 중요하다는 사실을 알게 되었다. 어떤 정보나 지식에 대한 첫 경험을 기억하고 필요할 때 꺼내어 활용하는 것은 인간의 삶에 중요한 과정이다. 학습의 불가능은 기억으로 연결되지 않았거나, 학습되었다 하더라도 기억으로 연결되지 않아 저장되지 않았기 때문이다. 기억에 저장되지 않은 학습은 활용할 수 없다. 기억과 학습의 상호의존적 관계에 대한 중요성은 일상생활은 물론 교육에서도 중요한 시사점이라 할 수 있다.

3) 기억의 재구성

기억은 외부로부터 전달되는 모든 자극을 원형 그대로 모두 기억하지 않고 부호화시켜 저장한다. 기억을 위한 부호화는 뇌를 효율적으로 사용하기 위함이다. 기억의 부호화 과정을 통해 내적 표상으로 사물, 상황, 빛, 소리 등과 같은 다양한 정보가 저장된다. 이해하기 쉽게 설명하자면, 부호화는 기억을 위한 키워드를 해당 폴더에 분류하여 저장하고 필요할 때 꺼낼 수 있도록 지원한다. 이런 점에서 인간의 정보처리과정은 컴퓨터의 작업과정과 동일하다 할 것이다.

인간은 저장된 정보를 인출할 때 원본 그대로 유지되기도 하지만, 현재의 상황이나 인출자의 정서, 판단, 가치 등과 같은 다양한 외부 환경적 요소에 따라 기억이 재구성되기도 한다. 다양한 외부의 환경적 요소에 따라 기억된 정보가 재구성될 때 맥락적 요소나 개연성이 결여되지 않기 위하여 이야기를 재구성하기도 한다. 이와 같은 기억의 재구성이 왜곡된다면 청소년기의 특징 중 하나인 개인적 우화가 심해질 수 있다. 또한 불완전한 기억일수록 기억의 재구성이 왜곡되는 경우도 많다.

기억에서 부호화는 재구성 과정을 통해 다양한 결과를 나타내기도 하지만 기억의 과정에서 단기기억에서 장기기억으로 정보를 전이시키는 데 중요한 역할을 담당하기도 한다. 단기기억에서 장기기억으로 전이하기 위해서는 주의집중이 유지되어야 하고, 반복적 시연이 필요하며, 장기기억에 이미 있는 정보들과의 새로운 연합이 형성되어야 한다. 이와 같이 기억의 과정을 통해 부호화는 정교화된다.

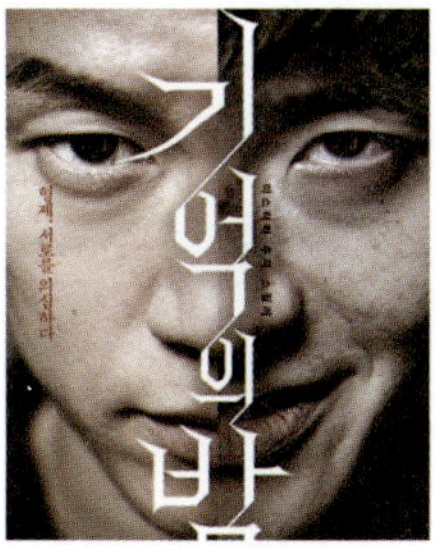

2017년 개봉작
기억의 밤
감독: 장항준
주연: 강하늘, 김무열

2017년 11월 어느 날, 기억의 밤이라는 영화를 보고 기억의 재구성을 이렇게도 할 수 있구나 하는 생각때문에 밤새 잠을 못이루었던 기억이 있다. 이 영화를 보고 기억의 재구성이라는 놀라운 일들을 경험해 보길 바란다. 이 영화에 출현한 배우의 연기는 물론 미스터리 스릴러의 이야기 속에 자신이 빨려 들어감을 느낄 것이다. 반전의 연속이 생각을 전환시켜 새로운 관점을 열게 하고, 곳곳의 자극이 매우 놀라울 것이다.

영화는 한 가족이 새 집으로 이사 온 날 밤의 사건으로 시작된다.

영화를 본 후 기억의 재구성에 대하여 토론해 보자.

2. 기억의 과정

기억은 부호화, 저장, 인출, 망각이라는 흐름으로 감각기억, 단기기억, 장기기억라는 세 과정으로 구분하여 이동된다. 기억의 3과정에는 각각 기억의 특징과 역할이 있다. 이 과정 중에 특정 과정의 문제는 기억의 문제로 직접 연결되어 일상생활에는 물론 인지에도 어려움을 겪게 된다. 기억의 과정에 대한 이동은 [그림 10-3]과 같다.

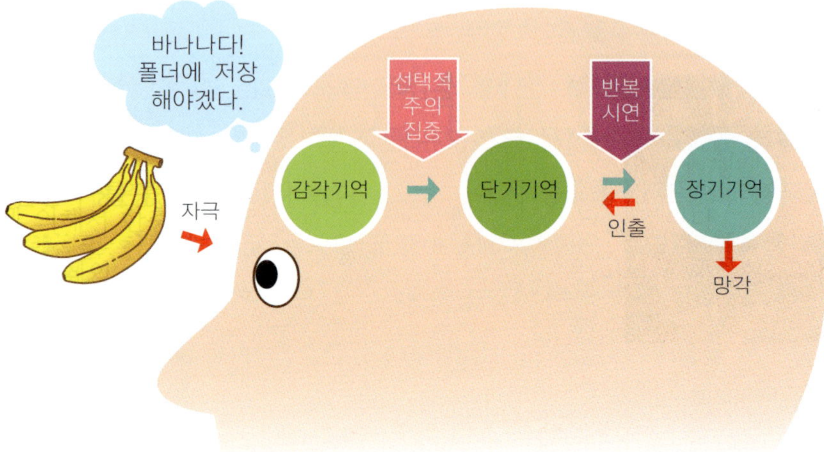

[그림 10-3] 기억의 과정

1) 감각기억

감각기억(sensory memory)은 외부로부터 들어오는 물리적 자극이 아주 짧은 시간 동안 머물렀다 사라지는 기억이다. 감각기억은 감각기관을 통해 자극을 처음으로 수용하기 때문에 감각등록기라고도 한다. 감각기관은 수용되는 신체 기관에 따라 기억되는 부호화가 다르다. 그중에서도 시각기관이 담당하는 영상기억(iconic memory)은 0.3~1초 이내, 청각기관이 담당하는 반향기억(echoic memory)은 1~2초 이내에 머물렀다 사라진다.

감각기억의 주요 특징은 다음과 같다. 첫째, 감각기관에 포착된 외부 환경으로부터의 모든 정보는 잠깐 동안 저장된다. 둘째, 자극과 기억의 일대일 대응적 표상으로 감각기억에 저장된다. 셋째, 감각기억의 용량은 무한대이다. 넷째, 감각기억에서 단기기억으로 정보가 전이되기 위해서는 선택적 주의집중이 필요하다. 다섯째, 감각기억의 저장 시간은 0.3~2초 사이로 매우 짧다. 여섯째, 자극의 사당수가 자극이 소멸됨과 동시에 기억에서 사라진다.

☞ **여기서 잠깐 좀 더 알아봅시다!**

■ 미국의 심리학자인 스펄링(Sperling)의 실험

S	F	G	D	고음
M	T	B	A	중음
R	C	X	Q	저음

실험	방법	결과(기억된 알파벳 적기)
A	1. 0.05초 동안 12개의 알파벳을 본 후 즉시 기억나는 알파벳 말해 보기 2. 1을 수행한 후 다시 한 번 기억나는 알파벳 말해 보기	1. 2.
B	1. 첫 줄 알파벳을 보여 주고 0.3초 후 고음 들려주기 2. 둘째 줄 알파벳을 보여 주고 0.3초 후 중음 들려주기 3. 셋째 줄 알파벳을 보여 주고 0.3초 후 저음 들려주기 4. 1, 2, 3의 실험을 반복하되 소리를 1초 후에 들려주기	1. 2. 3. 4.

– 어떤 결과가 나왔고, 왜 그런 결과가 나왔는지 생각해 보자.
– 감각기억에 관한 실험은 감각기억의 지속시간과 원리를 과학적으로 설명해 준다.

감각기억에서 단기기억으로 전이는 감각기억의 주요 특징에 제시된 바와 같이 선택적 주의집중 전략이 필요하다. 선택적 주의집중은 감각기관을 통해 수용된 모든 자극을 단기기억으로 이동시키는 것이 아니라 선택된 특정 정보에 주의를 기울이고 그 외의 나머지 정보는 무시하는 것이다. 감각기관을 통해 들어오는 모든 정보는 수용할 때에 일대일 표상되어 자극에 의한 수동적 주의집중이 일어난다. 그러나 감각기억에서 단기기억으로 전이하기 위해서는 수동적 주의집중이 선택적 주의집중으로 바뀌어야 한다.

2) 단기기억

감각기억에서 선택적 주의집중에 의해 기억된 정보는 단기기억(short-term memory)으로 전달된다. 이렇게 전달된 정보는 감각기억보다는 더 오랫동안 단기기억에서 유지된다. 감각기억보다 단기기억에서 오랫동안 정보가 저장되지만 그 시간은 그리 길지 않으며, 정보를 유지하려는 전략이 없다면 전달된 정보는 기억에서 쉽게 사라질 것이다. 단기기억의 특징은 다음과 같다.

첫째, 단기기억은 용량이 제한적이다. 밀러(Miller)는 단기기억의 용량은 7±2로, 최대 9, 최소 5라고 제시했다. 7±2의 숫자가 나타내는 단기기억의 용량은 매우 적어 보이지만, 청킹(chunking)화로 용량의 제한성을 극복할 수 있다. 청킹은 정보를 의미 있는 한 단위로 묶는 것이다. 즉, 주어진 정보를 이미 경험하여 알고 있는 지식을 이용하여 유의미한 단위로 묶는다. 이 방법을 사용하여 단기기억의 용량은 7±2개에서 7±2 청킹으로 확장된다. 단기기억에 문제를 보이는 지적장애나 학습장애의 경우 단기기억의 용량은 5±2개, 5±2 청킹이다.

둘째, 단기기억은 시간적 제한성이 있다. 단기기억에 전달된 모든 정보가 장기기억으로 전이되지 않고 일정시간이 지나면 사라진다. 보통 단기기억에서 정보가 기억되는 시간은 20~30초 사이이다. 따라서 기억이 유지되어 장기기억으로 전이되기 위해서는 시연전략이 필요하다. 시연(rehearsal)은 기억해야 할 정보를 반복하여 유지되도록 하는 것이다. 단기기억에서의 충분한 시연은 장기기억으로 전환되기 쉽다. 시연에는 유지화와 정교화로 구분된다. 유지시연(maintenance rehearsal)은 단순히 정보를 반복하여 그 정보를 그저 단기기억에 보존시킨다. 그러나 장기기억으로 정보를 전이시키려면 정교화 시연(elaborated rehearsal) 전략이 요구된다. 정교화 시연은 이미 장기기억에 저장된 정보와 연계하여 조직화하는 전략이다. 정교화 시연은 장기기억에 정보를 전이시키는데 매우 효과적이다.

셋째, 단기기억에는 정보를 처리하여 장기기억으로 전이시키기 위한 작업기억(working memory)이 포함되어 있다. 작업기억은 단기기억에서 유지되는 정보처리를 위한 특별한 정신적 노력이 이루어지는 공간이다. 작업기억은 시간의 흐름에도 정보가 기억되도록 유지시켜 준다. 이와 같이 단기기억은 단순히 정보를 저장하는 것이 아니라 정보를 처리하는 작업장이며 정보처리의 중추적 역할을 담당한다.

☞ **여기서 잠깐 좀 더 알아봅시다!**

■ **배들리(Braddeley)의 작업기억의 3가지 요소(Baddeley, 2000)**

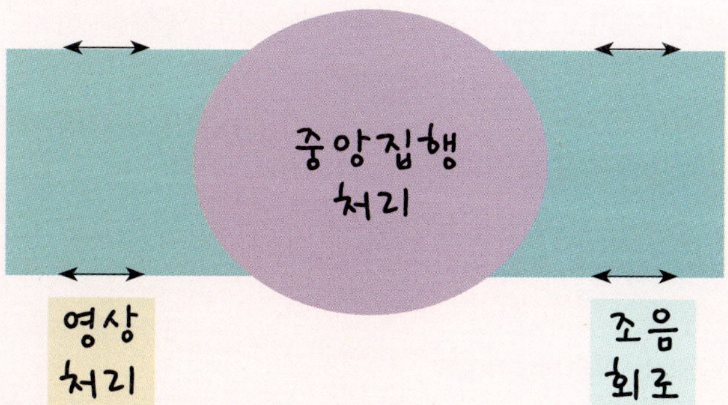

배들리의 작업기억 기제

- 중앙집행처리: 정보의 처리 중추로서 주의체계에 의해 정보처리와 정보선택과 같은 일련의 조작이 실행되는 곳
- 영상회로: 심상정보처리와 밀접히 관련되어 있고 시공간적 그림 폴더들이 작동하는 통로
- 조음회로: 언어적 정보처리와 밀접하게 관계되어 있어, 음을 지각하고 생성하여 언어적 자극을 작동하는 통로
- 영상회로와 조음회로의 관계: 서로 상호작용으로 간섭을 주고받으며 중앙집행기에서 처리됨

과거, 기억에 관한 연구는 감각기억을 제외하고 단기기억은 일차 기억으로, 장기기억은 이차 기억으로 불렀다. 1900년 중반부터 단기기억이라는 용어와 함께 기능연구를 중심으로 한 연구가 진행되었다. 그 후 1960년대부터 감각기억, 단기기억, 장기기억이라는 3개의 기억과정이 제안되었다. 대표적인 연구자와 이론은 앳킨슨(Atkinson)과 쉬프린(Shiffrin)의 중다기억모형과 배들리(Baddeley)와 히치(Hitch)의 작업기억모형이다(한국심리학회, 2014).

이상에서 살펴본 바와 같이 단기기억은 수용된 정보의 속성에 따라 의미 있는 단위의 폴더를 만들어 묶어 저장될 수 있는 정보적 처리를 담당한다는 것을 알 수 있었다. 이런 과정은 모두 연결된 일련의 과정으로, 이 과정 중에 어떤 특정 영역에 결함이나 능력의 부족은 즉시 기억에 중요한 영향력을 행사하여 문제를 발생시킬 수 있다. 그리고 기억의 문제는 학습에도 영향을 미쳐 다양한 능력의 발달을 방해하고, 이로 인하여 일상생활의 적응이 곤란해지는 불편함을 겪을 것이다.

☞ **여기서 잠깐 좀 더 알아봅시다!**

■ **기억하도록 지원하는 학습 방법 PQ4R**

- P(Preview): 예습하기로 대략적으로 학습할 내용의 조직, 구성 등과 같은 틀을 보며 훑어보기
- Q(Question): 질문하기로 이미 알고 있는 지식과 연결하여 학습할 내용에 관련된 질문하기
- 4R(Read, Reflect, Recite, Review): 읽기, 숙고하기, 암송, 복습의 단계로 Q의 질문에 대한 해답을 찾기 위해, 그리고 자신의 이해 점검을 위해 읽기(Read), 사전 지식과 새로운 정보를 연결하면서 학습내용을 이해하여 활용하기(Reflect), 학습한 내용을 회상하며 암송하기(Recite), 학습한 과정을 전체적으로 복습하기(Review)가 포함됨
- PQ4R의 핵심: 질문하기와 답하기
- PQ4R과 같은 학습방법은 기억에 매우 효과적임

3) 장기기억

장기기억(long term memory)은 감각기억과 단기기억을 거쳐 전이된 정보가 오랫동안 저장되고 인출되는 기억이다. 일반적으로 우리가 알고 있는 수많은 정보나 지식 등은 장기기억에 저장된다. 장기기억의 특징은 다음과 같다.

첫째, 장기기억에 저장할 수 있는 정보나 지식 등의 저장 용량은 제한이 없다. 장기기억을 위한 저장고는 무한대이다.

둘째, 장기기억의 저장 시간은 무한대이다. 감각기억이나 단기기억과 같이 시간적 제약을 받지 않는다. 그래서 아주 오래된 기억도 인출해 낼 수 있다.

셋째, 장기기억의 저장을 위해서는 정교화의 과정이 필요하다. 정교화 과정은 신경망 접근인 연결망 모형으로 조직화된다. 이전의 기억 단계에서 전이되어진 흩어진 정보는 이미 장기기억에 저장된 정보들의 연결망에 따라 조직화된다. 따라서 장기기억은 단기기억에서 전이된 정보를 조직하고 체계화한다. 또한 전이된 정보를 가능한 한 뇌에서 많이 활용해 보는 과정도 필요하다.

넷째, 장기기억에 저장된 정보들의 부호화는 의미화 과정이 필요하다. 의미과정을 거쳐 저장된 정보는 쉽게 망각되지 않고 장기기억에 오랫동안 저장된다.

다섯째, 장기기억의 망각은 전이된 정보가 사라지는 것보다는 간섭, 쇠퇴, 인출 실패로 일어난다. 망각은 장기기억에서 필요한 정보를 찾을 수 없는 현상을 의미한다.

☞ **여기서 잠깐 좀 더 알아봅시다!**

■ **망각의 유형**

- 간섭(interference): 기억된 정보들끼리, 혹은 새로운 정보와 기억된 정보 간에 자리 경쟁으로 일어남

  (예) 1, 2 교시 수업 내용이 3, 4 교시의 수업 내용으로 간섭되어 일어나는 기억의 어려움, 영어단어 10개를 암기할 때 8, 9번째 암기하는 영어단어로 인하여 4, 5번째 영어단어 인출의 어려워짐
- 쇠퇴(decay): 오랜 시간이 흘러 기억된 정보들이 사라지는 현상
- 인출 실패(retrieval failure): 장기기억고에서 정보를 꺼내지 못하는 현상으로, 인출에 단서가 부족할 경우 인출 실패를 많이 경험하게 됨

  (예) 설단현상: 어떤 명칭이나 단어들이 생각날 듯하면서도 확실히 인출하지 못하고 혀끝에서만 맴도는 현상

이상에서 살펴본 바와 같이 감각기억, 단기기억, 장기기억은 각각의 기억의 속성과 특징이 서로 다름을 알 수 있다. 그러나 분명한 것은 이들 세 기억은 서로 연관성이 깊고 이들 중 특정 기억에서 발생한 문제는 다른 기억의 능력을 방해하는 요소로 작용된다. 이 세 기억의 특징을 알아보기 쉽게 〈표 10-1〉에 제시한다.

〈표 10-1〉 감각기억, 단기기억, 장기기억의 특징

	감각기억		단기기억		장기기억
부호화	영상/반향	⇨ 주의	영상/조음	⇨ 작업기억 처리로 전이	의미
저장 기간	0.3~2초		20~30초		평생
저장 양	무한대		7±2(청킹)		무한대
망각	소멸		대치		간섭, 쇠퇴

3. 기억의 종류

기억의 종류는 크게 명시적 기억(explicit memory)과 암묵적 기억(implicit memory)으로 구분할 수 있다. 명시적 기억에는 의미기억(semantic memory)과 일화기억(episodic memory)이, 암묵적 기억에는 절차기억(procedural memory)과 정서기억(emotional memory)이 있다. 각각 기억의 특징에 대하여 좀 더 자세히 알아보자.

명시적 기억(explicit memory)은 외현기억이라고도 불리는데, 이는 사람들이 과거의 경험을 인출할 때 활용되는 기억이다. 이 기억은 언어로 설명할 수 있기 때문에 서술기억 혹은 선언적 기억이라고도 한다.

명시적 기억에 포함되는 의미기억은 일반적이고 개념적인 지식과 정보들에 관련된 기억이다. 따라서 의미기억은 정보와 지식의 의미를 기억하기 때문에 그 자체로 독립적인 지식체계의 역할을 수행한다. 또한 언어적 상징을 활용하기 때문에 대부분 지식이나 정보가 추상적이다. 의미기억은 영상과 음성이 부호화되어 명제, 사물, 대상, 심상, 이해의 틀의 형태로 저장된다(한국교육심리학회, 2000). 의미기억으로 기억된 예로는 각 국가의 수도명, 사칙연산의 원리, 식물 이름 등을 들 수 있다. 의미기억의 문제로 발생되는 대표적인 질병은 의미치매(semantic dementia)이다. 의미치매는 퇴행성 치매의 일종으로 다른 사람 말의 의미를 제대로 이해하지 못하면서 대화가 어려워지고 기억력 저하가 현저하게 나타난다.

명시적 기억에 포함되는 또 다른 기억으로 일화기억이 있다. 일화기억은 특정 사건이나 개인적 경험과 관련된 기억이다. 일화기억에는 시간, 장소, 상황 등과 같은 맥락이 함께 포함되어 있어 의도적 학습이 없어도 기억하기 쉽다. 학교교육에서 현장체험과 같은 과정은 일화기억을 활용한 학습 방법 중 하나라고 할 수 있다. 지적장애나 학습장애를 가진 아동들의 학습은 우선 일화기억을 활용하여 수업을 진행한 후에 의미기억을 활용한 수업을 진행하는 것이 더 효과적이다.

암묵적 기억은 내현기억이라고도 부르는데 의식하지 못하는 사이 행동적 경험이나 학습에 의해 몸으로 익히는 기억을 의미한다. 암묵적 기억은 언어적 서술보다는 직접 경험에 의존하는 기억으로 비서술기억이다.

암묵적 기억에 포함된 대표적인 기억은 절차기억이다. 절차기억은 직접 경험이나 연습으로 체득해가는 기억이다. 인간이 성장하면서 몸에 익히게 되는 대부분의 행동이나 신체적 기능을 유지하도록 하는 것은 절차기억의 역할이다. 예를 들어, 자동차 운전하기, 피아노 치기, 신발끈 묶기, 공 던지기, 자전거 타기 등이 있다. 절차기억은 기억하고자 하는 행동이 복잡할 때에는 반복연습으로 저장하는데 도움을 제공해야 한다.

암묵적 기억에는 정서기억도 있다. 정서기억은 경험이나 학습내용을 감정에 기초하여 저장하고 인출한다. 정서기억은 긴장의 연속으로 불안했던 입사면접, 연인과의 이별의 아픔, 지진의 공포와 같은 사건상황적 기억에 대한 기분, 감정과 같은 정서가 기억과 함께 연관된다. 예를 들어, '88 서울 올림픽'이라는 주제로 이야기를 나눈다면 그 시대를 살았던 사람들의 이야기는 정서기억에 의지하여 좀 더 생생한 상황들을 기억에서 인출할 것이다. 정서기억을 잘 활용하는 직업은 배우이다. 배우들은 연기를 통해 사물, 사람에 대한 희노애락을 표현한다. 배우는 현재 자신의 모든 상황이 슬프지 않아도 맡은 역할이 슬픔을 표현해야 한다면, 자신의 정서기억에 의존하여 가장 슬픈 기억을 인출하여 드라마나 영화의 스토리에 적절하게 감정을 적용하여 표현한다. 그래서 배우에게는 다양한 정서적 경험이 매우 중요한 것이다.

4. 에빙하우스의 망각 곡선과 기억 장애

에빙하우스(Ebbinghaus)는 19세기 후반 독일의 심리학자이며 실험심리학의 대표적 연구자이다. 그의 기억에 관한 연구 중에 대표적인 주제는 망각이다. 에빙하우스는 기억된 정보가 시간이 경과할수록 나타나는 망각 경향을 그래프로 제시하였는고, 이를 망각 곡선이라고 부른다.

에빙하우스의 망각 실험은 임의로 배열된 무의미한 영어의 자음과 모음을 학습자에게 완전하게 학습시킨 후 시간 경과에 따라 기억된 알파벳을 인출하도록 하여 망각 정도를 측정하였다. 그 결과, 학습 직후 암기된 알파벳의 인출은 100%였지만 시간이 흐를수록 인출 비율은 급속도로 감소한다는 사실을 알게 되었다(그림 10-4).

헤르만 에빙하우스
(Herman Ebbinghaus,
1850~1909)

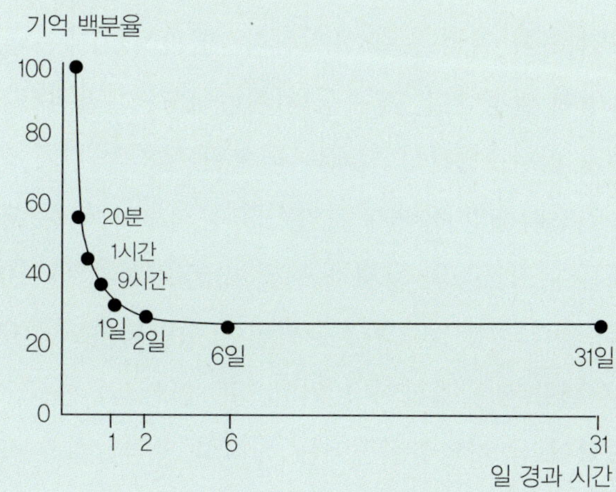

출처: 배진아(2004년).

[그림 10-4] 에빙하우스의 망각 곡선

에빙하우스는 망각곡선으로 망각으로부터 기억된 정보를 유지하기 위한 가장 효과적인 방법은 복습이라고 강조한다. 복습은 주기적으로 반복될 때 기억된 정보가 더 오랫동안 저장된다.

기억을 유지하기 위한 다양한 노력에도 기억되지 않는 기억장애가 있다. 기억장애의 주요 원인은 뇌의 문제로 발생되는데, 그 예로 치매, 기억상실증, 건망증을 들 수 있다.

치매는 다양한 원인에 의한 뇌손상 때문에 기억은 물론 인지, 언어, 학습 등에서 인지기능의 장애가 나타나는 질환이다. 치매로 나타나는 증상은 일상생활에 많은 어려움을 가져오게 한다. 치매에는 알츠하이머병, 혈관성 치매, 루이체 치매가 가장 대표적인 질환이다. 이 중에서도 알츠하이머병의 초기 증상이 기억력과 관련되어 있다. 알츠하이머병은 치매의 50% 이상을 차지하며 초기 증상으로 기억장애가 나타난다. 초기에는 사람이나 사물의 이름을 잘 기억하지 못하며, 치매가 진행될수록 대화의 내용이나 최근의 일을 잘 기억하지 못한다. 그러나 비교적 과거 기억을 잘 유지한다. 혈관성 치매는 뇌혈관 질환의 원인으로 뇌손상을 입어 발생한다. 혈관성 치매는 갑자기 발생하거나 급격히 상태가 악화되는 경우가 많다. 혈관성 치매는 뇌혈관 질환의 위치에 따라 다양한 증상이 나타나지만 인지기능의 저하가 기억력의 문제보다 훨씬 더 심각하게 나타난다. 루이체 치매는 인지기능의 문제가 훨씬 더 심각하게 나타나며 기억의 문제도 발생한다. 특히 환각의 문제나 파킨슨씨병이 수반되기도 한다.

기억상실증은 뇌질환이나 외상으로 인한 뇌 손상으로 기억이 심각하게 사라지는 증상이다. 기억상실증에는 해리성 기억상실증(dissociated amnesia), 역행성 기억상실증(retrograde amnesia), 순행성 기억상실증(anterograde amnesia), 일과성 전기억상실증(transient global amnesia)이 있고, 각각의 증상은 〈표 10-2〉와 같다.

〈표 10-2〉 기억 상실증의 유형과 증상

유형	증상
해리성 기억상실증	• 뇌손상 없이 심리적 원인에 의해 발생 • 중요한 과거 경험과 정보를 갑자기 회상하지 못함 • 인지장애와 같은 기억과 관련이 없는 다른 장애는 수반되지 않음
역행성 기억상실증	• 뇌질환 혹은 외상이 발생하기 전의 일들을 대한 기억을 못함 • 매우 오래된 기억은 상실하지 않음
순행성 기억상실증	• 뇌질환 혹은 외상이 발생한 후의 새로운 기억을 하지 못함 • 일상생활의 적응에 혼란과 어려움이 나타남
일과성 전기억 상실증	• 순행성과 역행성 기억상실증 모두 나타남 • 대부분의 기억은 수분에서 수일 정도만 지속되고 사라짐 • 원인은 분명하지 않지만 뇌혈류 공급의 감소나 뇌진탕과 같은 충격이 원인일 가능성이 높음

건망증도 기억장애 중 하나의 증상이다. 건망증은 기억을 잘하지 못하고 잊어버리는 정도가 심한 상태가 지속되는 증상을 보인다. 불과 몇 시간에서 몇 분이라는 짧은 시간 내에 있었던 일들을 기억하지 못하거나, 기억하는 데 문제가 없지만 기억에서 인출하는 것을 어려워하기도 한다. 어떤 경우에는 특정 부분만 기억을 못하는 경우도 있다. 건망증은 일반적으로 집중력이 감소하면서 나타나고, 어떤 경우에는 기억상실의 초기 증상으로 나타나기도 한다.

CHAPTER 11

지 능

우리는 일상적으로 "지능은 몇이나 되니?"라는 질문을 많이 받는다. 특히 어떤 문제를 해결하지 못하거나 실수를 많이 할 때 반어법적 표현으로 많이 듣는 말이기도 한다. 그런가 하면 아인슈타인이나 레오나르도 다빈치를 지능이 높은 사람으로 분류하여 천재라고 부르고, 그들의 뛰어난 지적 능력을 나열하기도 한다.

이와 같이 지능은 우리의 능력을 표현할 때 자주 사용되어 왔다. 19세기 말부터 지능에 대한 관심이 증폭되었는데, 그 계기는 프랑스의 대중교육에서 학습을 따라오지 못하는 학생들의 문제해결을 위해 시작되었다. 심리학자인 비네는 보충수업을 받아야 하는 아동을 선별하기 위해 지능검사도구를 만들었고, 그 후 지능은 인간의 능력을 판단하는 척도가 되었다. 지능에 대한 이런 관심은 많은 심리학자들에게 지능의 본질이나 원천, 요소들을 연구하게 만들었다. 따라서 이 장에서는 우선 지능이란 무엇인지 이해하고, 이어서 지능에 관한 다양한 이론과 지능검사도구에 대하여 알아보기로 한다.

1. 지능이란

지능이란 지적 능력을 의미하는 용어로 학습은 물론 추리와 추상적 사고, 새로운 환경에 적응, 과거의 경험을 기초로 한 현재의 문제 해결 등과 같은 한 개인의 종합적인 정신 능력이다. 따라서 지적 능력을 위하여 인간은 논리적 사고와 추론은 물론 감각과 지각, 운동, 학습, 공감 등 다양한 능력이 요구된다. 결국, 지능은 인간이 가진 다양한 능력과 학습을 통한 경험으로 발달되는 것이다.

지능을 정확하게 한마디로 설명하여 정의하는 것은 매우 어려운 일이다. 그래서 지능에 관하여 연구하는 많은 심리학자들은 다양한 측면에서 지능을 설명하였다. 여기에서는 지능이란 무엇인지를 첫째, 지능과 지능지수와의 관계, 둘째, 유전과 환경, 셋째, 창의성이라는 세 가지 측면에서 살펴보기로 한다.

1) 지능과 지능지수

개개인에게 잠재된 지적 능력을 표준화된 검사 도구로 측정하여 숫자로 나타낸 것을 지능지수(IQ)라고 한다. 지능을 측정하여 지능지수로 나타내려면 지능에 대한 정의가 분명해야 하고, 그 정의에 적합하게 측정하고자 하는 영역을 제대로 검사해야 한다. 인간은 흔히 자신의 능력을 자랑하려고 할 때 지능지수를 언급한다. 심리학에서 지능에 관심을 가지고 있는 연구자들은 지능지수가 학습 성취 결과, 직업에서의 결과, 자신을 둘러싸고 있는 다양한 환경에 적응하고 삶의 만족에 대한 결과를 예측할 수 있는지에 관한 상관관계를 밝히려고 노력한다(Jensen, 1998; White, 2000). 이런 연구의 결과에 대한 긍정적인 평가도 많지만 비판하는 연구자들도 적지 않다. 비판 이유로는 지능지수로 인간의 모든 능력을 판단할 수 없고, 지능지수만이 특정 능력의 결과를 예언하는 척도가 될 수 없다는 것이다. 지능지수 외에도 동기, 대인관계, 개개인의 정서, 성격 등과 같은 요소들이 특정 능력의 성취 결과에 충분히 영향을 미칠 수 있다고 지적한다(Minton & Schneider, 1980; Neisser et al., 1996).

☞ **여기서 잠깐 좀 더 알아봅시다!**

■ 요사이 언급되는 인공지능이란 무엇일까?

- 인공지능은 사람이 만들어 낸 지능으로 사람과 동일하게 생각하고 판단하여 행동할 수 있는 능력
- 인공지능과 로봇의 연구는 매우 밀접한 관계 아래 발전하고 있음

■ 이세돌 대 알파고의 바둑

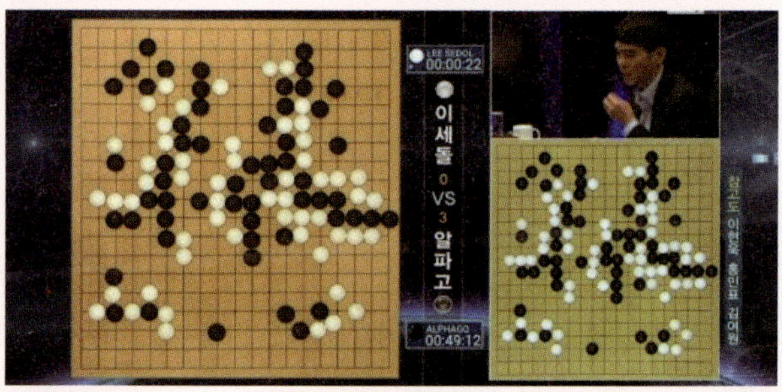

이세돌과 알파고의 4국 바둑

2016년 3월 9일, 10일, 12일, 13일, 15일 인공지능과 인간의 바둑 대결이 열렸다. 승리는 인공지능 알파고였지만 이세돌 9단은 인공지능을 상대로 4국에서 180수 백불계승으로 승리하였다. 이세돌은 알파고와의 대국에서 연달아 3연패를 당한 뒤 4국에서 '신의 한수'를 놓으며 승리했다. 많은 세계 뉴스에서 인류가 알파고를 이긴 유일한 승리일 것이라고 전했다.

이 대국은 인간이 창조한 인공지능의 발달은 인간이 예측하는 능력 이상일 수도 있다는 생각을 하게 된 계기가 되었다.

이와 같이 지능지수에 대한 부정적 측면에도 불구하고, 특수교육 대상자와 특정 목적을 위해 인간의 지적 능력을 측정하기 위해 지능지수가 여전히 중요한 척도가 되고 있다. 특별한 목적이 아니더라도 우리도 한번쯤은 자신의 지능지수가 궁금하기도 할 것이다.

최근 지능에 관한 연구로 영향력이 있는 연구자인 제임스 플린(2009)은 20세기 초부터 인류의 지능지수가 꾸준히 높아졌다고 밝혔다. 그는 자신의 연구 자료를 상세히 검토한 결과 지능지수가 높아진 것은 시각정보처리 능력에서만 나타나고 있고, 오히려 단어사용과 언어능력은 점점 떨어지고 있다고 보고하였다. 그 이유는 인간들은 과거에 비해 현 시대에는 문제를 해결하거나 정보를 수집하고 획득하기 위해 시각적 정보에 많이 의존하고 있기 때문이라는 것이다. 플린의 이런 연구 결과로 지능은 사회가 변화함에 따라 지적 능력으로 구성된 각각의 하위 영역에서 발달하는 영역과 퇴보하는 영역이 다르다는 것을 알 수 있다(조선희, 이금숙, 2015).

☞ **여기서 잠깐 좀 더 알아봅시다!**

제임스 플린
(James Flynn)

■ **플린 효과(Flynn Effect)**

- 세대의 진행에 따라 지능지수의 평균이 증가되는 현상
- 1980년대 초반, 뉴질랜드 심리학자 제임스 플린(James Flynn)의 지능지수(IQ)의 변동 추세에 관한 연구에서 유래
- 지능지수가 상승되는 이유는 무엇일까?
  첫째, 시각적 정보 처리 능력의 발달
  둘째, 교육의 기회 확대로 인한 추상적 문제해결 능력 발달
  셋째, 좋은 건강과 생활환경의 영향

출처: 이동귀(2016)

그렇다면 인간의 지능은 생애주기 중 언제 안정성을 확보할까? 이 질문에 답하기 위해 발달지수와 지능지수와의 관계, 아동기에 측정된 지능지수의 안정성이라는 두 가지의 측면의 연구 결과를 살펴보기로 한다.

우선, 과연 영유아기에 지능 측정이 가능할까라는 문제이다. 지능검사는 매우

많은 항목에서 언어적 기술과 주의력이 요구되기 때문에 영유아기에 실시하기에는 적합하지 않다. 이런 이유로 영유아기는 발달검사로 발달지수를 측정한다. 많은 연구에서는 발달검사의 항목과 지능검사의 항목은 서로 다른 능력을 검사하기 때문에 발달지수가 지능지수나 학업성취를 예측하지는 못한다고 밝히고 있다(Honzik, 1983; Rose et al., 1989).

☞ **여기서 잠깐 좀 더 알아봅시다!**

■ **발달지수(developmental quotient, DQ)**

- 개인의 성숙 정도를 나타내는 지수
- 연령상의 발달 표준을 이용하여 동일 연령의 개인들을 비교한 수치
- 발달지수 산출방법: DQ = 생활연령(CA)/ 발달연령(DA) X 100
- 유효성: 성장 후의 예측이 아니라 현재의 발달 상태를 파악하는 의미에서 유효

다음으로는 아동기에 측정된 지능지수는 성장하여 청소년기, 성인기에도 변함없이 유지되고 있는가라는 문제이다. 이 문제에 관한 연구 결과는 유전적으로 결정된 지적 능력이 모든 생애주기에서 안정적이라는 것과 아동이 성장함에 따라 지능지수가 변화한다는 것으로 서로 다르게 나타났다(Sameroff et al., 1993; Robert McCall, 1973). 그리고 아동이 성장함에 따라 양육과 교육방법, 경제적 상황과 같은 환경에 따라 지능지수가 달라진다는 연구 결과도 있었다(McCall, Applebaum, & Hogarty, 1973; Duncan & Brook-Gunn, 1997).

이상에서 살펴본 바와 같이 지능지수는 연령별 변화에 따른 변수로 인하여 안정적이라는 결론은 내릴 수 없으나, 발달적 성숙에 의해 지적 능력도 발달되어 어느 정도 시기에 도달하면 안정적 지능지수가 결정된다고 할 수 있다. 다만 환경적 요소는 지적 능력의 발달에 영향을 미친다는 것을 고려해야 한다.

2) 유전과 환경

지적 능력의 발달에 영향을 미치는 요인은 심리학자들에게 중요한 관심 주제 중 하나이다. 많은 연구에 의해 지적 발달에 영향을 미치는 수많은 요인들 중 유전과 환경을 대표 요인으로 들고 있다. 심리학자들은 그동안 유전과 환경 중 어느 쪽에 그 무게를 더 둘 것인가에 대한 주제로 역동적인 논쟁을 해 왔다.

지적 능력의 발달에 있어서 유전적 요인을 중요하게 여겼던 심리학자들은 쌍생아 연구 및 입양아 연구를 통해 그 중요성을 증명하려 하였다. 쌍생아 연구에서는 일란성 쌍생아의 경우 지적 능력의 유사성이 매우 높다고 하였고(Bower, 2003), 입양아 연구에서는 양부모보다는 생물학적 부모와의 유사성이 훨씬 높다는 결과를 발표하였다(Capron & Duyne, 1989).

〈표 11-1〉 지능발달에 대한 환경적 요인에 관한 연구

연구자	연구 내용
Wheeler (1942)	• 미국 테네시의 고립 지역에 살고 있는 주민들의 지능지수 연구 • 학교와 도로가 생겨 외부세계와의 의사소통이 가능해지면서 이 지역의 지능지수가 10 정도 증가됨
Sameroff, Seifer, Baldwin & Baldwin (1993)	• 지능지수에 영향을 미치는 환경적 요인에 관한 연구 • 수백 명의 아동을 대상으로 종단연구를 실시하여 지능지수에 미치는 환경요인을 밝힘 (예) 어머니의 정신질환, 네 명 이상의 자녀를 둔 가족, 4세까지의 20회 이상의 스트레스
Sigman and Whaley (1998)	• 아동의 영양 상태가 지능에 미치는 영향에 관한 연구 • 생애 초기에 불충분한 영양은 지적 발달에 부정적인 영향을 미침 • 특히 추론하기와 같은 고기능적인 인지 활동에 어려움을 겪음
Ceci & Gilstrap (2000)	• 아동들의 교육 환경이 지능에 미치는 영향에 관한 연구 • 열악한 주변 환경으로 정식 교육의 경험이 없는 아동의 경우 지능지수가 더 낮게 나타남

출처: 이영애, 이나경(2006).

반면에 지적 능력의 발달에 환경적 요인이 영향을 미칠 수 있다고 강조한 심리학자들도 있다. 특히 환경이 매우 나쁘다면 지능발달에 방해요인으로 작용될 수 있다고 주장했다. 환경에 따른 지능발달의 변화에 대한 연구는 앞서 기술한 플랜효과도 포함된다. 좀 더 다양한 연구 결과의 예는 〈표 11-1〉과 같다.

3) 지능과 창의성

살아가는 환경과 사회의 변화에 따라 인간에게 또 다른 능력인 창의성이 강조되고 있다. 창의성은 과거의 사고방식에서 벗어나 독창적인 것을 만들어 내는 능력으로, 그 개념은 매우 다양하다. 창의성은 사고 능력과 지적 능력의 발달에 중요한 요인으로 작용한다.

창의성은 길포드(Guilford)의 지능구조에 관한 연구에서 시작되었다. 길포드는 지능구조 모형을 수렴적 사고(convergent thinking)와 확산적 사고(divergent thinking)로 구분하여 제안했다. 수렴적 사고는 지능적 구조에서 일반적으로 이미 알고 있는 지식이나 정보를 단서로 추론하여 결과에 이르는 사고인 반면, 확산적 사고는 자유로운 연상을 통해 다양한 답을 생산할 수 있는 사고이다(신혜용, 2003). 지능검사는 주로 수렴적 사고를, 창의성은 확산적 사고를 활용한다. 즉 수렴적 사고는 기존의 지식이나 정보에 기초한 정답으로 문제를 해결할 수 있도록 지원하고, 확산적 사고는 제시된 문제에 대한 해결과정에서 다양한 답을 산출하도록 도와준다.

창의성에는 유창성, 유연성, 독창성, 민감성, 세밀성 등이 필요하다(신혜용, 2003). 유창성이란 정보나 지식을 활용하는 능력과 속도로 두뇌 회전을 의미한다. 유연성이란 특정사고에 고착되어 있지 않고 자유롭게 사고의 이동이 이루어지는 것을 말한다. 독창성이란 일반적으로 활용되는 결과물이 아니라 다른 사람은 생각하지 못한 유일하게 의미 있는 결과를 산출해 내는 능력이다. 민감성은 주어진 과제나 상황, 사건들에 접근하면서 문제나 특징 등을 발견하는 능력이고, 세밀성은 문제에 대하여 정교하고 면밀하게 접근할 수 있는 능력을 말한다. 이와 같이 총체적인 능력이 요구되는 창의성에는 의식적 사고와 노력은 물론 부화와 통찰과 같은 무의식적인 사고와 노력도 요구된다(한국교육심리학회, 2000).

창의성에 대한 초기 연구는 주로 확산적 사고를 중심으로 이루어졌다. 그러나 근래들어 확산적 사고만으로는 창의성의 연구가 제한적일 수 있어 수렴적 사고를 포함하여 성격, 정서, 지식, 외부환경, 경험 등과 같은 다양한 요인들과의 관계를 연구하고 있다. 창의성에 영향을 주는 다양한 요인에 대한 연구 중에서도 특히 지적 능력과 창의성의 관계에 관심을 가지게 되면서 흥미로운 연구 주제가 되고 있다. 또한 창의성의 유전적 영향과 교육에 의한 개발 가능성에 대한 연구도 증가되었다. 박병기와 유경순(2000)의 창의성과 지능의 관계구조에 대한 연구 결과에 의하면 창의성과 지능은 정적인 관계 구조를 형성하고 있다고 밝히고 있다. 그들은 창의성에 포함된 독자성, 집요성, 호기심 등과 같은 특성이 지적 능력인 공간적 지능, 언어적 지능, 대인관계 지능, 개인이해 지능 등에 많은 영향을 미친다고 강조했다.

이상에서 살펴본 바와 같이 창의성은 확산적 사고를 중심으로 발달되는 능력이지만 이런 능력이 지능과 전혀 관계없다고는 단정 지을 수는 없다. 즉 창의성이 지적 능력을 전적으로 의존하는 관계는 아니지만 서로에게 영향을 미치는 관계인 것은 분명하다. 또한 지능검사도구로 창의력 발달 정도를 측정할 수 없다는 것은 지능검사와 창의력검사에서 활용되는 사고가 다르기 때문이다. 따라서 지능과 창의성의 구성 요소들이 서로에게 영향을 미친다고 해서 하나의 검사 도구로 두 가지 측면을 측정하기 위해 중복적으로 사용한다면 결과에 오류가 발생할 위험이 높다는 사실을 명심해야 할 것이다.

☞ **여기서 잠깐 좀 더 알아봅시다!**

■ **창의성 검사도구**

- 유아 도형 창의성검사(Korean Figural Creativity Test for Young Children, K-FCTYC):
  도형 그리기를 통하여 창의성을 측정하는 검사도구로 대상은 만 4~6세이고 유창성, 독창성, 민감성, 개방성을 측정하여 창의적인 능력과 성향을 동시에 파악하는 데 효과적임
- 초등학생 도형 창의성검사
  (Korean Figural Creativity Test for Elementary school Students, K-FCTES):
  도형 그리기를 통하여 창의성을 측정하기 위한 검사도구로 대상은 초등학생이고, 유창성, 독창성, 민감성, 개방성에 대한 측정으로 창의력과 특성을 파악하여 창의성 발달을 지원함
- 유아 종합 창의성검사
  (Korean Comprehensive Creativity Test for Young Children, K-CCTYC):
  유아의 창의성을 평가하기 위한 검사도구로, 대상은 만 4~6세 유아이고, 전통놀이, 전래동화, 전통문양 등을 응용한 하위검사로 구성되어 있고, 우리나라의 전통적 특성과 유아기 발달적 측면을 잘 접목시킨 한국형 검사

출처: 김춘경 외(2016).

2. 지능이론

지능이론은 지적 능력의 근본 요소를 밝히고 요소들 간의 관계와 영향력에 관한 이론을 발전시킨다. 지능이라는 용어를 처음 사용한 연구자는 스펜서(Spencer)이고, 이후 지능에 관한 다양한 관점에서 지능이론이 발표되었다. 지능이론에는 스피어만(Spearman)의 지능 2요인설, 서스톤(Thurstone)의 지능 7요인설, 길포드(Guilford)의 지능구조모형, 카텔(Cattell)의 지능의 구조론, 스텐버그(Sternberg)의 삼원지능이론, 가드너(Gardner)의 다중지능이론 등이 있다. 이들 각각의 지능이론에 대하여 좀 더 구체적으로 살펴보기로 한다.

1) 스피어만(Spearman)의 지능 2요인설

스피어만은 지능의 구조로 일반요인(general factor, g요인)과 특수요인(specal factor, s요인)을 제시하였다. 이는 스피어만이 지적능력을 측정하는 검사들의 상관을 분석하여 검사들 사이에 공통적으로 존재하는 요인이 있다는 것을 발견한 결과이다.

일반요인은 모든 개개인이 공통적으로 가지고 있는 요인으로, 모든 지적 활동에 포함되어 단일한 추론능력으로 다양한 과제를 해결하는데 고르게 관여하는 일반적인 지적 능력들이다. 특수요인은 예체능적 지능, 언어 지능 등과 같이 특정 과제를 해결하는 것을 주요 목적으로 활용되는 구체적인 능력으로 특수한 지적 능력들을 의미한다.

이와 같이 스피어만은 지능의 구조가 특정한 영역에서는 일반적이지 않은 특별한 요인이 있다고 판단했다. 구체적으로 예를 들면, 음악에서 음정이나 박자를 음악의 기본적 능력인 일반요인이라고 한다면 성악이나 악기를 다루는 특별한 능력은 특수요인으로 구별하는 것이다(그림 11-1). 이는 모든 사람이 특수요인에 의해 특별한 능력을 발휘하는 것이 아니며, 특수요인이 일반요인에 부가되어 특별한 능력을 발휘하는 데 효과적인 요인으로 작용한다는 것이다.

스피어만
(Charles Edward Spearman, 1863 ~ 1945)

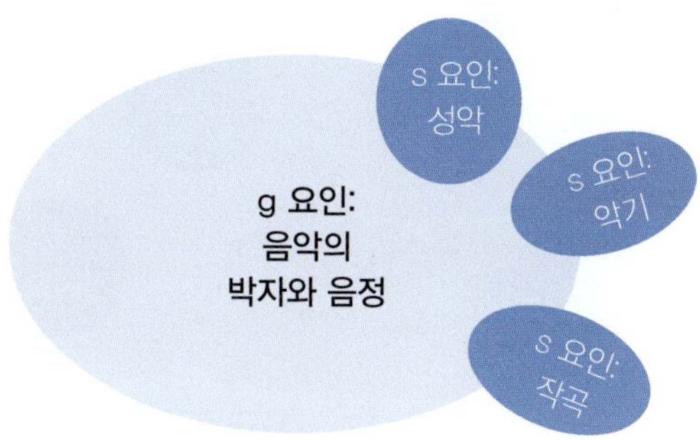

[그림 11-1] g요인과 s요인의 관계

2) 서스톤(Thurstone)의 지능 7요인설

서스톤은 인간의 지능이 하나의 요인으로 구성되어 있지 않고 여러 요인이 합쳐진 것이라는 이론을 제시했다. 그가 활동하던 20세기 전반에는 지능 구조에 관한 많은 연구로 논쟁들이 활발히 이루어졌다. 그중에서 스피어만의 지능 2요인설은 많은 연구자들에게 지지를 받았다. 그러나 서스톤은 지능 2요인설에 대한 문제를 제기하면서 지능의 다요인설을 주장했다.

서스톤은 인간의 지적 능력을 7요인 기본 능력으로 구분할 수 있고, 각 요인들의 능력을 검사한 점수를 합한 것이 지능이라고 주장하였다. 서스톤이 제시한 7개의 요인은 어떤 과제를 해결할 때 반드시 필요한 능력이다(그림 11-2). 7요인에는 지각 속도, 공간시각능력, 수리력, 추리력, 단어 유창성, 기억력, 언어 이해력이 포함되며, 서스톤은 이를 기초정신능력(Primary Mental Ability, PMP)이라 했다.

서스톤
(Louis Leon Thurstone, 1887 ~ 1955)

[그림 11-2] 서스톤의 지능 기초정신능력 7요인

3) 길포드(Guilford)의 지능구조모형

길포드는 지능에 대한 초기 이론인 1차원적 요인설을 비판하며 복합요인설인 3차원의 정육면체 지능구조모형을 제시하였다. 길포드는 주어진 정보의 내용을 어떻게 조작하여 어느 수준까지 산출하느냐를 3차원 정육면체 모형으로 구조화하였다. 3차원은 내용 차원, 조작 차원, 산출 차원이고, 각 차원에는 하위영역들은 다음과 같다. 내용 차원에는 시각적, 청각적, 상징적, 의미론적, 행동적, 산출 차원에는 단위, 유목, 관계, 체계, 변환, 함축, 조작차원에는 평가, 수렴적 사고, 확산적 사고, 기억파지, 기억저장, 인지가 하위영역으로 포함되어 있다(그림 11-3).

길포드의 3차원 정육면체는 각각의 차원이 서로 연결되어 하나의 지능을 구성하는 데 연구 초기에는 120개, 이후에는 150개, 최근에는 180개로 구성된 지능 모형을 제시하였다. 이와 같이 길포드의 이론은 180개의 지능이 각각의 특성이라기보다는 3개의 차원이 서로 연관되어 있어 너무 복잡하게 형성되어 있다. 이런 이유로 실용성의 문제가 제기되면서 오랫동안 지속되지 못하였다. 그러나 길포드의 이론은 복잡함에도 불구하고 지능이론의 발전에 많은 명향력을 미쳤다. 특히 창의력을 지능의 요인에 포함시켜 지능검사의 영역을 확대시켰다는 것은 공헌점이라 할 수 있다. 또한 다양한 지적 능력 요인을 제시하여 직접 지적 능력을 측정하는 도구 개발에도 기여했다.

길포드
(Joy Paul Guilford,
1897 ~ 1987)

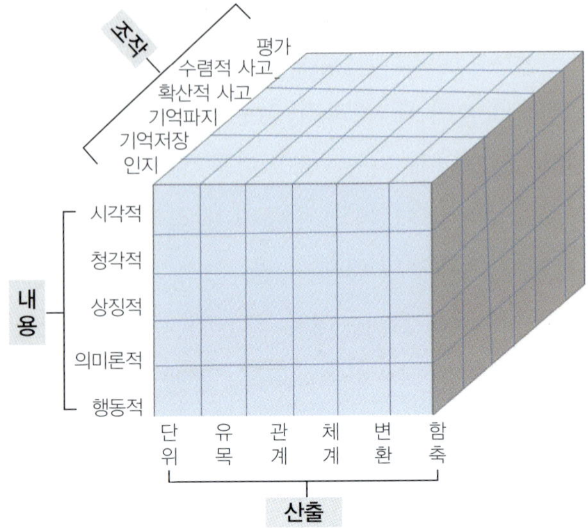

[그림 11-3] 길포드의 복합요인설

4) 카텔(Cattell)의 지능구조론

카텔(Cattell)과 혼(Horn)은 일반요인과 특수요인으로 지능 2요인설을 제시한 스피어만의 연구 이후 수십 년이 지난 후 일반요인에서 나타나는 분명한 특징 두 가지를 발견하였다. 두 가지 특징은 유동 지능(fluid intelligence, Gf)과 결정 지능(crystallised intelligence, Gc)이다.

유동 지능은 학습되어 획득된 능력이라기보다는 선천적으로 타고난 지적 과정이다. 이 지능은 일반적으로 모든 문화권에서 활용되는 문제해결 능력이다. 유동 지능은 문제해결에 관련된 지식을 습득하게 하는 속도를 매우 빠르게, 그리고 주어진 상황에 효율적으로 적용할 수 있도록 지원한다. 따라서 유동 지능에 포함되는 하위능력에는 정보처리 속도, 언어 유추력, 기계적 기억력, 지각 능력, 귀납적 추리력 등이 포함되어 있다. 유동 지능의 발달경향은 14세까지 급속도로 발달되어 14~20세 사이에 안정 상태를 유지하다가 22세 이후에는 발달이 감소하는 경향을 보인다.

결정 지능은 환경과 문화와 같이 후천적으로 습득된 지식이나 경험된 언어 능력, 문제해결 능력, 일반 상식, 독해력, 의사소통 능력 등을 포함한다. 이처럼 결정적 지능은 개개인의 문화나 교육적 경험에 따라 형성되기 때문에 지적 능력의 정도가 다르고, 환경이 어떤가에 따라 40세 혹은 그 이후에도 발달할 수 있다.

이상에서 살펴본 바와 같이 카텔의 유동 지능과 결정 지능은 스피어만의 일반요인에 포함되는 지능이라는 점은 같지만 지능의 특징은 서로 차이가 있다. 또한 발달적 측면에서도 유동 지능은 20세를 기준으로 상승에서 감소하는 경향을 보인다면, 결정 지능이 비교적 오랫동안 발달하는 것은 차이점이라 할 수 있다(그림 11-4). 유동 지능은 생물학적 요인의 결과로 결정적 지능의 발달에 영향을 미친다고 하였는데, 이는 지능의 발달에서 유전과 환경과의 상호작용적 측면을 밝힌 것이다.

카텔
(Raymond Bernard, Cattell, 1905 ~ 1998)

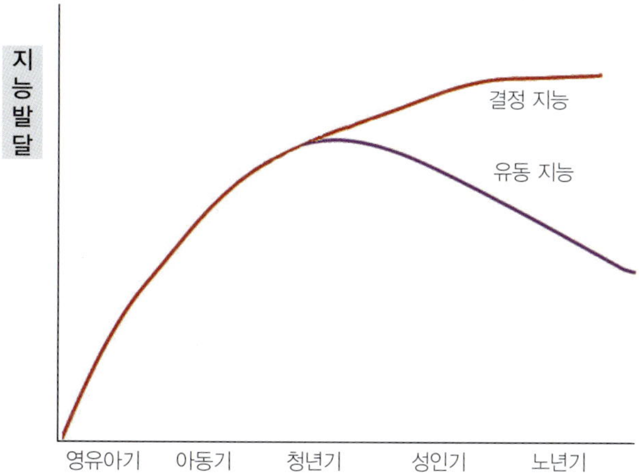

[그림 11-4] 카텔의 결정 지능과 유동 지능 발달 곡선

5) 스텐버그(Sternberg)의 삼원지능이론

스텐버그는 지능과 사고를 완벽하게 분리하기 어렵지만 지능에 초점을 맞춘 삼원이론을 제안하였다. 스텐버그는 지능이 작용하는 과정에 관심을 가졌고 개념 정의에서는 전문적 지식을 중시하였다. 지능의 역할을 설명하기 위한 삼원이론으로 구성된 세 가지 지능은 분석적 지능(analytical intelligence), 경험적 지능(experiential intelligence), 맥락적 지능(contextual intelligence)이다(그림 11-5).

스텐버그
(Robert J. Sternberg, 1949~)

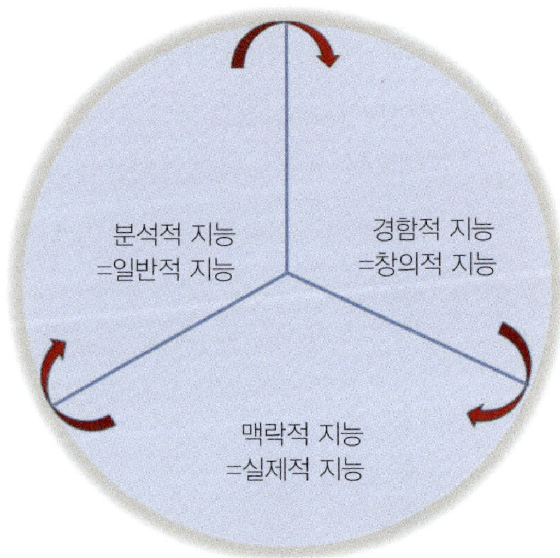

[그림 11-5] 스텐버그의 지능 삼원설

분석적 지능은 표준 지능검사에 의해 측정되는 것으로 우리가 잘 알고 있는 지능과 유사하다. 이 지능은 학업적 수행에 필수적으로 요구되는 지능이다. 특정 학습의 수행 전, 수행 중, 수행 후의 모든 과정을 전체적으로 관리하고 평가한다. 주요 구성 요소로 초인지에 해당되는 능력, 실제적 수행에 필요한 수행 구성 요소, 문제를 해결하는 데 필요한 지식을 습득하는 구성 요소 등이 포함된다.

경험적 지능은 익숙한 문제나 새로운 문제를 해결하는 지능이다. 경험적 지능에는 새로운 문제를 해결하기 위해 활용되는 통찰력, 익숙한 문제에 대하여 망설이지 않고 자동적으로 해결하려는 자동성, 수많은 정보들에서 중요하고 적절한 정보를 선택하여 주의집중할 수 있는 능력이 포함된다. 특히 새로운 문제를 해결하려는 능력이 포함되어 있기 때문에 창의적 지능이라고도 말한다.

맥락적 지능은 환경 적응에 관한 지능이다. 맥락적 지능에는 제시된 환경들 중에 자신에게 가장 적절한 환경을 선택하고, 때로는 주어진 환경을 자신에게 적합하게 수정하며, 그리고 환경에 자신을 적응시키려는 일련의 과정적 능력들이 포함된다. 따라서 맥락적 지능은 환경에 적응하는 실질적 수행과정에 관한 능력으로 실제적 지능이라고도 한다.

스텐버그의 삼원지능이론과 가드너의 다중 지능이론에는 두 가지 공통점이 있다. 첫째, 지능을 인간의 사회 · 문화적 맥락을 고려하여 이해해야 한다는 점, 둘째, 지능에 정서지능을 활용하고 있다는 점이다. 스텐버그는 인간들이 언제(when), 어디서(where), 어떻게(how)라는 질문에 대한 답을 하기 위해 지적 과정의 체계적인 구성을 바탕으로 한 지능이론 연구를 진행했다고 할 수 있다.

6) 가드너(Gardner)의 다중지능이론

가드너가 주장하는 지능은 단 하나가 아니라 다양한 영역을 담당하는 지능들이 독립적인 능력을 보유한다는 것이다. 그가 말하는 지능들은 유기적으로 관계된 여러 차원을 의미하며, 이를 다중지능으로 설명한다. 다중지능이론에서 제시되는 다양한 차원의 지능들은 과거에 지능이 우수하면 모든 영역이 우수하다는 결정된 고정지능적 관점을 반대한다. 가드너의 다중지능이론은 서로 다른 지능이 각각 독립적으로 존재하며, 그 능력의 수준은 서로 다르다고 강조한다. 즉 한 영역의 지능이 뛰어나면 동시에 다른 영역의 지능도 반드시 우수한 것이 아니라는 것이다. 또한 지능은 고정불변의 성질보다는 문화와 같은 환경적 영향에 따라 변화될 수 있다고 하였다.

가드너가 제시한 다중지능에 포함된 9개의 지능은 언어(linguistic), 논리수학(logical-mathematical), 공간(spatial), 음악(musical), 신체운동(bodily-kinesthetic), 대인관계(interpersonal), 개인내적(intrapersonal), 자연(naturalist), 실존적(existential) 지능이다(그림 11-6).

가드너
(Howard Earl,
Gardner, 1943 ~)

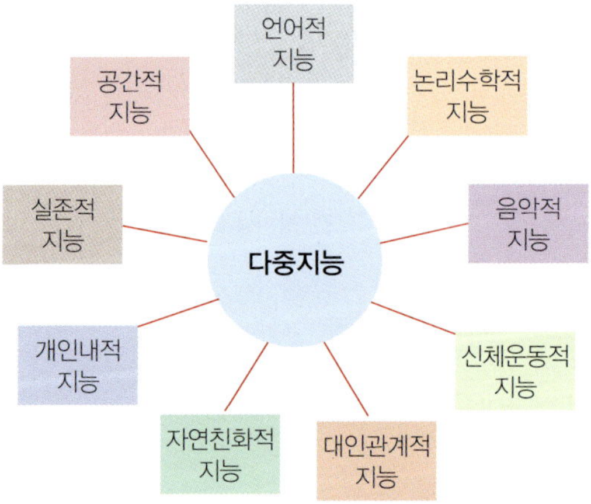

[그림 11-6] 가드너의 다중지능

가드너가 제시한 다중지능에 포함된 9개 지능의 특징은 다음과 같다.

- **언어적 지능**: 말과 글과 같은 상징기호체계를 사용하여 표현하는 능력으로 보편적 특징을 가진다. 언어지능에는 외국어 습득 능력도 포함되는데, 이 능력은 나이가 들수록 향상된다.
- **논리수학적 지능**: 숫자, 규칙, 기호 등과 같은 상징체계를 습득하고, 습득된 상징체계를 활용하여 문제를 쉽게 해결하는 논리적이고 수학적인 사고

능력이다. 이 능력은 과거 지능지수의 측정에 주로 기초가 되었던 영역이다.

- **공간적 지능**: 도형, 그림, 지도, 입체 등과 같은 공간관련 상징체계를 습득하는 능력이다. 이 지능에는 시각적 기억 능력은 물론 공간을 시각화할 수 있는 능력 등과 같은 시각화 능력과도 밀접한 관계가 있다.
- **음악적 지능**: 박자, 음정, 화성, 음계 등과 같은 음악적 요소와 다양한 소리들을 구분하고 파악하며 표현할 수 있는 능력이다.
- **신체운동적 지능**: 목적에 적절하게 신체를 통제하고 조절하여 움직이는 능력이다. 이 지능에는 무용, 균형감각, 대근육 운동, 소근육 운동 등과 같이 신체를 통한 움직임이 모두 포함된다.
- **대인관계적 지능**: 다른 사람의 기분, 생각, 정서, 태도, 동기 등을 파악하여 이해하며, 그에 적절한 반응으로 상호작용적 교류와 공감하는 능력을 의미한다.
- **개인내적 지능**: 다른 사람과 구별된 자신의 성격, 성향, 철학, 신념, 기분 등을 느끼고 이해하며, 성찰하는 데 예민하고 유능함이 포함된 능력이다. 이 지능은 자신과 관련된 문제들을 잘 해결하는 능력이다.
- **자연친화적 지능**: 식물, 동물과 같은 자연환경에 관심을 두어 분석하고 상호작용하는 능력이다. 이 지능은 자연과 관계된 생태계의 변화, 동식물의 성장 등과 같은 활동에 관심이 많다.
- **실존적 지능**: 나의 실존, 즉 나는 누구인가에 대한 물음을 끊임 없이 던지며, 영성, 삶의 의미, 인생의 희로애락, 인간의 본질, 생사(生死)와 같은 실존적 문제에 대해 사고하며 고민하는 지능이다.

가드너의 다중지능이론에 포함된 지능이 처음에는 7개였으나, 연구를 거듭하며 하나씩 늘어 현재는 9개의 지능영역을 제시하고 있다. 가드너의 다중지능이론에서 중요한 시사점으로는 다음과 같은 것들을 생각해 볼 수 있다. 첫째,

인간이면 모두 다중지능에 포함된 지능을 가지고 있으며, 이들 각각의 지능은 적절한 수준까지 발달할 수 있다는 것이다(김춘경 외, 2016). 둘째, 이들 각각의 지능은 서로 상호 간에 작용하여 나타나기도 하고, 하나의 지능만 다른 지능과 비교하여 우수할 수 있다는 것이다. 셋째, 가드너가 제시한 다중지능에 포함된 9개의 지능이 모두 우수한 사람은 없다는 것은 지적장애 아동도 9개의 지능이 모두 지체된 것이 아니라는 것이다(국립특수교육원, 2009). 따라서 9개의 지능 중에서 우수한 지능을 발달시킬 수 있는 다양한 방법을 추구하여 다른 지능 간의 관계를 통한 지능 향상 방법을 적극적으로 시도하는 과정은 매우 의미 있다는 것이다.

3. 지능검사

지능검사는 개개인의 지적 능력을 측정하기 위하여 제작된 표준화된 검사이다. 지능검사는 보편적으로 지적 능력에 포함된 다양한 영역을 측정하며, 집단 혹은 개인별로 실시할 수 있다. 검사자는 지능검사의 실시에 있어서 검사도구의 사용에 대한 전문성과 검사대상자에 대한 세심한 주의를 기울일 수 있어야 한다. 또한 검사 결과는 표준화된 검사도구의 지침을 준수하여 내려져야 한다. 검사결과에 대한 기술 방법은 정신연령, 지능지수, 지능편차, 편차지능지수, 지능단계, 지능 프로파일 등을 사용한다(김춘경 외, 2016).

인간의 지능에 관한 이론적 연구와 함께 지적 능력을 측정하기 위한 방법에 대한 연구도 진행되어 왔다. 사실 지능이론보다 지능검사도구의 개발이 앞선 경우도 많았는데, 이는 지능이론이 측정방법이나 검사도구를 활용하여 측정된 다양한 사례 없이는 이론적 관점을 전개하기 어렵기 때문이었을 것이다(송인섭, 1997).

대표적인 지능검사인 비네(Binet) 지능검사, 스탠퍼드-비네(Stanford-Binet)

지능검사, 웩슬러(Wechsler) 지능검사, 카우프만 아동용 지능검사(Kaufman Assement Battery for children)에 대하여 간략한 소개는 다음과 같다.

1) 비네 지능검사

1904년 프랑스 정부의 요청에 의해 비네는 파리에 있는 초등학교 학생 중에서 지속적으로 학습지체를 보이는 아동들을 선별하기 위하여 지능검사를 개발하였다. 1905년 연구 동료인 시몽(Simon)과 함께 비네-시몽(Binet-Simon) 지능검사 척도를 개발하였는데, 이 척도가 최초의 지능검사이다.

비네-시몽(Binet-Simon) 지능검사 척도는 30개 문항으로 구성되어 있었으며, 문항은 내용보다는 난이도에 따라 구성되었다. 이후 1908년에 연령별로 개정하여 정신연령으로 지능의 정도를 측정하고자 하였다. 즉, 비네는 정신연령(mental age, MA)을 생활연령(chronological age, CA)과 비교하여 지적 능력을 측정하고자 하였다. 생활연령은 사람이 출생하면서 자연적으로 매년 증가하는 나이이고, 정신연령은 지적 능력의 수준을 생활연령과 비교하여 환산된 연령을 의미한다. 비네의 지능검사에서 지능지수를 산출하는 방법은 정신연령을 생활연령으로 나눈 값에 100을 곱하여 계산한다.

비네의 지능검사는 우리나라에도 도입되어 고려대학교에서 표준화하여 한국판 고대 비네 검사로 개발되었다. 이 지능검사는 만 4~14세 사이의 아동에게 실시할 수 있는 개인검사로, 어휘, 기억, 추상 추리, 수 개념, 시지각 기능, 사회능력과 같은 다양한 능력을 평가한다(이철수, 2009).

비네
(Alfred Binet,
1857~1911)

- 프랑스의 심리학자
- 최초로 실용 가능한 지능 검사 개발
- 1878년 법률학교 졸업 후 소르본대학교에서 자연과학을 배우면서 심리학에 관심을 가지기 시작
- 샤르코(최면 연구자)와의 만남을 통해 1883~1889년까지 살페트리에르 병원 신경과의 연구원으로 근무
- 1899년 아동심리학 연구의 자유회 회원이 되어 지적장애 아동에 대한 과학적 연구 시작
- 1905년 비네-시몽 척도(Binet-Simon Scale)라는 지능검사도구 개발
- 대표 저서: 『*La Psychologie du Raisonnement*(1886)』, 『*Experimental Studies of Intelligence*(1903)』

2) 스탠퍼드-비네 지능검사

스탠퍼드-비네(Stanford-Binet) 지능검사는 최초의 지능검사인 비네-시몽의 지능검사를 미국에 적절하게 개정하여 표준화한 것이다. 이 검사는 1916년 스탠퍼드 대학교의 터먼(L. M. Terman)에 의해 개발되었다. 비네-시몽검사와 마찬가지로 연령 수준에 따른 연령검사이며, 이 검사에서 지능지수(IQ)라는 개념을 실질적으로 처음 사용했다. 처음의 스탠퍼드-비네 지능검사의 제한점을 개선하여 1937년에 터먼은 메릴(Merill)과 함께 스탠퍼드-비네 지능검사를 개정하였다.

1937년 스탠퍼드-비네 지능검사의 개정판은 L형과 M형의 동형검사로 구성되었고, 2~5세까지 6개월이라는 연령단위로, 6세~14세까지는 1년이라는 연령단위로 구분하여 검사를 실시할 수 있게 개발되었다. 이 지능검사의 실시방법은 모두 해결할 수 있는 문항에서 시작하여 한 문항만 해결할 수 있는 문항까지 위계적으로 문제의 난이도를 높이게 구성되어 있다. 지능지수 산출은 실시된 모든 수준의 검사 점수를 기준연령에 더하여 계산한 후 일반비율공식을 적용한다(이철수, 2009). 이후, 지능지수 산출 방법에 대한 문제점을 보완하기 위해 1960년에 스탠퍼드–비네 검사는 검사의 평균을 100이라는 기준을 세우고 표준편차를 ±16으로 하는 지능지수 편차 척도를 사용하였다. 스탠퍼드–비네 지능검사에 의한 표준편차 곡선의 예는 [그림 11–7]과 같다.

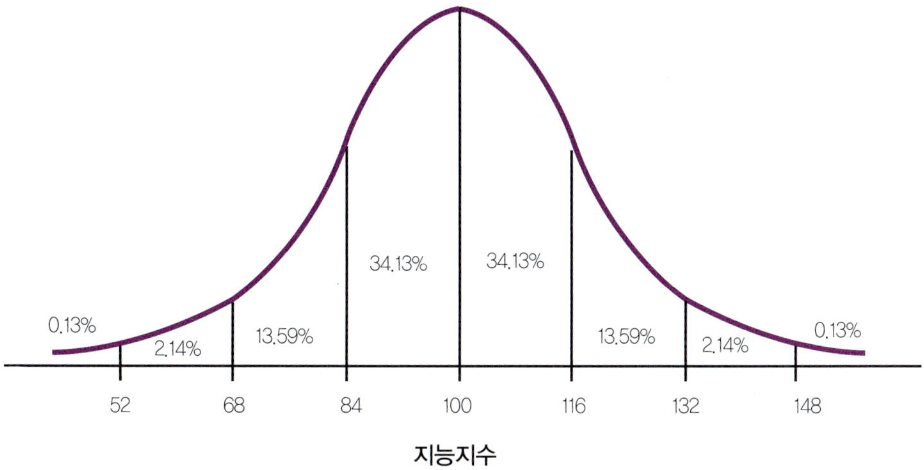

[그림 11–7] 스탠퍼드–비네 지능지수 척도 분포 곡선

3) 웩슬러 지능검사

웩슬러 지능검사(Wechsler Scale of Intelligence)는 그 동안 개발된 지능검사가 성인의 지능을 측정하기에 충분하지 못하여 1939년 웩슬러에 의해 개발되었다. 웩슬러 지능검사는 성인용(Wechsler Adult Intelligence Scale, WAIS), 아동용(Wechsler Intelligence Scale for Children, WISC), 유아용(Wechsler Preschool and Primary Scale of Intelligence, WPPSI)으로 구분되어 있으며, 우리나라에서도 이 세 가지 검사가 모두 표준화되어 사용되고 있다.

웩슬러 성인지능검사는 16~64세의 성인을 대상으로 6가지의 언어성 검사와 5가지의 동작성 검사로 구성된 지능검사를 실시한다. 각각의 검사의 점수를 합쳐 지능지수를 산출한다. 2008년 개정된 웩슬러 성인지능검사 4판(WAIS-IV)은 언어성 지능지수와 동작성 지능지수 대신 언어이해, 지각적 추리, 작업 기억, 처리 속도라는 4가지 지표로 구성되어 있다. WAIS-IV는 주요 검사 10가지와 보충검사 5가지의 검사를 통해 획득한 점수로 지능지수가 산출된다.

웩슬러 아동용 지능검사는 5~15세의 아동을 대상으로 7가지의 언어성 검사와 7가지의 동작성 검사를 실시하고, 두 검사 점수를 합쳐 지능지수를 산출한다.

웩슬러 유아용 지능검사는 6~11세의 아동을 대상으로 교사나 부모의 평정으로 이루어진다. 표준화된 연령별 규준에 의한 평가도구로서 7개의 영역에 걸친 학습 문제를 목록화하여 교사나 부모가 평가한다. 주로 학습장애 선별검사에서 활용된다.

한국에서 가장 많이 사용하는 웩슬러 지능검사는 K-WISC-Ⅲ(한국판 웩슬러 아동용 지능검사)이다. 이 검사는 6~16세 11개월 아동을 대상으로 5가지의 언어성 검사와 7가지의 동작성 검사를 실시하여 전체 지능지수를 산출한다.

4) 카우프만 아동용 지능검사

카프만 아동용 지능검사(Kaufman Assement Battery for children, K-ABC)는 웩슬러의 제자인 카프만(Kaufman)에 의해 개발되었다. 카프만 아동용 지능검사는 2.5~12.5세 아동의 지능과 습득 정도를 측정하기 위해 만든 종합지능검사도구이다.

카프만 아동용 지능검사는 심리학적, 임상적 사정은 물론 학습장애나 그 밖에 다른 장애아의 심리·교육적 평가와 교육계획, 소수집단 아동의 사정, 취학 전 아동의 사정, 신경심리학적 사정을 위해 개발된 지능검사이다. 이 검사에는 순차처리척도, 동시처리척도, 인지과정척도, 습득도척도라는 4개의 척도가 있다. 이 척도들은 각각 평균은 100, 표준편차는 15이다. 카프만 아동용 지능검사의 4가지 척도에 대하여 좀 더 구체적 내용은 다음과 같다.

순차처리척도는 연속적 또는 시간적 순서에 의해 정보를 처리하여 문제를 해결하는 능력을 측정하는 문항들로 구성되어 있다(예: 손동작, 수회생, 단어배열). 동시처리척도는 한꺼번에 주어진 많은 정보를 통합해서 전체적으로 처리하여 문제를 해결하는 능력을 측정한다(예: 마법의 창, 얼굴기억, 그림 통합, 삼각형, 시각유추, 위치기억, 사진순서). 인지과정처리척도는 순차처리척도와 동시처리척도를 합한 것으로 지적 능력의 전체적 수준을 측정하는 척도이다. 습득도 척도는 습득된 사실적 지식, 언어능력, 교과학습 능력을 측정하는 과제로 구성된 척도이다(예: 표현어휘, 인물과 장소, 산수, 수수께끼, 문자해독, 문장이해).

카프만 아동용 지능검사는 특히 장애아의 인지능력을 측정할 수 있다는 장점이 있다. 비언어성 척도는 4세~12.5세까지의 난청이나 언어장애 아동의 인지능력을 사정할 목적으로 팬터마임(무언극)을 하듯 검사자가 손짓 또는 몸짓으로 과제를 제시한다. 그리고 아동에게 언어적 반응 대신에 동작반응으로 답하도록 요구하는 과제로 구성되어 있다. 이 척도들도 평균 100, 표준편차 15의 표준점수로 검사결과를 나타낸다.

우리나라는 한국판 카프만 아동용 기능검사를 표준화하기 위해 2,400여 명의 아동을 전국에서 무선유층표집을 했다. 그리고 카우프만이 했던 것과 같이 6개월 간격으로 각각 약 120여 명의 유층표집을 실시하여 표준화하였다. 현재 한국판 카프만 아동용 지능검사는 검사의 실시와 채점이 객관화되어 있고, 검사결과는 컴퓨터 전산 채점을 활용하여 채점자의 오류를 예방하고 있다.

참고문헌

강봉균(2012). 인지, 뇌, 의식 1판: 인지신경과학 입문서. 교보문고.
강영희(2008). 생명과학대사전. 아카데미서적.
국가건강정보포털 의학정보: http://health.cdc.go.kr/health/Main.do
국립국어원(2018). 표준국어대사전. 국립국어원: stdweb2.korean.go.kr
국립특수교육원(2009). 특수교육학 용어사전. 국립특수교육원.
권석만(2017). 성격심리학. 학지사.
곽호완, 박창호, 이태연, 김문수, 진영선(2008). 실험심리학용어사전. 시그마프레스.
김미숙, 오종숙(2006). 근접발달지역과 다매체순환표현을 통한 발달장애아의 그림표현발달지원에 관한 연구. 정신지체연구. 제8집 1호, 187-202.
김명선, 강은주, 강연욱, 김현택(2008). 인지신경과학과 신경심리학. 서울: 시그마프레스.
김문수, 박소현(2012). 학습과 행동. 서울: 센게이지러닝코리아.
김성곤(1988). 포스트모더니즘의 이해. 문학과 지성사.
김승태(2013). Vygotsky의 근접발달영역(ZPD) 이론을 통한 로그 개념 이행의 향상 방안. 충북대학교 석사학위 논문.
김양희, 이영환(1991). 피아제의 이해. 창지사.
김영근, 신현정(2006). 배경 깊이 정보가 이차원 자극의 형태 판단에 미치는 영향. 인지과학 17(4), 287-301.
김유숙(2004). 사회적 구성주의와 심리치료. 학지사.
김윤주(2005). 국립현대미술과 '장애아동 미술관 소풍' 프로그램. 특수교사 미술연수 자료집. 국립현대미술관. 39-46.
김이여, 배헌석, 이우언(2016). 인간이해를 위한 심리학. 양성원.
김정민(2011). 피아제의 인지발달이론. 학지사.
김춘경,이수연, 이윤주, 정종진, 최웅용(2016). 상담학 사전. 학지사.
김정오, 곽호완, 박창호, 박권생, 정상철, 남종호, 도경수(2007). 감각과 지각(제7판). 시그마프레스.
남미경(2007). 애착 단기 점화가 공감 및 도움 의향에 미치는 영향. 이화여자대학교 석사학위 논문.
노안영, 강영신(2011). 성격 심리학. 학지사.
민윤기, 김보성(2013). 감각과 지각(제5판). 박학사.
박권생(2009). 심리학과 삶. 시그마프레스.

박권생(2011). 인지심리학: 이론과 적용. 센게이지러닝.

박병기, 유경순(2000). 창의성과 지능의 관계구조, 한국교육심리학회. 14권 2호.

박연선(2007). 색채용어사전. 도서출판 예림.

박영순(1993). 현대 한국어 통사론. 집문당.

방선욱(2003). 심리학의 이해. 교육과학사.

배진아(2001). 사람의 행동을 결정짓는 심리 코드. 서울: 흐름출판.

백경미(2004). 인지연구변화가 현 미술교육발전에 미친 영향과 그 함축성. 미술과 교육 제 5집. 59-78.

백종현(2004). 철학의 주요개념. 서울대학교 철학사상연구소.

서울대학교 교육연구소(2011). 교육학용어사전저. 하우동설.

서유리(2011). 부모애착과 자아정체감이 고등학생 친구관계에서의 친밀감 발달에 미치는 영향. 국제신학대학교 대학원 석사학위논문.

소만섭 역(2001). 브리기테 슐리벤 랑에 저. 언어화용론. 한국문화사.

손혜숙(1998). 어머니와 교사의 복합애착유형에 따른 유아의 자아개념 및 사회성에 관한 연구. 중앙대학교 박사학위논문.

송명자(2008). 발달심리학. 학지사.

송선희(2000). 근접발달영역을 고려한 교수-학습방법의 효과성 연구. 교육심리연구. 2.

손정락, 강혜자, 김교헌, 박순권, 박창호, 이민규, 최영은(2011). 커넥션의 심리학. 교보문고.

신현정(2000). 시각심리학. 시그마프레스.

신현정, 김비아(2009). 마이어스의 심리학. 시그마프레스.

신혜용(2003). 하룻밤에 읽는 심리학. M&B.

심응철, 전우병(2008). 심리학과 생활. 서현사.

심성보(1993). 포스트모던 교육학과 교육철학적 사상. 교육철학. 제 11호, 한국교육학회 교육철학연구회. 117-150.

연수진(2013). 이성관계에서 안정애착이 갈등해결전략과 관계만족도에 미치는 영향: 자기효과와 상대방효과. 부산대학교 석사학위논문.

우윤식(1998). 현대 통사론의 기초. PUF.

윤만근(1996). 생성 통사. 한국문화사.

유혜령(1998). 질적 연구자료 해석과정: 현대해석학적 관점. 교유인류연구회 1998년도 하계워크샵 자료.

윤순희(2005). 발달장애아동 대상 미술 워크샵 지원. 특수교사 미술연수 자료집. 국립현대 미술관. 98-109.

오종숙(2005). 특수아 발달지원을 위한 다양한 매체를 통한 순환표현. 특수교사 미술연수 자료집. 국립현대미술관. 25-38.
오종숙(2016). 어린이로부터 출발하는 미술교육. 양서원.
이금숙, 조선희(2015). 플린 이펙트-지능에 관한 가장 지혜로운 대답. MID.
이동귀(2016). 너 이런 심리법칙 알아? 서울: 21세기북스.
이수연(2017). 상담심리학. 양성원.
이영, 조연순 역(1997) 아동의 세계. 양서원. 219-221.
이영애 역(2003). 사고 유형. 시그마프레스.
이영애, 이나경(2006). 간단명료한 심리학. 시그마프레스.
이익환, 권경원 역(1996). Stephen C. Levinson 저, 화용론. 한신문화사.
이정민, 배영남, 김용석(2000). 언어학사전. 박영사.
이종일(1998). 사회적 구성주의와 구성주의 논총. 대구대학교 초등교육연구. 제12집. 53-76.
이철수(2008). 사회복지학사전. Blue Fish.
이한구(2004). 지식의 성장. 살림출판사.
이홍우(1973). 브루너 교육의 과정. 배영사.
조명한, 이정모, 김정오, 신현정, 이광오, 도경수, 이양, 이현진, 김영진, 김소영, 고성룡, 정혜선(2003). 언어심리학. 학지사.
장휘숙(2008년). 기질과 애착이 형제자매 관계와 친구 관계에 미치는 영향. 한국심리학회지: 발달, 21(1), 69-87.
정성묵 역(2003). 창조적 파괴. 서울: 21세기 북스.
정성훈(2011). 사람을 움직이는 100가지 심리법칙(칵테일파티효과). 케이앤제이.
정옥분(2004). 영유아발달의 이해. 학지사.
정옥분(2015). 전생애 인간발달의 이론. 학지사.
정여주(2003). 미술치료의 이해. 학지사.
정찬섭, 김정오, 도경수, 박권생, 박창호, 김유진, 남종호 공역(1999). 감각과 지각(제4판). 시그마프레스.
최상복(2004). 산업안전보건법. 골드.
최준식, 김현택, 신맹식(2011). 학습과 기억. 서울: 시그마프레스.
최현석(2011). 인간의 모든 감정 우리는 왜 슬프고 기쁘고 사랑하고 분노하는가. 서해문집.
최현석(2009) 인간의 모든 감각. 2009. 04.20. 서해문집.
하지현(2016). 정신 의학의 탄생. 해냄출판사.
한광희, 정찬섭(1991). 역동적 광순응 신경망을 이용한 색채 항등성의 구현. 한국심리학회지, 10(1), 61-96.

한국문학평론가협회(2006). 문학비평용어사전. 국학자료원.

한국교육심리학회(2000). 교육심리학용어사전. 학지사.

한국심리학회(2014). 심리학용어사전. 한국심리학회.

한광희, 임중우, 김민식, 이일병, 변혜란, 김진우, 김상문, 이승종, 이익환, 이민행, 임춘성, 박창균, 나동렬 공저(2000). 인지과학. 학지사.

한글학회(1995). 국어학사전. 한글학회.

한순미(1999). 비고츠키와 교육: 문화-역사적 접근. 교육과학사.

홍준표 (2009). 응용행동분석. 학지사.

후카호리 모토후미(2003). 하룻밤에 읽는 심리학. 신혜용 역. 중앙 M&B. p. 132-133.

Ainsworth, M. D. S., Blehar, M. C., Waters, E., & Wall, S. (1978). *Patterns of Attachment: A Study on the Strange Situation*. Hillsdale, NJ: Erlbaum.

Ainsworth, M. D. S. (1982). The development of infant-mother attachment. In J. Belsky. (Ed.), *In the Beginning-readings on Infancy*, 135-143. NY: Columbia University Press.

Ainsworth, M. D. S. (1989). Attachments beyond infancy. *American Psychologist, 44*(4), 709-716.

Alberto, P. A., & Troutman, A. C. (2009). *Applied Behavior Analysis for Teachers* (8th ed.). Upper Saddle River, NJ: Pearson Education, Inc.

Anderson, J. R. (1990). *Cognitive Psychology and its Implications*. New York, NY: Freeman.

Arntzen, E., Halstadtro, A., & Halstadtro, M. (2003). Training play behavior in a 5-year-old boy with developmental disabilities. *Journal of Applied Behavior Analysis, 36*, 367-370.

Bartholomew, K., & Horowitz, L. M. (1991). Attachment styles among young adults: A test of a four-category model. *Journal of Personality and Social Psychology, 61*(2), 226-244.

Belsky, J., & Rovine, M. J. (1988). Nonmaternal care in the first year of life and security of infant-parent attachment. *Child Development. 59*, 157-167.

Biederman, I. (1987). Recognition-by-components: a theory of human image understanding. *Psychological Review, 94*(2), 115-147.

Bloom, D. C., & Hoeksma, J. B. (1994). The effect of infant irritability on mother-infant interaction: A growth-curve analysis. *Developmental Psychology, 30*, 581-590.

Bouton, M. E., & Swartzentruber, D. (1991). Source of relapse after extinction in Pavlovian and instrumental learning. *Clinical Psychology Review, 11*, 123-140.

Bowlby, J. (1969). *Attachment and Loss, Vol.1*. New York: Basic Books.

Bowlby, J. (1973). *Attachment and Loss, Vol.2*. Separation. New York: Basic Books.

Carlson, E. A., Sroufe, L. A., & Egeland, B. (2004). The construction of experience: A longitudinal study of representation and behavior. *Child Development, 75*. 66-83.

Carpenter, L. B. (2001). Utilizing travel cards to increase productive student behavior, teacher collaboration, and parent-school communication. *Education and Training in Mental Retardation and Developmental Disabilities, 36*, 318-322.

Cavalier, A., Ferretti, R., & Hodges, A. (1997). Self-management within a classroom token economy for students with learning disabilities. *Research in Developmental Disabilities, 18*(3), 167-178.

Collins, N. L. & Read, S. J. (1990). Adult attachment, working models and relationship quality in dating couples. *Journal of Personality and Social psychology, 58*(4), 644-663.

Cooper, J. O., Heron, T. E., & Heward, W. L. (2007). *Applied Behavior Analysis* (2nd ed.). Upper Saddle River, NJ: Pearson Education, Inc.

DeLeon, I., & Iwata, B. (1996). Evaluation of a multiple-stimulus presentation format for assessing reinforcer preferences. *Journal of Applied Behavior Analysis, 29,* 519-533.

DeMulder, K. E., Denham, S. A., Schmidt, M., & Mitchell, J. (2000). Q-sort assessment of attachment security during the preschool years: Links from home to school. *Developmental Psychology, 36*, 274-282.

Dixon, M. R., Hayes, L. J., Binder, L. M., Manthey, S., Sigman, C., & Zdanowski, D. M. (1998). Using a self-control training procedure to increase appropriate behavior. *Journal of Applied Behavior Analysis, 31*, 203-210.

Ferster, C. B., & Skinner, B. F. (1957). *Schedules of Reinforcement*. New York: Appleton-Century-Crofts.

Fisher, W., Piazza, C., Bowman, L., Hagopian, L., Owens, J., & Slevin, I. (1992). A comparison of two approaches for identifying reinforcers for persons with severe and profound disabilities. *Journal of Applied Behavior Analysis, 25*, 491-498.

Elena, B & Deborah, J. L. (1996). *Tool of the Mind: The Vygotskian Approach to Early Childhood Education*. Prentice-Hall, Inc.

Elkonin, D. (1977). *Toward the problem of stages in the mental development of the child. In M. Cole(Ed). Soviet developmental psychology*. White Plains, NY: M. E. Sharpe. (Original Work published in 1971)

Gadamer, H. G. (1975). *Truth and method. Rev.ed/revision translation by Joel weinsheimer and Donald Marshall*. New York: The Contimuum Publishing Company.

Gage, N. L., & Berliner, D. C. (1992). *Education psychology*(5th ed.). Boston: Houghton Mifflin.

Goldstein, E. (2010). *Cognitive Psychology: Connecting mind, research, and everyday experience* (3 ed.). Belmont, CA: Wadsworth.

Graff, R., & Libby, M. (1999). A comparison of presession and within-session reinforcement choice. *Journal of Applied Behavior Analysis, 32*, 161-173.

Green, C., Reid, D., White, L., Halford, R., Brittain, D., & Gardner, S. (1988). Identifying reinforcers for persons with profound handicaps: Staff opinion vs. systematic assessment of preferences. *Journal of Applied Behavior Analysis, 21*, 31-43.

Hazan, C., & Shaver, P. R. (1987). Romantic love conceptual as an attachment process. *Journal of Personality and Social Psychology, 52*, 511-524.

Harlow, H. (1958). *The nature of love. American Psychologist, 13*, 573–685.

Herbert P. Ginsburg, Sylvia, Opper(1988). *Piageet's Theory of Intellectuctual Development*(3rd edition). Prentice Hall.

Holmes, G., Cautela, J., Simpson, M., Motes, P., & Gold, J. (1998). Factor structure of the school reinforcement survey schedule: School is more than grades. *Journal of Behavioral Education, 8,* 131-140.

IJzendoorn, M. H. (1990). Development in cross cultural research on attachment: Some methodological notes. *Human Development, 33*, 3-9.

IJzendoorn, M. H. (1995). Adult attachment representations, parental responsiveness, and infant attachment: A meta-analysis on the predictive validity of the Adult Attachment Interview. *Psychological Bulletin, 117*, 387-403.

Jacobsen, T., & Hofmann, V. (1997). Children's attachment representations: Longitudinal relations to school behavior and academic competency in middle childhood and adolescence. *Developmental Psychology, 33*, 703–710.

James R. F. (2007). *What is Intelligence?Beyond the Flynn Effect*. University Cambridge Press.

Jameson, D., & Hurvich, L. M. (1989). Essay concerning color constancy. *Annual Review of Psychology, 40*, 1–22.

Jensen, A. R. (1998). *The g factor: The science of mental ability*. Westport, CT: Praeger.

Gibson, E. J., & Walk, R. D. (1960). *The "visual cliff." Scientific American*, 64-71.

Goidel, R. K., Shields, T. G., & Peffley, M. (1997). Priming theory and Ras models toward an integrated perspective of media influence. American Politics Research, 25(3), 287-318. Greenberg, D.C Icchetti, & M. Cummings (Eds.), *Attachment during the Preschool Years*, 121-160. Chicago: University of Chicago Press.

Goldstein, E. B. (2007). Sensation and Perception (7th ed.). *Australia: Thomson/Wadsworth.*

Gross, R. (1966). Psychology: The science of mind and behaviour(3rd Ed.). London: Hodder &

Stoughton.

Honzik, M. P. (1983). Measuring mental abilities in infancy. The value and limitations. In M. Lewis (Ed.), *Origins of intelligence. Infancy and early childhood* (2nd ed.). New York: Plenum.

Iversen, I. H., & Lattal, K. A. (1991). *Experimental Analysis of Behavior*. Amsterdam: Elsevier.

Lamb, M. E., Thompson, R. A., Gardner, W., & Charnov, E. L. (1985). *Infant-mother Attachment: The Origins and Developmental Significance of Individual Differences in Strange Situation Behavior*. Hillsdale, NJ: Erlbaum.

Lewis, M., Feiring, C., & Rosenthal, S. (2000). *Attachment over time. Child Development, 71*, 707-720.

Leont'ev, A. (1994). The development of voluntary attention in the child. In R. Van der Veer & J. Valsiner(eds.), *The Vygotsky Reader* (pp. 289-312). Oxford: Blackwell. (Original work published in 1932)

Lucas-Thompson, R., & Clarke-Stewart, K. A. (2007). Forecasting friendship: The links from marital quality, maternal mood, and attachment security to children's peer relationships. *Journal of Applied Developmental Psychology, 28,* 499-514.

Main, M., Kaplan, N., & Cassidy, J. C. (1985). Security in infancy, preschool and adulthood: A move to the level of representation. In I. Bretherton & E. Waters (Eds.), *Growing Points of Attachment Theory and Research: Monographs of the society for research in child development, Vol. 50*, 60-104. Chicago: University of Chicago.

Main, M., & Solomon, J. (1990). Procedures for identifying infants as disorganized/disoriented during the Ainsworth Strange Situation. In M.

Mangelsdorf, S. C., Plunkett, J. W., Dedrick, C. F., Berlin, M., Meisels, S. J., McHale, J. L., & Dichtellmiller, M. (1996). Attachment security in very low birth weight infants. *Developmental Psychology, 32*, 914-920.

Maslow, A. H. (1955). Deficiency motivation and growth motivation. In M. R. Jones (Ed.). *Nebraska Symposium on Motivation*. Licole, NE: University of Nebraska Press.

Kaufman, L., & Kaufman, J. H. (2000). Explaining the moon illusion. Proceeding of the *National Academy of Science, 97*, 500-505.

Maslow, A. H. (1968). *Toward a Psychology of Being* (2nd ed.). New York:Van Nostrand.

Maslow, A. H. (1970). *Motivation and Personality* (Rev. ed.). New York, NY: Harper & Row.

Maslow, A. H. (1971). *The Farther Reaches of Human Nature*. New York:Viking Press.

Maurer, D. & Maurer, C. (1988). *The world of newbone*. New York: Basic Books.

McRae, K., Misra, S., Prasad, A. K., Pereira, S. C., & Gross, J. J. (2012). Bottom-up and top-down emotion generation: implications for emotion regulation. *Social Cognitive and Affective Neuroscience, 7*(3), 253-262.

NICHD Early Child Care Research Network. (2001). Child-care and family predictors of preschool attachment and stability from infancy. *Developmental Psychology, 37*, 847-862.

Nisbett, R. E. (1990). *The anticreativity letters: Advice from a senior tempter to a junior tempter. American Psychologist, 45*, 1078-1082.

Miyake, K., Chen, S. J., & Campos, J. J. (1985). Infant temperament, mothers' mode of interaction, and attachment m Japan: An Interim report. In I. Bretherton & E. Waters (Eds), *Growing Points of Attachment Theory and Research, Monographs of the Society for Research in Child Development, 50* (1-2, Serial No. 209), 276-297.

Oliva, A., & Torralba, A. (2007). The role of context in object recognition. *Trends in Cognitive Sciences, 11*(12), 520-527.

Papalia, D. E., & Olds, S. W. (1979). *A Child's World*. New York: McGraw-Hill.

Pavlov, I. P. (1927). *Conditioned reflexes* (G. V. Anrep, Ed. and Trans.). London: Oxford University Press.

Gregory, R. L. (2005). The Medawar Lecture 2001 knowledge for vision: vision for knowledge. *Philosophical Transactions of the Royal Society B: Biological Sciences, 360(1458)*, 1231-1251.

Quinn, P. C., Bhatt, R. S., Brush, D., Grimes, A., & Sharpnack, H. (2002). Development of form similarity as a Gestalt grouping principle in infancy. *Psychological Science, 13*, 320-328.

Rogers, C. R. (1951). *Client-centered therapy: Its current practice, implications and theory*. London: Constable.

Rogers, C. R. (1959). A theory of therapy, personality and interpersonal relationships, as developed in the client-centered framework. In S. Koch (Ed.), *Psychology: A Study of a Science (Vol. 3)*. New York, NY: McGraw-Hill.

Rogers, C. (1961). *On Becoming a Person: A Therapist's View of Psychotherapy*. London: Constable.

Rose,S.A. & Ruff,H.A.(1987). Cross-modal abilities in human infants. In J. D. Osofsky(Ed.), *Handbook of infant development*. Wiley.

Rose, S. A., Feldman, J. F., Wallace, I. F., & McCarton, C. (1989). Infant visual attention: Relation to birth status and developmental outcome during the first 5 years. *Developmental Psychology, 25*, 560-576.

Sagi, A., Lamb, M. E., Lewkowicz, K. S., Shoham, R., Dvir, R., & Estes, D. (1985). Security of infant-mother, -father, -metapelet attachments among kibbutz-reared Israeli children. In I. Bretherton & E. Waters (Eds.), *Growing Points of Attachment Theory and Research,*

Monographs of the Society for Research in Child Development, 50 (1-2, Serial No. 209), 257-275.

Schneider, K. J., Bugental, J. F. T., & Pierson, J. F. (Eds.) (2001). *The Handbook of Humanistic Psychology: Leading Edges in Theory, Research, and Practice*. Thousand Oaks, CA: Sage.

Sheldon, K. M., & Elliot, A. J. (1998). Not all personal goals are personal: Comparing autonomous and controlled reasons as predictors of effort and attainment. *Personality and Social Psychology Bulletin, 24*, 546-557.

Simpson, J. A., Collins, W. A., Tran, S., & Haydon, K. C. (2007). Attachment and the experience and expression of emotions in romantic relationships: A developmental perspective. *Journal of Personality and Social Psychology, 92*, 355-367.

Snow, C. W., & McGaha, C. G. (2003). *Infant Development*(3rd). Upper Saddle River, NJ: Prentice Hall.

Sperling, M. B., & Berman, W. H. (1994). *Attachment in Adult*. New York: Guilford Press.

Susan. F & Caral G (2002). *Authentic Childhood-Exploring Reggio Emilia in the Classroom*. Thomson.

Thompson, R. A. (2006). *The development of the person: Social understanding, relationships, self, conscience*. In W. Damon & R. M.

Turnbull, C. M. (1976). *The Forest People*. London: Pan Books. Lerner (Eds.). *Handbook of Child Psychology*(6th Ed.), Vol. 3. Social, Emotional, and Personality Development (N. Eisenberg, Vol. Ed.) (pp. 24-98). New York: Wiley.

Tversky, A., & Kahneman, D. (1973). Availability: A heuristic for judging frequency and probability. *Cognitive Psychology 5* (1), 207–233.

Watson, J. B., & Rayner, R. (1920). Conditioned emotional reactions. Journal of Experimental *Psychology, 3*, 1-4.

Wilson, K. G., & Blackledge, J. T. (1999). Recent developments in the behavioral analysis of language: Making sense of clinical phenomena. In M. J. Dougher (Ed.), *Clinical Behavior Analysis*. Reno, NV: Context Press.

White, S. H. (2000). *Conceptual foundations of IQ testing*.

Venger, L.A. (1977). The emergence of perceptual action. In M. cole(Ed). *Soviet developmental psychology: An anthology*. White Plains, NY:Sharpe.(Original work published in 1969)

Vecera, S.P., Vogel, E. K., & Woodman, G. F. (2002). Lower region: A new cue for figure-ground assignment. *Journal of Experimental Psychology: General, 13,* 194-205.

Venger, L.A. (1986). *Razvitije poznavatel' nych sposobnostey v protsesse doshkol'nogo vospitanija[Development of cognitive abilities through preschool education]*. Moscow:

Pedagogika.

Vygotsky, L. S. (1978). *Mind and society: The development of higher mental processes.* Cambridge. MA; Harvard University Press. (Original work published in 1930, 1933, 1935)

Vygotsky, L. S. (1983). *Sobranie sochinenii: Tom tretij Problemy razvitiya psikhiki[Collected works: Vol. 3. Problems of mental development].* Moscow: Izdatel'stvo Pedagogika.

Zaporozhets, A. V. (1977). Some of the psychological problems of sensory training in early chilhood and the preschool period. In M. Cole & I. Maltzman (Eds.), *A handbook of contemporary Soviet psychology*. New York: Basic Books. (Original published in 1959).

MacFarlance(1977). *The psychology of Child birth.* 鹿島廣人·高橋晃 赤ちゃん誕生 サイエンス社.

齊賀久敬(1969). 兒童心理學講座 4. 金子書房.

藤 掛 永良 外(1996). 發達心理學, 健帛社. p. 84.

多勢 豊次(1972). 乳幼兒心理學. 同文書院. p. 96.

西本 脩(1965). 幼兒における基本的生活習慣の自立の年齢基準. 大阪樟蔭女子大學論集 3. p. 48.

저 • 자 • 소 • 개

김 미 숙

대구대학교 특수교육전공 문학박사
현) 백석대학교 사범학부 특수교육과 교수

〈주요저서 및 논문〉
『ADHD의 이해와 치료교육』
『교사를 위한 특수아동의 이해와 교육』(공저)
『최신 특수교육학』(공저)
『근접발달지역과 다매체 순환표현을 통한 발달장애아의 그림표현 발달 지원에 관한 연구』
『한국 특수교육의 과거와 현재에 대한 반성적 사고를 통한 미래 방향에 관한 연구』
『일본의 지적장애인에 대한 항정신약의 사용 실태』
외 다수

장애아동의 이해를 위한

심리학개론

초판 인쇄 2019년 12월 16일
초판 발행 2019년 12월 23일

지 은 이 | 김미숙
펴 낸 이 | 김기섭
책임편집 | 이윤미
펴 낸 곳 | 창지사 www.changjisa.com
08589 서울시 금천구 가산디지털 1로 83 파트너스타워 1차 9층
전화(02) 719-2211~3
팩스(02) 701-9386
등 록 | 1977년 4월 28일·제1-421호

ISBN 978-89-426-1284-0 (93370)

값 19,000원